高职高专旅游与酒店管理专业应用型精品规划教材

旅行社经营与管理

Travel Agency Operation and Management

（第二版）

主　编　廖建华
副主编　魏　来　严辉华
行业企业指导专家　邬　琛　潘　晋

广东高等教育出版社
Guangdong Higher Education Press
·广州·

内容简介

旅行社经营与管理，包括旅行社各部门的工作流程与内容、操作方法以及管理技巧。本教材的编写，既注重基础知识，也着力从实际、实用、实践的角度出发，突出对学生从事旅行社行业所必须具备的职业素养的培训与提升。在内容上，引入前沿知识体系，突出项目式教学、案例式教学等理念；在体例设计上，每个项目前有案例导入作启发，后有习题与实践加以巩固，在提升学生专业技能水平的同时，也提高了学生思考问题、解决问题的能力。本书既可作为高职高专旅游类专业的教材，也可作为旅游行业在岗人员日常培训和提高业务水平的参考书。

图书在版编目（CIP）数据

旅行社经营与管理/廖建华主编. —2 版. —广州：广东高等教育出版社，2013.2（2016.7 重印）

高职高专旅游与酒店管理专业应用型精品规划教材

ISBN 978 -7 -5361 -4279 -4

Ⅰ. ①旅… Ⅱ. ①廖… Ⅲ. ①旅行社 - 企业经营管理 - 高等职业教育 - 教材 Ⅳ. ①F590.63

中国版本图书馆 CIP 数据核字（2012）第 104098 号

出版发行	广东高等教育出版社 社址：广州市天河区林和西横路 邮编：510500 营销电话：(020) 87553335 http://www.gdgjs.com.cn
印　　刷	广东信源彩色印务有限公司
开　　本	787 毫米×1 092 毫米 1/16
印　　张	17.5
字　　数	379 千
版　　次	2016 年 7 月第 2 版
印　　次	2016 年 7 月第 2 次印刷
印　　数	1001 ~3000 册
定　　价	33.00 元

总　序

高等职业教育作为我国高等教育发展中的一个类型，肩负着培养面向生产、建设、服务和管理第一线需要的高素质技能型人才的使命，在我国现代化建设进程中具有不可替代的重要作用。步入21世纪，伴随着我国走新型城市化道路、建设创新型国家等发展战略的实施，高等职业教育迎来了新的发展机遇。在我国经济社会快速发展的过程中，各行业对高素质技能型人才的需求在数量和质量两方面均提出了更高的要求。对旅游业而言，据世界旅游组织预测，到2020年，中国将成为世界第一大旅游接待国和第四大客源输出国，这对旅游与酒店从业人员的素质同样提出了更高的要求。培养高素质、国际化的旅游、酒店服务与管理人才对于高职高专院校来说是使命光荣、责任重大。

为了适应现代旅游产业发展对旅游、酒店管理专业人才的要求，进一步提升专业服务产业的水平，满足高职高专旅游与酒店管理专业人才培养和教学改革对教材建设的需要，进一步提高我国高职高专教育教学水平，加强广东省内各高职高专院校及广东省内与省外高职院校之间的交流与合作，根据《国家中长期教育改革和发展规划纲要（2010—2020年）》《教育部关于加强高职高专教育人才培养工作的意见》等文件精神，广东高等教育出版社精心组织20多所高职院校教学和实践经验丰富的专家学者和旅游与酒店行业的业务骨干，成立了高职高专旅游与酒店管理专业应用型精品规划教材编审委员会，编写了这套高职高专旅游与酒店管理专业应用型精品规划教材。其目的是深入研究当前高职高专教育所面临的形势与任务，优化专业课程体系设置，强化特色教材建设。

基于高素质、技能型、国际化旅游与酒店人才培养的实际需要，我们努力打造一套体现基层服务与管理岗位职业技能要求的优质教材。本套教材凸显了以下几个特色：

一是突出能力本位。在教材内容的取舍上，根据旅游与酒店业相关职业岗位所需的服务与管理技能及职业素养来选择教学内容，以工作项目为导向，以工作任务为驱动，据此来组织编写思路，坚持岗位的针对性，提炼出旅游、酒店业各核心岗位的基本服务程序、服务标准与工作方法，将岗位服务与管

理中最基础的能力要求传递给学生。

二是强化技能应用。本套教材力求表达简洁，对工作程序和标准的表述尽量图表化，对于基本工作技能的讲解注重可操作性，做到教、学、做一体，让学生易于理解、掌握和实践。为此，我们在本套教材的模块中设有“任务目标”“案例引入”“提出问题”“相关知识”“特别提示（事前或事后提示)”“项目实训”“本模块小结”“知识拓展”等栏目，形式生动活泼，内容丰富有趣，以使本教材在学生的学习和教师的教学上，达到实用、好用、管用的效果。

三是注重双语教学。旅游产业的国际化，迫切要求我们培养的专业人才必须具有扎实的语言功底、国际化的服务意识和服务水平。本套教材在编写过程中特别强化了职业岗位英语的训练，并希望通过这套特色教材的编写和使用来切实推动高职高专旅游与酒店管理专业双语教学的实施。

四是结合职业考证。切实贯彻国家关于学历证书与职业资格证书并重的“双证书”制度，兼顾旅游、酒店的课程内容与职业资格考试考核的内容。因此，本套教材既可作为高职高专旅游管理、酒店管理等专业的教学用书，也可作为职业资格培训的教学用书，还可用于旅游、酒店在岗人员业务培训的参考用书。

本套教材是各相关高职高专院校、旅游与酒店行业企业通力合作与集体智慧的结晶。在编写过程中，我们也参考和引用了许多国内外学者的优秀成果，在此深表谢意。由于编者水平、经验所限，本套教材内容如有缺点、错漏，敬请各位专家、高职高专院校的同仁和广大读者给予指正赐教，以便修订时完善。

高职高专旅游与酒店管理专业

应用型精品规划教材编审委员会

2012 年 5 月

前　言

高职高专院校如何立足本教学层次，办出新特色和新水平，人才培养目标的定位是关键。围绕人才培养目标定位的课程建设，特别是其中的教材开发是实现高职高专人才培养目标的重要基础之一。为适应新形势下高职高专旅游专业人才培养的需要，培养符合旅游行业发展需要的高素质、技能型专门人才，广东高等教育出版社与广东高职教育旅游与酒店管理专业教学指导分委员会一同，策划并组织多所广东省高职高专院校编写出版了“高职高专旅游与酒店管理专业应用型精品规划教材”。本教材是该系列教材之一。

旅行社经营与管理是高职高专旅游类专业的主干课程之一，本教材由广州城市职业学院等高职高专院校和广东省内部分知名旅行社共同编写。全书共分十个模块，从旅行社经营与管理的实际工作需要出发，重点介绍了认识旅行社、设立旅行社、旅行社产品开发设计、旅行社服务采购、旅行社产品销售、旅行社接团与发团、旅行社计调业务、旅行社外联业务、旅行社门市经营业务和旅行社票务服务等方面的经营管理流程、方法与技巧。

本教材在内容编排上根据高职高专学生的认知规律，采用模块设计、任务驱动、项目导入的方式。每个模块均设有任务目标、案例引入、提出问题、相关知识、本模块小结、习题与实践、知识拓展等，重在提高学生在旅行社经营与管理方面的知识水平与素质，熟悉工作流程与内容、操作方法与管理技巧的运用，具有较强的针对性和指导性。本教材参考了国内知名学者的最新成果，同时也融入了旅行社行业专家的经营管理经验，不仅是高职高专在校旅游专业学子的行业入门指南，更是旅行社在岗员工学习提升的参考读物。

本教材由广州城市职业学院廖建华教授任主编，魏来、严辉华任副主编，广之旅国际旅行社股份有限公司人力资源部总监邬琛、出境游总部产品研发中心副总潘晋任主审。具体编写分工如下：模块一、模块二、模块五、模块七及附录二、附录三由廖建华编写，模块三、模块四、模块六及附录四、附录五、附录六、附录七、附录八、附录九与附录十由魏来编写，模块八、模块九和模块十及附录一由严辉华编写。邬琛对模块一和模块二进行了审核，潘晋对模块三和模块九进行了审核。最后由廖建华对全书进行统稿。

本教材在编写过程中，参考和引用了许多国内外专家学者的成果，在此深表谢意。本次修订，由于时间仓促，编者水平有限，本教材内容难免存在缺点错误，敬请专家、同行及广大读者予以指正。

编　者

2016年5月

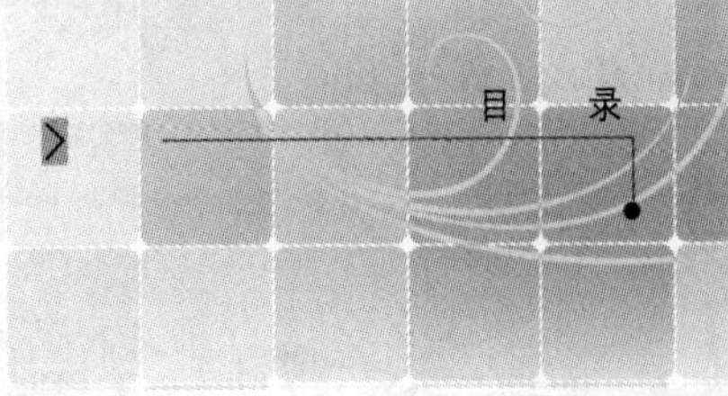

目　　录

模块1 认识旅行社

任务目标

了解旅行社的产生与发展历史，熟悉旅行社的性质与职能，了解旅行社的分类与业务，理解旅行社在现代旅游业中的地位与作用，熟悉旅行社的行业组织。

项目1 旅行社的产生与发展

案例引入

1841 年 7 月 5 日，身为传教士的英国人托马斯·库克，利用面对机器化大生产中人们产生的心理危机，以参加禁酒大会为号召，创造性地组织了世界上第一次团体包价旅游。他包租了一列往返火车，组织 570 人从莱斯特到拉夫伯勒参加禁酒大会，第一次采用了集体折扣付费的方式，每人收费 1 先令，包括交通、乐队演奏赞歌、一次野外午餐和午后茶点的费用。这次活动在旅游史上被认为是近代旅游活动的开端，具有划时代的意义。这次活动具有后来旅行社经营活动的若干重要特征：其一，采用了集体折扣付费的方式；其二，具有团体包价的雏形；其三，将吃、行、娱等要素集中在旅游活动中；其四，初步体现了旅行社全陪的导游功能。这些特征对于后来的旅行社经营产生了重要的影响与借鉴作用。1845 年，托马斯·库克在英国的莱斯特正式成立了托马斯·库克旅行社，开始专门从事旅行代理业务，这标志着近代旅游业的诞生。托马斯·库克成为世界上第一位专职的旅行代理商，被称为“世界旅行社之父”。

提出问题

托马斯·库克作为发起、筹备和组织者，自始至终随团陪同照顾，是现代旅行社全程陪同的最早体现。但是，上述活动还不能作为旅行社产生的标志。因为，第一，活动的根本目的是参加禁酒大会，而不是单纯的消遣旅游；第二，托马斯·库克组织这次活动不是出于商业目的（只收取 1 先令作为来回车票、乐队表演、一次野外午餐和午后茶点的费用，没有以此活动来盈利的目的），它只是为以后托马斯·库克正式创办旅行社打下了基础。对于 1841 年托马斯·库克的这次活动不能作为旅行社产生的标志，你认为分析得是否有道理?

我们小组的回答是：____

____

____

相关知识

旅行社是社会经济发展到一定阶段的产物，是人类旅行活动长期发展的必然结果。就世界范围而言，人类历史上第一家旅行社产生于19世纪40年代，而国内旅行社的产生，最早是在20世纪20年代，这与当时特定的社会背景是密不可分的。

一、国外旅行社的产生与发展

（一）旅行社产生的社会背景

1. 产业革命为旅行社的产生奠定了坚实的物质基础

18世纪中叶，产业革命首先在英国发生。到19世纪，产业革命逐渐扩展到欧洲大陆和世界其他地区。产业革命使世界经济和社会结构发生了巨大改变，使生产力获得空前发展，对人类旅游活动产生了直接的影响。首先，产业革命直接导致了交通运输业的巨大进步，其中最重要的是铁路的问世。铁路的兴建从根本上改善了陆路交通运输状况，不仅极大地提高了单位运载能力，而且为人们外出旅行节省了费用，缩短了旅途时间。其次，在铁路发展的同时，为满足乘坐火车的新型旅行者的需要，铁路公司开始在铁路沿线修建食宿设施，后来又在铁路终点站建造大饭店。交通运输业的革命和旅行服务设施的兴建极大地促进了旅行活动的发展，为旅行社的产生奠定了坚实的物质基础。

2. 旅游需求普遍化为旅行社的产生提供了现实的可能性

产业革命使生产力迅速发展，社会财富急剧增长。社会财富不再只流向贵族和大土地所有者，也流向新兴的工业资产阶级。有产阶级规模日益扩大，他们具备了旅行的经济条件。之后，通过不懈的斗争，工人阶级逐渐争取到一些带薪假期，这使他们也有了外出旅游的可能。然而，仅仅具备外出旅游的经济条件还不足以形成普遍的旅游需求。产业革命导致的前所未有的工业化、都市化最终为旅游需求的普遍化提供了动力。工业的发展使大量人口从乡村流入有大量工作机会、薪水较高的城市。城市生活在给人们带来好处的同时，也带来生理和心理的压力。于是，人们产生了对原有的乡村生活的怀念以及回归自然的愿望，以便能从中获得短暂的休息和调节。这样，离开工作去做短暂旅游成为普遍的需求，旅行社的产生便成为现实。

3. 市场经济的发展为旅行社的产生创造了必要的社会条件

随着产业革命的发展，市场经济得到进一步繁荣，交换方式也产生了深刻的变革。伴随各类有形贸易的往来，出现了以服务为主体的无形产品的交易活动，尤其是人们对以消遣娱乐为主要目的的旅游产品的需求急剧上升，旅游市场逐渐形成，这就为旅行社的产生提供了必要的条件。世界上第一家旅行社正是在这种背景下产生的。

（二）国外最早的旅行社

在上述历史背景下，托马斯·库克作为世界上第一个专职的旅行代理商登上了历史舞台。当然，在他之前，已经存在为别人安排旅行的组织和个人，如中古时期商人和教会组织的朝圣旅行，英国人托马斯·贝纳特组织的个人包价旅行。但是，这些组织和个人都没有把组织旅行活动作为一项职业。

1841年，托马斯·库克包租了一列火车，载运570人从莱斯特到拉夫伯勒参加禁酒大会，而全程17.7公里（11英里），每人收费1先令。此后，他又多次组织类似的铁路旅行，并逐步意识到其中蕴藏的无限商机。1845年，他在莱斯特正式成立了托马斯·库克旅行社，开始专门从事旅行代理业务。也就在这一年，他组织了到利物浦的观光旅游，并为这次活动出版了《利物浦之行指南》，设立了专门的旅游向导。1855年，库克以包价的形式组织了赴法国的出国旅游。到1864年，经库克组织的参加旅游的人数已累计达100多万，他的名字也成为旅游的代名词，在欧美地区家喻户晓。1865年，库克与其子在原有公司的基础上，创办了库克父子公司，并于1872年成功组织了9人环球旅行，从而使公司名声大振。库克对旅游业的贡献，不仅在于他开创了近代旅游业，而且还表现在他面向大众，薄利多销，推动了旅游的社会化，促进了旅游业的迅速发展。另外，他的旅游企业经营管理理念对后世也有深远影响，如他认为旅行事业的经营者应尽可能使游客方便舒适，尽可能地替游客省钱；组织游客去旅游不仅是带游客去游山玩水，更是去探求新知识、新事物。他肯定旅游具有教育作用，并提出了“Save Money for Travel”的口号，对提高人们的旅游意识做出了贡献。

（三）国外旅行社的发展

继托马斯·库克旅行社之后，欧美各国不断涌现出类似的旅行社组织，如1857年在英国成立的登山俱乐部、1865年在英国成立的帐篷俱乐部、1890年在法国和德国相继建立的观光俱乐部，以及1893年在日本成立的“喜宾会”。20世纪初，旅行社得到了更大的发展。其中尤以美国的运通公司、英国的托马斯·库克公司和比利时的铁路卧车公司最为著名，它们成为当时世界旅行社行业的三大巨头。

据不完全统计，目前全世界旅行社总数在70 000家左右。它们为世界各地外出旅行的人们提供各种服务，组成了一个庞大的旅游服务销售网络。从总体上看，全世界80%以上的旅行社分布在旅游业最为发达的欧美地区，世界其余地区的旅行社数量不到世界总量的20%。旅行社数量的多少反映了地区旅游业的发达程度。旅游业越发达的地区，旅行社的数量也就越多。随着世界旅行社行业规模的进一步扩大，为加强交流和合作、促进行业的协调发展，全世界形成了许多国际性或地区性的旅行社组织，其中以世界旅行社协会（WATA）和世界旅行社协会联合会（UFTAA）的影响最为广泛。

二、国内旅行社的产生与发展

（一）国内最早的旅行社

我国旅行社最早产生于20世纪20年代。1923年8月15日，爱国人士陈光浦先生在上海商业储蓄银行设立旅行部。这是中国第一家由华人经营的旅游服务企业，其经营宗旨是“导客以应办之事，助人以必需之便”。1924年春，该旅行部组织第一批国内旅游团从上海赴杭州游览，由铁路局开专列运送；1925年春，组织第一批由20多名中国公民组成的赴日本旅游的“观樱团”；1927年春，出版了中国第一本旅游类刊物《旅行杂志》，

并先后在铁路沿线和长江各主要港口城市设立了 11 个办事处。1927 年 6 月 1 日，旅行部从银行中独立出来，更名为中国旅行社，经营的主要业务范围包括：代售国内外各种交通票据，办理和提供住宿与餐饮，举办赴国内外的团体旅游，出版刊物和各种宣传品，代办各项出国手续、证件并提供旅途服务，提供导游及各项旅游服务，代办货物运输报关、运输保险并代理海陆空运输业务等。1949 年，中国旅行社迁至香港，现为香港中国旅行社股份有限公司。

（二）国内旅行社的发展

新中国成立后，1949 年 11 月 19 日在厦门成立了华侨服务社，这是厦门中国旅行社的前身。此后，我国先后于 1954 年和 1980 年在北京成立中国国际旅行社和中国青年旅行社。这三家旅行社并称为我国的“三大旅行社”。

我国旅行社真正的大发展始于改革开放之后。1978 年改革开放之前，全国只有中国国际旅行社总社、中国旅行社总社及其在主要省会城市的分支机构，两者都是由总社负责从国外招徕客源，分社负责当地接待工作。随着 1980 年中国青年旅行社在北京成立，我国旅行社行业基本上形成了以国旅、中旅和青旅三大系统为主的寡头垄断局面。1984 年，国家旅游局将旅游外联权力下放，允许更多的部门和企业经营国际旅游业务，从而打破了我国旅行社行业的寡头垄断局面。

1985 年，国务院颁布了《旅行社管理暂行条例》，该条例首次将我国旅行社确定为企业性质。1995 年 1 月 1 日，国家旅游局发布并实施了《旅行社质量保证金暂行规定》、《旅行社质量保证金暂行规定实施细则》，正式在我国实施旅行社质量保证金制度。根据《旅行社质量保证金暂行规定》，各类旅行社须向旅游行政管理部门缴纳保证金。

1996 年 10 月，国务院发布并实施了《旅行社管理条例》，该条例改变了我国旅行社原有的分类方式，重新按业务范围将我国旅行社划分为国际旅行社和国内旅行社。国际旅行社为经营入境旅游业务、出境旅游业务（特许经营）和国内旅游业务的旅行社；国内旅行社为经营国内旅游业务的旅行社。

1997 年 3 月，经国务院批准，国家旅游局、公安部联合发布了《中国公民自费出国旅游管理暂行办法》，并于同年 7 月正式实施。《中国公民自费出国旅游管理暂行办法》的颁布实施，标志着我国正式开办中国公民自费出国旅游，也标志着中国出境旅游市场的形成，由此确定了我国旅行社经营业务的基本格局。入境旅游、国内旅游和出境旅游成为旅行社经营业务的三大组成部分。

1999 年 1 月，为进一步扩大旅游业的对外开放，适应全球服务贸易自由化的趋势，在国家旅游局 1993 年 10 月 21 日发布的《关于在国家旅游度假区内开办中外合资经营的第一类旅行社管理暂行办法》的基础上，国家旅游局和对外贸易经济合作部联合发布了《中外合资旅行社试点暂行办法》。该办法对申请设立中外合资旅行社的中国合营者和外国合营者的条件及申请审批程序进行了明确规定。

2009 年 2 月 20 日，为了加强对旅行社的管理，保障旅游者和旅行社的合法权益，维护旅游市场秩序，促进旅游业的健康发展，国务院又颁布了《旅行社条例》，并于同年 5 月 1 日起实施。

据统计，截至 2013 年底，全国有各类旅行社 2.5 万家，旅游从业人员 1 350 万人，初步形成了一个不同规模、不同档次、不同服务对象、不同所有制形式的多层次、多功能、适应性较强的旅行社网络体系。尽管目前旅行社行业存在这样或那样的问题，但不可否认的是，我国旅行社行业一直在不断成长、成熟和壮大，在推动我国旅游业发展方面起着重要的、不可替代的作用。

项目 2 旅行社的性质与职能

案例引入

1978 年改革开放之前，我国只有中国国际旅行社总社、中国旅行社总社及其在主要省会城市的分支机构。两者都是由总社负责从国外招徕客源，分社负责当地接待工作，在体制上都是直属政府的行政事业单位。根据国家旅游局有关规定，它们之间具有相对明确的业务分工。国旅系统负责接待外国来华旅游者，中旅系统负责接待海外华侨、外籍华人、港澳及台湾同胞。随着 1979 年中国青年旅行社在北京成立，我国旅行社行业基本上形成了以国旅、中旅和青旅三大系统为主的垄断局面，三家旅行社基本控制了旅游外联市场。1984 年，国家旅游局将旅游外联权力下放，允许更多的部门和企业经营国际旅游业务，从而打破了我国旅行社行业的寡头垄断局面。从此，国旅、中旅和青旅三大旅行社的市场份额逐年下降。1985 年，国务院颁布了《旅行社管理暂行条例》，该条例首次将我国旅行社确定为企业性质，明确指出旅行社是“依法设立并具有法人资格，从事招徕、接待旅游者，组织旅游活动，实行独立核算的企业”。

提出问题

旅行社的发展史似乎表明，旅行社承担着双重角色。它既是旅游产品的生产者，又是旅游产品的销售者。实质上，旅行社在旅游活动中处于旅游服务供应商和旅游服务需求者之间，主要起着媒介和经纪人的作用。对于销售包价旅游产品的旅行社来说，旅行社以低于市场的价格向旅游产品要素的提供者（如酒店、航空运输公司等）购进食、住、行、游等服务，然后再根据旅游市场需求对资源进行配置，对原有的服务产品进行组合、包装，使之形成有差别的旅行社产品，并以包价的形式出售给旅游者，从而获取利润。旅游产品要素组合包价过程中常被认为有“生产职能”介入，但组合包价并没有从根本上改变旅游产品的特质，而是更方便了游客的购买，因此，可以说代理销售是旅行社最本质的特征。旅行社在旅游服务供应商和旅游服务需求者之间起着中介作用，这与旅行社的生产职能是否存在矛盾？

我们小组的回答是：____

____

____

相关知识

一、旅行社的性质

（一）服务性

现代社会已越来越离不开服务，服务经济在社会经济生活中所占的比重越来越大。服务一般是指提供劳动形式，满足他人某种需要并取得报酬的商业行为。它有两个基本特征：一是服务产品与实物产品一样具有使用价值；二是服务不论是由人来提供还是依托物来提供，服务产品的交易仅限于使用权的转移，而不涉及所有权的让渡。旅行社提供的服务产品不同于主要是由实物支撑的饭店服务产品，它主要是通过对物的使用来满足旅游者的需求，更多地表现为人的活动，如代办食宿、预订机票、提供导游接待等。同时，旅行社的包价旅游也使得旅行社产品具有综合性服务的特征。

（二）中介性

旅行社在旅游活动中处于旅游服务供应商和旅游服务需求者之间，主要起着媒介和经纪人的作用，并通过生产和销售旅游产品将酒店、餐馆、交通、景点、娱乐、保险公司等旅游服务部门同旅游者联系起来，具有纽带作用。

（三）营利性

旅行社在买进的旅游服务的成本之上加上一定的手续费再卖给旅游者，其利润主要来源于作为中间环节的批零差价，以及作为提供代理服务的佣金。

二、旅行社的职能

（一）生产职能

旅行社的生产职能是指旅行社设计、开发和组合旅游产品的功能。旅行社根据其对旅游市场需求的判断或者根据旅游者及其他希望购买旅游产品的企业、单位的要求，设计和开发出各种包价旅游产品和组合旅游产品，然后以低于市场的价格向酒店、交通和其他相关部门批量购买旅游者所需的各项服务，将这些分散的产品组合到一起，并融入旅行社自身的服务内容，形成具有特色的、能满足旅游市场需求的新产品。就包价旅游而言，旅行社最终出售的是具有竞争性价格和使用方便的整体产品。旅游服务供应商所提供的各项分散的服务只是旅行社产品生产的“原材料”，而不是“旅游产品”本身。

（二）销售职能

旅行社不但直接销售其自身的产品，还是许多其他旅游服务企业及相关企业的重要销售渠道。旅游业中的住宿、交通运输等服务部门，以及各有关接待服务部门，虽然也直接向游游者出售自己的产品，但其相当数量的产品是通过旅行社这一渠道销售给旅游者的。在现代旅游活动中，旅游产品各个组成部分的生产者经常不直接与旅游者发生购销关系，而是通过旅行社在设计组合旅游产品时实现产品的销售。同时，旅行社也专门代理销售单项旅游服务产品，如代办机票、代订客房等。

（三）组织协调职能

旅游活动涉及食、住、行、游、购、娱六个方面。旅行社产品的质量同其他旅游服务企业及相关企业的产品质量关联度很高。旅行社要保证旅游活动的顺利进行，离不开旅游业各个部门和其他相关行业的合作与支持，而旅游业各部门之间以及旅游业与其他行业之间也存在一种相互依存、互利互惠的合作关系。旅行社行业的高度依托性和综合性决定了旅行社要确保旅游活动的顺利进行，必须进行大量的组织协调工作，在确保各方利益的前提下，衔接和落实整个旅游活动过程中的各个环节。旅行社产品的质量和旅游者对旅行社及其产品的满意度，在很大程度上取决于旅行社的协调能力。

（四）分配职能

旅行社的分配职能主要表现在两个方面：一方面，根据旅游者的要求，在不同的旅游服务项目之间合理分配旅游者的支出，以最大限度满足旅游者的需要；另一方面，在旅游活动结束后，根据接待过程中各相关部门提供服务的数量和质量，合理分配旅游收入。

（五）提供信息的职能

旅行社提供信息的职能主要体现在两个方面：一方面，旅行社作为旅游产品最重要的销售渠道，始终处于旅游市场的最前沿，熟知旅游者的需求变化与市场动态，因此，旅行社可以及时向各相关部门反馈市场信息；另一方面，旅行社可以将各相关部门的最新信息及时、准确、全面地反映到旅游消费中去，以促进旅游产品的销售与购买。

项目3　旅行社的类型与业务

案例引入

近日，为支持济宁市旅游事业发展，提升旅行社综合实力与市场竞争力，大力实施“引客入济”工程，济宁市政府出台《关于支持旅行社业发展的意见》，在加大政策扶持力度、改善旅行社发展环境、加强旅行社人才队伍建设、加强协会建设等方面给予重点扶持。

济宁市政府从加大奖励措施方面进行引导，对年旅游营业收入首次超过3 000万元、5 000万元、8 000万元、1亿元及以上的旅行社，分别给予1万元、2万元、5万元、10万元的一次性奖励。加大对在域外开设分支机构的支持。济宁市在市外开设分支机构专营济宁市旅游产品且组团来济宁旅游人数达到每年1 000人、3 000人、5 000人以上的，分别予以1万元、2万元、3万元奖励。开展济宁市内旅行社旅游网站评优活动，给予优秀网站1万元的奖励。鼓励旅行社引进、申办全国性、国际性的重要会议与活动，经核准通过的，对旅行社给予申办经费补助，并按其规模与影响给予奖励。对当年被评定为3A级、4A级、5A级的旅行社，分别给予1万元、3万元、5万元一次性奖励，并优先推广宣传。对新进入全国“百强”、全省前50名的旅行社，给予一次性奖励。

该意见还提出了门票优惠和政府采购。济宁市所有景区（点）对该市旅行社所接旅游团队门票实行优惠。“三孔”景区（5A级）对旅行社组织的海内外旅游团队实行八五折的门票优惠，其带团导游员予以免门票；其他景区（点）实行更大幅度的优惠。鼓励旅行社参与政府采购和服务外包。优先将本市地接业务量大、等级高、服务质量优的旅行社纳入市级行政事业单位公务活动定点采购名录。

（资料来源：http://www.jining.gov.cn/art/2011/10/8/art-186-76218.html.）

纵观全球旅游业的历史演进，特别是旅游发达国家的旅行社业态，中国旅行社未来会分化为三种类型：一是国际化的大型旅游运营商，全国大概不会超出10家；二是专业化的旅行社，专注于某一个市场或某一类消费群体；三是代理社，会与第一类旅行社建立起上下游的商业关系。以上对于我国旅行社未来发展的分析预测，你认为分析得是否有道理？

我们小组的回答是：____

____

____

一、旅行社的类型

在不同的国家和地区，由于经济发展水平和旅游业发展状况存在差异，旅行社分类标准也不尽相同，下面简单介绍欧美地区和日本及我国旅行社的分类情况。

（一）国外对旅行社的分类

1. 欧美地区旅行社的分类

欧美地区一般按旅行社经营的旅游业务类型将旅行社分为旅游批发经营商和旅行代理商，属垂直分工体系。

（1）旅游批发经营商。旅游批发经营商以组织和批发包价旅游产品为主要经营业务，其主要功能是进行旅游市场调查、预测市场需求及发展趋势、生产和设计旅游产品，并将这些产品交给旅行代理商在旅游市场上进行销售。批发经营商不直接向公众出售旅游产品，但有的也兼营零售业务，即自己直接向旅游者销售旅游产品。旅游批发经营商的利润主要来自批零差价及设计组合旅游产品所产生的垄断性利润。

（2）旅行代理商。旅行代理商是旅游批发经营商与旅游者之间的联系纽带，其主要功能是代理旅游批发经营商招徕与组织旅游者，向旅游者提供旅游咨询和旅游接待服务，代理旅游者直接向旅游批发经营商和旅游服务部门预订旅游产品。旅游代理商的收入全部来自销售佣金。在西方，不同部门的旅行代理商的销售佣金标准不尽相同。一般而言，销售轮船舱位的佣金为7%~7.5%，销售航空服务和包价旅游的佣金为10%，若代理商的销售额可观，可另得2.5%的奖励佣金和其他形式的奖励。

2. 日本旅行社的分类

1996年4月1日，日本实施新的《旅行业法》，以旅行业是否从事主催旅行业务为主要标准，对日本旅行社的分类进行调整，将以前划分的一般旅行业、国内旅行业和旅行代理店重新划分为第Ⅰ种旅行业、第Ⅱ种旅行业和第Ⅲ种旅行业。

（1）第Ⅰ种旅行业是指能够从事海外和国内主催旅行业务的旅行社。

（2）第Ⅱ种旅行业是指只能从事国内主催旅行业务的旅行社。

（3）第Ⅲ种旅行业是指不能从事主催旅行业务的旅行社。

日本的旅行业即我国所说的旅行社，主催旅行业务相当于我国的包价旅游。根据日本新的《旅行业法》，主催旅行业务是指："旅行业者事先确定旅游目的地及日程、旅游者能够获得的运送及住宿服务内容、旅游者应对旅行业者支付的代价等有关事项的旅游计划，通过广告或其他方法募集旅游者而实施的旅行。"

（二）我国对旅行社的分类

1996年以前，我国的旅行社企业分为三类：第一类旅行社、第二类旅行社和第三类旅行社。1996年颁布的《旅行社管理条例》，按旅行社企业的经营范围，将我国的旅行社划分为国际旅行社和国内旅行社两种类型，属水平分工体系。目前对旅行社最为常见的分类方法是按经营范围和业务特点进行划分。

1. 按经营范围进行划分

旅行社按经营范围可分为国际旅行社和国内旅行社。国际旅行社的经营范围包括入境旅游业务和国内旅游业务，部分国际旅行社经审批可特许经营出境旅游业务。国内旅行社的经营范围仅限于国内旅游业务。

（1）不管是国际旅行社还是国内旅行社都可以同时经营招徕和接待旅游业务。

（2）国际旅行社的经营范围包括出境旅游业务，并不意味着所有的国际旅行社都可以经营出境旅游业务。2009年颁布的《旅行社条例》第八条规定："旅行社取得经营许可满两年，且未因侵害旅游者合法权益受到行政机关罚款以上处罚的，可以申请经营出境旅游业务。"《旅行社条例》第九条同时规定："申请经营出境旅游业务的，应当向国务院旅游行政主管部门或者其委托的省、自治区、直辖市旅游行政管理部门提出申请，受理申请的旅游行政管理部门应当自受理申请之日起20个工作日内作出许可或者不予许可的决定。予以许可的，向申请人换发旅行社业务经营许可证，旅行社应当持换发的旅行社业务经营许可证到工商行政管理部门办理变更登记；不予许可的，书面通知申请人并说明理由。"

（3）外商投资旅行社包括中外合资经营旅行社、中外合作经营旅行社和外资旅行社。外商投资旅行社的经营范围可包括入境旅游业务和国内旅游业务，不得经营中国内地公民出国旅游业务及赴香港、澳门、台湾地区旅游业务（国务院另有规定的除外）。

2. 按业务特点进行划分

旅行社按业务特点可分为组团旅行社和接待旅行社。

（1）组团旅行社是指招徕、组织旅游者去异地参观游览等活动，并可提供全程导游服务的旅行社。

（2）接待旅行社是指负责组织、安排旅游者在当地参观游览等活动，并可提供地方导游服务的旅行社。

在业务运作过程中，一个旅行社常常同时兼营组织招徕与接待业务，而且各地组团社与地接社的角色地位也不是固定不变的，在一定条件下两者可以相互转化。

二、旅行社的业务

（一）旅行社的业务范围

旅行社是为旅游者提供各类服务的企业组织，它提供的服务涉及旅游需求的各个方面。因此，旅游者的购买决策和消费过程决定了旅行社的业务范围。一般来说，旅游者的购买决策和消费过程可划分为六个阶段：旅游动机产生、信息搜寻、意向性咨询、产品购买、旅游经历和游后行为。与这六个阶段相对应，旅行社的业务范围可概括为市场调研、产品设计、产品宣传促销与咨询服务、产品销售、实施接待、售后服务。旅游者的购买决策和消费与旅行社基本业务的对应关系如图 1－1 所示。

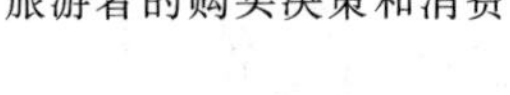

旅行社基本业务

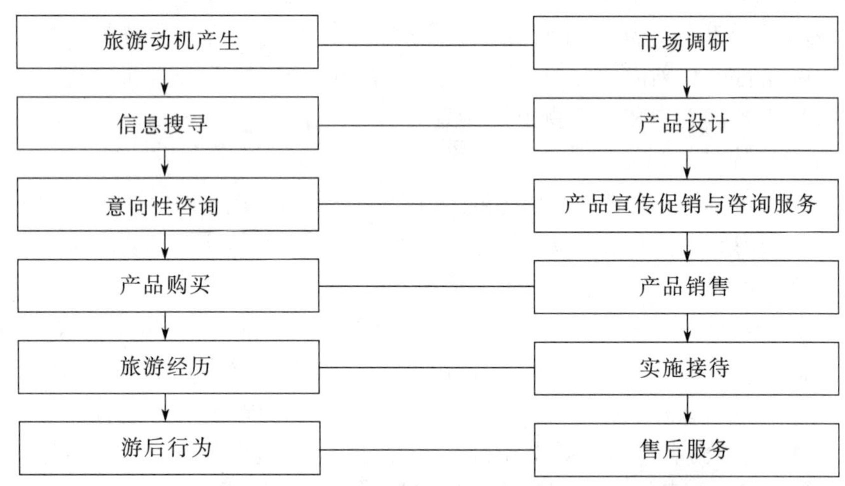

图 1－1　旅游者的购买决策和消费与旅行社基本业务的对应关系

在旅游者旅游动机的形成阶段，旅行社应通过广泛的市场调研，及时了解旅游者的旅游动机，并根据旅游者的旅游动机有针对性地设计组合旅游产品。一旦旅游者认识了自己的旅游需要，产生了旅游动机，就会有意或无意地搜寻相关旅游产品的信息。在这一阶段，旅行社应该开展各种形式的促销活动，使旅游者及时方便地获得旅行社的产品信息。潜在的旅游者对可选择的旅游产品或旅游企业的评估，可能在信息搜寻阶段就已开始。旅游者在对大量信息进行评价和判断后，一般会有选择地向相关旅行社进行咨询，而此时旅行社应向旅游者提供优质的咨询服务。通过咨询和对可选方案的评估，旅游者有可能已初步产生了某种方案，形成某种购买意图，如果没有其他因素的干扰，一般就会形成最后决策，完成购买行为，这对旅行社来说便意味着旅游产品的销售。旅行社在产品销售成功后，就要根据旅游者的要求向各单项旅游服务供应者采购各种旅游服务，落实各个旅游环节，准备迎接旅游者的到来。旅游经历阶段为旅游产品购买决策之后的消费阶段，也就是旅行社实施接待的阶段。旅游者在完成旅游活动后，旅行社还应提供售后服务，包括人员回访、电话问候等，使旅游者的感受、旅游活动中存在的问题能得到及时反馈，为旅游产品质量的进一步改进提供必要的信息，为争取回头客创造条件。

（二）旅行社的基本业务

不同类型、不同规模的旅行社经营的业务各有差异，但由于旅行社的服务对象是旅游者，旅行社的业务必然围绕旅游者的旅行活动展开。按照旅游活动的业务流程，旅行社的基本业务可划分为设计组合与开发旅游产品、采购旅游服务、销售旅游产品、团队和散客旅游接待四类。

1. 旅游产品开发

设计组合与开发旅游产品是旅行社经营的基础，体现了旅行社企业的生产性。根据市场需要设计组合适销对路的旅游产品，直接影响着旅行社其他业务的顺利开展，尤其是关系到旅行社经济利益的实现。这类业务包括产品设计、产品试产试销、产品投放市场和产品效果评估四项内容。

2. 旅游服务采购

采购旅游服务是指旅行社为了生产旅游产品而向有关旅游服务供应者购买各种旅游服务要素的业务活动。旅行社的采购业务涵盖旅游活动的食、宿、行、游、购、娱六个方面，涉及餐饮、住宿、交通、景点、娱乐和保险等部门。另外，组团社还需向旅游线路沿途的各地接待社采购接待服务。旅行社的采购业务充分体现了旅行社企业的依托性和综合性。

3. 旅游产品销售

销售旅游产品是旅行社企业的主导业务，体现了企业的经营性，也体现了其需求导向的特点。它包括制定产品销售战略、选择产品销售渠道、制定产品销售价格和开展旅游促销四项内容。

4. 旅游接待服务

旅游接待工作是为已经预订旅游产品或服务的旅游者提供产品或服务，使其圆满达到出游目的。接待服务过程既是旅游产品的生产过程，也是旅游者对旅游产品的消费过程。因此，接待业务是旅行社企业的重要业务，一线服务人员从来就是旅行社企业的主体，这体现了旅行社企业的服务性。接待业务包括团体接待和散客接待两项内容。

（三）旅行社业务分类

旅行社通过经营旅游业务获取经营利润，其业务范围涵盖了旅游活动的全过程。由于旅行社在所属类型和企业规模方面存在较大的差异，因此各个旅行社经营的业务范围也不尽相同。这里按不同的标准对旅行社的业务进行划分。

1. 按经营范围划分

旅行社业务按经营范围可分为国际旅游业务和国内旅游业务。

（1）国际旅游业务包括入境旅游业务和出境旅游业务。入境旅游业务指旅行社组织境外旅游者以团体或散客形式在本国境内进行的旅游活动。出境旅游业务指旅行社组织本国公民以旅游团或散客的形式自费前往境外进行的旅游活动。目前，我国旅行社出境旅游业务由中国公民的出国旅游、边境旅游和港澳旅游三部分组成。

（2）国内旅游业务是指旅行社组织本国公民在本国境内进行的旅游活动。

2. 按服务形式划分

旅行社业务按服务形式可以分为组团旅游业务和接团旅游业务。

（1）组团旅游业务是指旅行社预先制定包括旅游目的地、日程、交通、住宿等服务内容及旅游费用的旅游计划，通过广告等推销方式招徕旅游者，组织旅游团队，为旅游者办理签证、保险等手续，并通过接待计划的形式同接团旅行社进行业务衔接。

（2）接团旅游业务是指根据旅游接待计划安排，为旅游者在某一地方或区域提供当地旅游活动安排、翻译、讲解等服务，包括安排旅游者的旅行游览活动，并负责订房、订餐、订票、送站服务等，为旅游者提供满意的综合服务。

3. 按分工划分

旅行社业务按分工可分为旅游经营业务、旅游批发业务、旅游零售业务、特殊旅游业务和旅游代理业务。

（1）旅游经营业务是指旅行社根据旅游资源和旅游设施提供的实际可能和旅游者的实际需求及不同消费水平，制定出若干不同的项目、日程和价格的旅游线路，并通过各种销售渠道在旅游市场上推出。

（2）旅游批发业务是指旅行社专门从事各种旅游供给的组合。旅行社本身并不制定旅游线路，而是根据获得的若干旅游线路的份额，通过零售网络或者旅游代理商向公众进行广告等各种宣传以招徕旅游者。

（3）旅游零售业务是指旅行社接待旅游者或者代理旅游批发商去完成组织旅游者的业务，直接为旅游者提供有关旅游目的地、线路、交通工具、餐饮、住宿、观光以及其他旅游项目服务，并从中获得利润。

（4）特殊旅游业务是指旅行社专门从事奖励旅游、会议旅游、展览会和博览会等特殊旅游项目的组织业务，其特点是业务内容专门化。

（5）旅游代理业务是指旅行社代表客源国或地区进行旅游销售业务。双方一般订有正式的书面合同，规定合作方式、期限与其他相关事项。

4. 按组织形式划分

旅行社业务按组织形式可以分为团体旅游业务和散客旅游业务。

项目4　旅行社行业组织

案例引入

日前，石家庄市民政局正式批准了石家庄市旅行社协会成立的申请。昨日，石家庄市旅行社协会成立大会召开，由此石家庄市旅行社之间各自为政、少有合作、恶性竞争的局面将得到有效遏制。

石家庄市旅游局质量监督管理所所长、石家庄市旅行社协会秘书长邢文海介绍，截至去年底，石家庄市注册旅行社已达到208家，由于长期以来缺乏统一行业管理，在市场把握、运营方式、竞争模式方面存在欠缺，目前仍处在各自为政、形不成合力的状况，影响了石家庄市旅游业整体做大做强。正是在此背景下，石家庄市旅游局牵头成立了石家庄市旅行社协会。邢文海介绍说，目前石家庄入会旅游企业达到 96 家。

石家庄市旅游局局长王玉国表示，旅行社作为旅游各个要素中最活跃的生力军，其在石家庄市旅游业的发展中起到了举足轻重的作用，而石家庄市旅行社协会的成立对于促进省会旅游业进一步对外开放，推动省会旅游业持续、快速、健康的发展，具有十分重要而深远的意义。

（资料来源：河北新闻网，2010－02－03.）

提出问题

近年来，伴随着旅游业的快速发展，旅行社数量急剧增长，旅行社企业之间的竞争愈演愈烈。违规经营，超范围经营，以虚假广告、零负团费诱导欺骗旅游者，降低接待服务质量，不履行合同，不讲诚信等行为，在旅行社行业中屡见不鲜。这不仅严重侵害了旅游者的合法权益和旅行社行业的根本利益，也损害了旅行社行业的形象。建立旅行社行业协会组织，能否增强旅行社行业自我约束、自我完善、自我发展能力？能否为旅行社企业营造一个良好的经营环境？

我们小组的回答是：____

____

____

相关知识

一、旅行社的国际行业组织

（一）世界旅行社协会

世界旅行社协会（World Association of Travel Agencies，WATA）成立于 1949 年，总部设在瑞士日内瓦，是一个由私人旅行社组织起来的世界性非营利组织。其宗旨主要有两项：一是通过某种服务项目，如专业化情报、讲话预订以及委托手续等来促进和保证会员的利益；二是定期召开世界旅游大会及地区性会议，为会员提供相互了解、联系和洽谈生意的机会。现有来自 100 余个国家和地区的 300 多个会员。世界旅行社协会从 1951 年开始，每年出版一本综合性的世界旅游指南——《世界旅行社协会万能钥匙》。

世界旅行社协会的最高权力机构是其会员大会，每两年举行一次。大会下设执行委员会、管理委员会和总裁委员会。执行委员会负责实施大会决议；管理委员会主持处理日常工作；总裁委员会由各地选举出来的总裁组成，他们负责各地会员与日内瓦总部之间的联系，讨论地区问题，协调地区活动。世界旅行社协会设在日内瓦的秘书处向会员提供各种帮助和一些服务项目，如提供旅游情报、文件和统计数据等。秘书处为要求在他国寻找代理人或进行贸易联系的会员进行安排和介绍。协会欧洲服务处为旅游团或个人协调旅行日程，并做出必要的安排。它还代表亚洲、澳大利亚、南北美洲的私人旅行社协会组团到欧洲等地旅行，同时收取最少的佣金。对非正式成员，它也提供服务，但要按一定比率收取佣金。任何一家旅行社，只要财务机构完善、稳定，遵守协会的规定，都有资格成为世界旅行社协会的成员。入会者应先向日内瓦常设秘书处递交申请书，经管理委员会审查后，再在会员中传阅，如无反对意见，就能成为其正式会员。协会保证各会员享有一定的优惠权。会员可以持预订交换证，在世界上任何地方为其客户预订饭店和旅行社的服务项目。

（二）世界旅行社协会联合会

世界旅行社协会联合会（Univesal Federation of Travel Agents' Association，UFTAA）于1966年成立，总部设在比利时布鲁塞尔，是世界上最大的民间国际旅游组织，属专业和技术性组织。其正式成员是世界各国的国家旅行社协会，每个国家只能有一个全国性的旅行社协会代表该国参加。世界旅行社协会联合会的宗旨是：团结和加强各国旅行社协会和组织，并协助解决会员间在专业问题上可能发生的纠纷；在国际上代表旅行社行业同旅游及有关的各组织与企业建立联系，进行合作；确保旅行社业务在经济、法律和社会领域内最大限度地得到协调、赢得信誉、受到保护及得到发展；向会员提供所有必要的物质、业务和技术上的指导和帮助，使其能在世界旅游业中占有适当的地位。

世界旅行社协会联合会的最高权力机构是每年一度的全体会员大会。大会决定该会的总方针政策；确定年度活动报告、下年度的活动计划和工作总纲；批准财务预算和决算；罢免和选举理事会成员等。世界旅行社协会联合会理事会负责管理联合会的业务并行使其一切权力。联合会执行委员会负责日常工作。理事会下设总秘书处，由秘书长负责，具体负责执行理事会和执行委员会的决定。联合会出版月刊《世界旅行社协会联合会信使报》。

二、旅行社的国内行业组织

中国旅行社协会（China Association of Travel Services，CATS）成立于1997年10月，是由中国境内的旅行社、各地区性旅行社协会或其他同类协会等单位，按照平等自愿的原则结成的全国旅行社行业的专业性协会，是业经中华人民共和国民政部正式登记注册的全国性社团组织，具有独立的社团法人资格。中国旅行社协会接受国家旅游局的领导、民政部的监督管理和中国旅游协会的业务指导。协会会址设在北京。《旅行社之友》为协会会刊，每月一期，免费为会员单位送阅。

中国旅行社协会的宗旨是：遵守国家的宪法、法律、法规和有关政策，遵守社会道德风尚，代表和维护旅行社行业的共同利益和会员的合法权益，努力为会员服务，为行业服务，在政府和会员之间发挥桥梁和纽带作用，为中国旅行社行业的健康发展作出积极贡献。

中国旅行社协会的主要任务是：宣传贯彻国家旅游业的发展方针和旅行社行业的政策法规；总结交流旅行社的工作经验，开展与旅行社行业相关的调研，为旅行社行业的发展提出积极并切实可行的建议；向主管单位及有关单位反映会员的愿望和要求，为会员提供法律咨询服务，保护会员的共同利益，维护会员的合法权益；制订行规行约，发挥行业自律作用，督促会员单位提高经营管理水平和接待服务质量，维护旅游行业的市场经营秩序；加强会员之间的交流与合作，组织开展各项培训、学习、研讨、交流和考察等活动；加强与行业内外的有关组织、社团的联系、协调与合作；开展与海外旅行社协会及相关行业组织之间的交流与合作；编印会刊和信息资料，为会员提供信息服务；承办主管单位委托的其他工作。

中国旅行社协会实行团体会员制，所有在中国境内依法设立、守法经营、无不良信誉的旅行社及与旅行社经营业务密切相关的单位和各地区性旅行社协会或其他同类协会，承认和拥护协会的章程，遵守协会章程，履行应尽义务均可申请加入协会。

协会的最高权力机构是会员代表大会，每四年举行一次。协会设立理事会和常务理事会，理事会对会员代表大会负责，是会员代表大会的执行机构，在会员代表大会闭会期间领导协会开展日常工作；常务理事会对理事会负责，在理事会闭会期间，行使其职权。协会将会员实行年度注册公告制度。每年年初会员单位必须进行注册登记，协会将符合会员条件的会员名单向社会公告。

本模块小结

旅行社是人类经济活动和旅游活动发展到一定阶段的产物。本章主要介绍了中外旅行社的产生与发展，并分析了旅行社的性质、职能、类型和业务，最后对旅行社行业组织进行了简要介绍。

习题与实践

1. 课堂讨论题

(1) 旅行社由事业性单位转变成企业单位对促进旅行社行业发展起到哪些作用?

(2) 旅游批发商、经营商和旅行代理商的区别。

2. 自测题

(1) 世界上第一家旅行社是在（ ）年成立的（ ）旅行社。

(2) 新中国第一家旅行社是在（ ）年成立的（ ）旅行社。

(3) 20 世纪初，世界旅行社行业的三大巨头是（ ）、（ ）、（ ）。

(4) 以欧美为代表的垂直分工的旅行社可分为（ ）和（ ）。

(5) 旅行社的职能主要有（ ）、（ ）、（ ）、（ ）和（ ）。

(6) 旅行社的基本业务包括（ ）、（ ）、（ ）和（ ）。

3. 复习思考题

(1) 产业革命对旅游业的影响表现在哪些方面?

(2) 如何正确认识旅行社的性质?

4. 综合实训题

(1) 按照服务流程，介绍旅行社的基本业务。

(2) 收集资料，以实训报告形式说明我国旅行社的发展现状。

知识拓展

一、关于世界上第一家旅行社诞生的时间

学术界有如下几种说法：

(1) 1841 年，世界上第一家旅行社——通济隆旅行社在英国成立，它的创始人是托

马斯·库克。这是世界近代旅游业诞生的标志。托马斯·库克被誉为近代旅游业的先驱。（马勇．旅游学概论．北京：高等教育出版社，1998：24.）

（2）1845年，托马斯·库克创办了世界上第一个旅行社——托马斯·库克旅行社。（李光坚．旅游概论．北京：高等教育出版社，1991：31.）

（3）1865年，托马斯·库克父子公司正式成立，这是世界上第一家旅行社。（魏向东．旅游概论．北京：中国林业出版社，2000：36.）

二、关于旅行社的定义

1．国际官方旅游组织联盟对旅行社的定义

旅游经营商是一种销售企业，它们在消费者提出要求之前事先准备好旅游活动和度假地，组织旅行交流，预订旅游目的地的各类客房，安排多种游览、娱乐活动，提供整套服务（包价旅游），并事先确定价格及出发和回归日期，即准备好旅游产品，由自己下属的销售处或由旅行代理商将产品销售给团体或个体消费者。

旅行代理商是服务性企业，它的职能是：

（1）向公众提供有关旅行、住宿条件以及时间、费用和服务项目等信息，并出售产品。

（2）受交通运输、饭店、餐馆及供应商的委托，以合同规定的价格向旅游者出售它们的产品。销售合同（票据等）表明购买者和销售者是两厢情愿的，旅行代理商只起到中间人的作用。

（3）接受它所代表的供应商的酬劳，代理商按售出旅游产品总金额的一定比例提取佣金。

2．日本《旅行业法》对旅行社的定义

旅行社是收取报酬经营下列事业之一者（专门提供运输服务者除外）：

（1）为旅客提供运输或住宿服务，代理签约、媒介或介绍之行为；

（2）代理提供运输或住宿之服务业与旅客签约提供服务或从事媒介之行为；

（3）利用他人经营之运输机构或住宿设备，为旅客提供运输或住宿服务；

（4）附随于前三款行为，为旅客提供运输及住宿以外之旅行有关服务，代理签约、媒介或介绍之行为；

（5）附随于第一款至第三款之行为，代理提供运输及住宿以外有关服务业，为旅客提供服务而代理签约或媒介之行为；

（6）附随于第一款至第三款之行为，引导旅客，代办申领护照及其他手续，以及其他为旅客提供服务之行为；

（7）有关旅行一切之咨询行为；

（8）对于第一款至第六款所列之行为代理签约之行为。

3．我国《旅行社条例》（2009）对旅行社的定义

旅行社是指从事招徕、组织、接待旅游者等活动，为旅游者提供相关旅游服务，开展国内旅游业务、入境旅游业务或者出境旅游业务的企业法人。

模块2　旅行社的设立

任务目标

熟悉旅行社设立的条件，掌握旅行社设立的程序，了解旅行社组织机构设立的一般模式，熟悉旅行社各部门的职能及旅行社人力资源管理过程。

项目1　旅行社设立的基本程序

案例引入

一张办公桌，一部电话，一台电脑……就可进行游客招徕业务。2011年10月13日，云南省旅游局联合多个州市的旅游执法部门，对昆明市内的非法经营旅游业务行为进行了专项检查。此次检查是全省重点州市旅游执法人员交叉检查的第一站，在检查过程中，成功取缔了两家无证经营旅游经营场所。

检查小组分别对昆明火车南站片区、火车北站片区、关上片区、环城南路沿线、环城北路、北京路北段沿线等旅游市场重点区域进行专项检查，重点打击无证无照旅游经营行为，对证照不齐全或手续不完善的责令整改。

昨天上午，在瑞丰酒店大堂内，一间不到5平方米的办公室，摆放着一张办公桌、一部电话、一台电脑，还有一套沙发，这就成了一个招徕游客的“旅行社”。执法人员到来时，工作人员还称他是某某旅行社的一个部门。但是叫该工作人员提供相应的营业执照和旅游部门下发的备案登记证明时，该工作人员就支支吾吾，什么都拿不出来。“这明显就是无证经营，我们是要依法取缔的。”执法人员说。在对其进行调查后，执法人员对该旅游经营场所进行了处罚，暂扣了包括旅游宣传资料和经营旅游业务所用的办公物品，其中包括一台电脑。

据介绍，这次行动是云南省开展的一次非法经营旅游业务行为专项整治，重点对宾馆、饭店等设立的旅游咨询机构、机票代理和网络上无证照经营旅行社业务的行为进行专项整治。检查组要求合法经营的旅行社服务网点必须具有工商部门颁发的旅行社营业执照和旅游部门登记的备案登记证明，坚决打击无证无照非法旅行社经营网点。

（资料来源：http://China.findlaw.cn/news/jrzx/39184.htm.）

提出问题

旅行社的分社或营业网点存在较多的问题主要有：一是不依法设立。有的旅行社设立分支机构不办理工商登记手续，有的办理了工商登记手续但不向当地旅游管理部门备案。二是不按照“四统一”规定对分支机构严格进行管理。大部分旅行社没有针对分支机构制定和建立“四统一”（即要求分社统一人事、财务、招徕、接待制度，要求服务网点统一管理、统一财务、统一招徕和统一咨询服务）制度规范；三是分支机构的门店招牌、宣传单和名片上的名称不规范；四是部分旅行社听任甚至纵容分支机构不以总社名义开展经营活动。这些分社和服务网点自制线路产品，以自己的名义独立开展宣传、招徕、组织和接待业务，成为一个个“非法旅行社”，承包、挂靠现象十分普遍。

我国不仅要求旅行社及其分支机构具有合法资质，依规经营，同时也要求旅行社在选择交通、住宿、餐饮、景区等企业时，其选择的企业也应当具有合法经营资格和接待服务能力。你平时注意到旅行社门市部里都摆放或挂有哪些证照？你认为设立一家旅行社应该具备什么条件？

我们小组的回答是：____

____

____

相关知识

一、旅行社设立的条件

根据《中华人民共和国旅游法》第四章第二十八条的规定，设立旅行社，招徕、组织、接待旅游者，为其提供旅游服务，应当具备下列条件：有固定的经营场所；有必要的营业设施；有符合规定的注册资本；有必要的经营管理人员和导游；法律、行政法规规定的其他条件。并取得旅游主管部门的许可，依法办理工商登记。

1. 有固定的经营场所

旅行社从事招徕、组织、接待旅游者等活动，提供相关旅游服务，必须有固定的经营场所。没有固定的经营场所，旅行社就无法从事经营活动。旅行社的经营场所还应当符合一定的要求。根据《旅行社条例实施细则》第六条的规定，申请设立旅行社的，经营场所应当符合下列要求：

（1）申请者拥有产权的营业用房，或者申请者租用的、租期不少于 1 年的营业用房。

（2）营业用房应当满足申请者业务经营的需要。

2. 有必要的营业设施

旅行社从事经营活动，还需要必要的办公、通讯等设施。根据《旅行社条例实施细则》第七条的规定，营业设施应当至少包括下列设施、设备：

（1）2部以上的直线固定电话。

（2）传真机、复印机。

（3）具备与旅游行政管理部门及其他旅游经营者联网条件的计算机。

3. 有符合规定的注册资本

注册资本是指旅行社在有关部门登记的资本总额，既是旅行社经营所需要的资本，又是旅行社对外承担民事责任的保障。根据《旅行社条例》第六条的规定，申请设立旅行社，经营国内旅游业务和入境旅游业务的，有不少于30万元的注册资本。

4. 有必要的经营管理人员和导游

旅行社是一种具有较强专业性的企业法人，提供的服务不是一般的服务，而是旅游服务。因此，旅行社必须有必要的了解旅游管理知识、熟悉旅游业务、拥有丰富工作经验的经营管理人员和导游，否则旅行社无法有效地开展经营活动。

5. 法律、行政法规规定的其他条件

旅行社通常是企业法人，在我国最主要的企业法人就是公司，包括有限责任公司和股份有限公司。当旅行社是有限责任公司或者股份有限公司时，关于旅行社的设立条件，《旅游法》没有规定、《公司法》有规定的，适用《公司法》的规定。另外，《旅行社条例》等行政法规也规定了一些具体条件。设立旅行社时，也应符合行政法规的具体规定。

另外，《旅行社条例》第十六条规定："旅行社应当自取得旅行社业务经营许可证之日起3个工作日内，在国务院旅游行政主管部门指定的银行开设专门的质量保证金账户，存入质量保证金，或者向作出许可的旅游行政管理部门提交依法取得的担保额度不低于相应质量保证金数额的银行担保。经营国内旅游业务和入境旅游业务的旅行社，应当存入质量保证金20万元；经营出境旅游业务的旅行社，应当增存质量保证金120万元。"

《旅行社条例》第十四条规定："旅行社每设立一个经营国内旅游业务和入境旅游业务的分社，应当向其质量保证金账户增存5万元；每设立一个经营出境旅游业务的分社，应当向其质量保证金账户增存30万元。"

★ 特别提示

①初次申请设立旅行社，其经营范围可为国内旅游业务和入境旅游业务。

②旅行社取得经营许可满两年，且未因侵害旅游者合法权益受到行政机关罚款以上处罚的，可以申请经营出境旅游业务。

二、旅行社设立的程序

在我国，旅游业属于实行业务许可证的行业。

（一）内资设立旅行社的程序

对内资设立旅行社来说，申请开业应首先按国家有关规定报请行业归口部门（省级旅游局或其委托的市旅游局）审批，然后再向当地工商行政管理局办理登记注册。内资设立旅行社的程序如表2－1所示。

表 2－1　内资设立旅行社的程序

步　骤	内　　容
第一步	按照属地原则先向拟设立地县（市）、区旅游局提交设立申请报告
第二步	到拟设立地县（市）、区工商局进行企业名称核准
第三步	向拟设立地县（市）、区旅游局提交申报材料 ［设立地县（市）、区旅游局收到符合规定的申报材料后，经初审，符合条件的上报市旅游局。市旅游局在收到申报材料后按照《旅行社条例实施细则》的时间规定，对申报的材料及拟设的地点进行检查验收，验收符合要求后转报省旅游局审批］
第四步	申请人收到批准文件后向市旅游局缴纳质量保证金
第五步	申请人凭批准文件、质量保证金缴纳凭证到省旅游局领取国内旅行社业务经营许可证
第六步	申请人持批准文件、国内旅行社业务经营许可证到所在地工商局办理营业执照
第七步	申请人持工商局颁发的营业执照，到当地税务部门办理税务登记，领取税务登记证

1. 提交设立申请

【事前提示】

在提交设立申请之前，应事先做好以下工作：

①调查行业状况，了解国内、本地旅行社的经营动态，以便做出正确的决策。

②设计社名和社徽，确定一个有利于传达旅行社发展方向和经营理念的名称及能展示旅行社形象的标志。

③考察选择经营场所，尽可能做到接近目标市场、方便客户停车、咨询等。

申请设立旅行社，经营国内旅游业务和入境旅游业务的，应当向所在地省、自治区、直辖市旅游行政管理部门或者其委托的设区的市级旅游行政管理部门提出申请。

2. 企业名称核准

向工商行政管理局提交旅行社拟使用名称申请，经工商行政管理局企业登记科进行名称核准，领取企业名称预先核准通知书。

3. 提交申请文件

申请人向省、自治区、直辖市旅游行政管理部门（以下简称省级旅游行政管理部门）提交下列材料：

（1）设立申请书。内容包括申请设立的旅行社的中英文名称及英文缩写，设立地址、企业形式、出资人、出资额和出资方式，申请人、受理申请部门的全称，申请书名称和呈报申请的时间。

（2）法定代表人履历表及身份证明。

（3）旅行社章程。

（4）依法设立的验资机构出具的验资证明。

（5）经营场所的证明。

（6）营业设施、设备的证明或者说明。

（7）工商行政管理部门出具的《企业名称预先核准通知书》。

受理申请的旅游行政管理部门应当自受理申请之日起20个工作日内做出许可或者不予许可的决定。予以许可的，向申请人颁发旅行社业务经营许可证，申请人持旅行社业务经营许可证向工商行政管理部门办理设立登记；不予许可的，书面通知申请人并说明理由。

★ **特别提示**

①省级旅游行政管理部门可以委托设区的市（含州、盟，下同）级旅游行政管理部门，受理当事人的申请并做出许可或者不予许可的决定。

②受理申请的旅游行政管理部门可以对申请人的经营场所、营业设施、设备进行现场检查，或者委托下级旅游行政管理部门检查。

③旅行社申请出境旅游业务的，应当向国务院旅游行政主管部门提交原许可的旅游行政管理部门出具的，证明其经营旅行社业务满两年且连续两年未因侵害旅游者合法权益受到行政机关罚款以上处罚的文件。

④旅行社取得出境旅游经营业务许可的，由国务院旅游行政主管部门换发旅行社业务经营许可证。旅行社持旅行社业务经营许可证向工商行政管理部门办理经营范围变更登记。

⑤国务院旅游行政主管部门可以委托省级旅游行政管理部门受理旅行社经营出境旅游业务的申请，并做出许可或者不予许可的决定。

4. 缴纳质量保证金

旅行社应当自取得旅行社业务经营许可证之日起3个工作日内，在国务院旅游行政主管部门指定的银行开设专门的质量保证金账户，存入质量保证金，或者向作出许可的旅游行政管理部门提交依法取得的担保额度不低于相应质量保证金数额的银行担保。

经营国内旅游业务和入境旅游业务的旅行社，应当存入质量保证金20万元；经营出境旅游业务的旅行社，应当增存质量保证金120万元。

★ **特别提示**

①可为申办者提供验资服务的机构包括会计师事务所、注册会计师事务所、审计师事务所和其他具有验资资格的机构。

②质量保证金的利息属于旅行社所有。

③旅行社每设立一个经营国内旅游业务和入境旅游业务的分社，应当向其质量保证金账户增存5万元；每设立一个经营出境旅游业务的分社，应当向其质量保证金账户增存30万元。

5. 领取经营许可证

旅游行政管理部门审核批准后向申请人颁发旅行社业务经营许可证。旅行社业务经营许可证及副本，由国务院旅游行政主管部门制定统一样式，国务院旅游行政主管部门和省级旅游行政管理部门分别印制，是经营旅游业务的资格证明，许可证有效期3年。

旅行社业务经营许可证及副本损毁或者遗失的，旅行社应当向原许可的旅游行政管理部门申请换发或者补发。

6. 进行工商登记

在领到旅行社业务经营许可证的60个工作日内，持旅游局签发的批准设立文件和业务经营许可证到工商行政管理局申领营业执照。申请人持旅行社业务经营许可证副本及批复，办理工商登记注册，并将工商营业执照副本复印件（加盖公章）报市旅游局备案。

【事中提示】

申请人在办理工商登记后7个工作日内，按照规定投保旅行社责任险，并将保单复印件（加盖公章）报旅游局备案。

7. 进行税务登记

在领取营业执照30个工作日之内，向当地税务局办理税务登记，申请税务执照，然后申领发票，开张营业。

【事后提示】

旅行社可根据业务经营和发展的需要设立分支机构，包括设立分社和门市部。

①旅行社设立分社的，应当持旅行社业务经营许可证副本向分社所在地的工商行政管理部门办理设立登记，并自设立登记之日起3个工作日内向分社所在地的旅游行政管理部门备案。

旅行社分社的设立不受地域限制。分社的经营范围不得超出设立分社的旅行社的经营范围。

②旅行社设立门市部，应征得拟设地县级以上旅游行政管理部门同意，并在办理完工商登记注册手续之后3个工作日之内，报原审批的旅游行政管理部门和门市部所在地旅游行政管理部门备案。旅行社的门市部应当接受所在地的旅游行政管理部门的行业管理。

旅行社门市部的设立仅限于设立社所在地的设区的市域行政范围内，门市部的经营范围仅限于招徕旅游者、提供旅游咨询服务。

（二）外资设立旅行社的程序

对于外商投资旅行社来说，其设立条件与内资设立旅行社相同，其设立程序有所不同。根据《旅行社条例》，外商投资旅行社包括中外合资经营旅行社、中外合作经营旅行社和外商独资旅行社。外资设立旅行社的程序如表2－2所示。

表2－2 外资设立旅行社的程序

步 骤	内 容
第一步	向中国国家旅游局提交申请报告。国家旅游局30个工作日之内审查完毕
第二步	若国家旅游局同意设立，申请人领取外商投资旅行社业务许可审定意见书
第三步	向中国商务部提出设立外商投资企业的申请 [申请时同时提交外商投资旅行社业务许可审定意见书、旅行社章程、合资（合作）双方签订的合同]
第四步	若商务部同意设立，申请人领取外商投资企业批准证书
第五步	向中国国家旅游局申请旅行社业务经营许可证。申请人领取外资旅行社业务经营许可证
第六步	申请人持商务部的批准文件、外资旅行社业务经营许可证到所在地工商局办理营业执照
第七步	申请人持工商局颁发的营业执照，到当地税务部门办理税务登记，领取税务登记证

项目 2 旅行社组织机构的设立

案例引入

长春运通旅行社与各省、市的旅游界同仁有着密切的联系，并且与长春市主要景区景点，各大宾馆、饭店，旅游车辆服务部门以及相关旅游定点单位建立起了良好、长期的合作关系，拥有一支由各类专业人员组成的高效率的外联、销售以及接待队伍。旅行社内部机构设置齐全，有外联部、市场销售中心、计划调度中心、综合部、办公室、财务部。

长春运通旅行社致力于发展国内旅游观光事业，以组织旅游者赴全国各地观光旅游、疗养、会务、商贸、考察、产业观光为主要业务，并承揽外地旅游者到长春旅游观光、考察、会议接待服务等业务，能够根据旅游者的不同要求，制定不同层次、不同内容的旅游线路，准确、及时地完成各种旅游服务项目。

（资料来源：景春网）

提出问题

旅行社的组织机构是旅行社为完成特定的经营目标和任务，按照一定的原则建立起来的企业内部管理和对外经营运作体系。为保证旅行社经营活动的正常开展，旅行社无论规模大小，都要建立起一个合理的组织机构体系。你认为旅行社要开展业务经营活动，需要设置哪些部门机构？

我们小组的回答是：____

____

____

相关知识

一、旅行社组织机构设立的基本原则

（一）目的性原则

旅行社组织机构设置的根本目的是为了发挥组织功能，确保旅行社经营目标的实现。从这一根本目的出发，旅行社在进行组织机构设置时应因目标设事，因事设机构定编制，按编制设岗位定人员，以职责定制度。

（二）管理跨度和管理层次统一原则

管理跨度是指一个管理者能够直接、有效地指挥控制下属的人数。适当的管理跨度，加上适当的层次划分和适当授权，是建立高效率组织的基本条件。管理跨度大，管理人员接触的人员增多，处理人与人之间关系的数量随之增大。旅行社在进行组织机构设计

时，必须使管理跨度适当。跨度大小与管理层次多少有关。管理跨度与层次划分的多少成反比，即层次多，跨度小，层次少，跨度大。在组建组织机构时，必须认真设计切实可行的跨度和层次，既要使管理工作易于进行，又要有利于专业化分工优势的发挥。

（三）系统化原则

旅行社在设计组织机构时要以业务工作系统化原则做指导，周密考虑分层与跨度关系、部门划分、授权范围、人员配备及信息沟通等，使组织机构自身成为一个严密的、有机的系统，能够为完成经营目标而实行合理分工与协作。特别注意避免出现职能分工、权限划分和信息沟通上相互矛盾或重叠的情况。

（四）分工与协作统一原则

分工就是按照提高专业化程度和工作效率的要求，把组织的目标、任务分成各级、各部门、各人的工作目标、任务，明确干什么、谁负责干、有何要求等。在组织中有分工还必须有协作，明确部门之间和部门内的协作关系与配合办法十分重要。旅行社在进行机构设置时应明确部门与部门之间的关系，在工作中相互联系与衔接，合理协调。

（五）责、权、利相统一原则

责、权、利相统一的原则就是在组织中明确划分职责、权力范围，同等的岗位职务赋予同等的权力，做到责任和权力相一致。避免有权无责、有责无权和有责无利等现象出现。

（六）精干高效原则

旅行社组织机构与人员的设置，以能实现旅行社的目标任务为原则，尽量简化机构，减少层次，做到精干高效。要以较少的人员、较少的层次达到管理的效果，减少重复和扯皮现象。

二、旅行社组织机构设立的一般模式

我国旅行社组织机构传统的设立多数采用内部生产过程导向的部门化方法，也就是说旅行社的业务部门主要包括外联部、计调部、接待部等，并在此基础上根据职能和自身规模等因素设置行政部、财务部和人力资源部等管理部门。旅行社组织机构设立的模式一般有下列两种：

（一）按照职能设立部门

这种模式是目前我国大部分旅行社采用的组织结构模式，又称为职能制组织结构模式。这种模式的基本特征是权力高度集中统一，上下级之间实行单线从属管理，总经理拥有全部权限，尤其是经营决策权与指挥权。业务部门和管理部门按照旅行社内部生产过程进行划分和设立。

按照职能设立的旅行社组织机构如图 2－1 所示。

1. 优点

（1）部门之间分工明确。减少了部门内部和部门之间相互推诿扯皮的现象，有利于提高工作的效率。

（2）组织结构稳定。不同部门之间的人员流动较少，有利于员工长期钻研某项业务，从而使他们能够成为该项业务的专家。

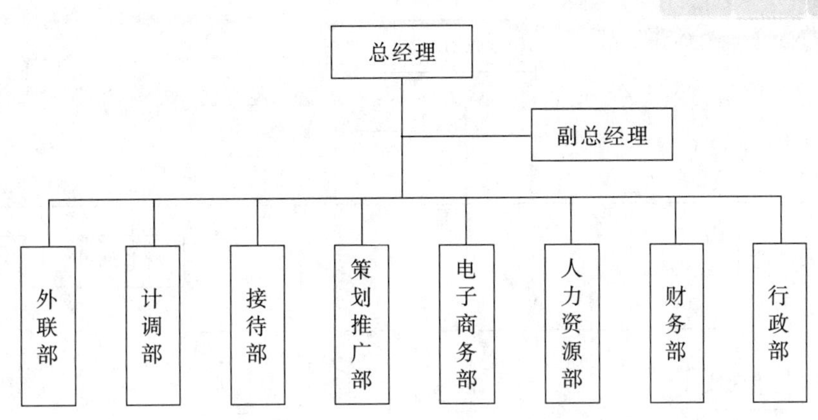

图2－1　旅行社直线职能制组织结构图

（3）符合专业化协作原则。每一个部门和岗位都配备具有该部门或岗位所需专业知识和专业技能的员工，能够有效地使用旅行社所拥有的各种人力资源。

（4）提高管理者的权威。旅行社的经营决策权和管理决策权高度集中于最高管理层，责任非常明确，以保证旅行社制定的各种经营和管理决策得到充分的贯彻执行。

（5）提高工作效率。把复杂的旅行社业务分解成简单的重复性工作，使员工在实际工作中能够最大限度地减少出错的机会，从而提高工作效率。

2. 缺点

（1）削弱旅行社实现整体目标的能力。不同职能部门的员工长期在某个部门工作，易形成本位主义，影响旅行社整体目标的实现。

（2）增加各个职能部门之间协作的难度。各部门的经理从本部门的利益出发，把自己所在部门的利益看得至高无上，不惜牺牲其他部门甚至整个企业的利益，使旅行社内部冲突增加，难以协调。

（3）组织机构缺乏弹性。组织结构不灵活，难以及时调整其部门结构以适应瞬息万变的市场形势，不能激发员工接受新观念与新的工作方式。

（二）按照地区或语种设立部门

按照地区或语种设立部门的组织结构又称事业部制组织结构如图2－2和图2－3所示，是指将旅行社的组织机构设置成与旅行社细分市场相对应的部门。这种模式的特点是：

（1）旅行社对于具有独立的产品和市场、独立的责任和利益的部门实行分权管理。

（2）政策制定与行政管理分开，实行政策管制集权化和业务营运分权化。

（3）最高管理层是最高决策管理机构，以实行长期计划为最大的任务，集中力量研究和制定旅行社的总目标、总方针、总计划以及各项政策。

（4）各个部门兼具有外联、计调和接待功能，在不违背总目标、总方针、总计划的前提下，自行处理各项业务经营活动，成为日常经营活动的中心。

1. 优点

（1）使最高管理层摆脱日常行政事务，成为坚强有力的决策机构。

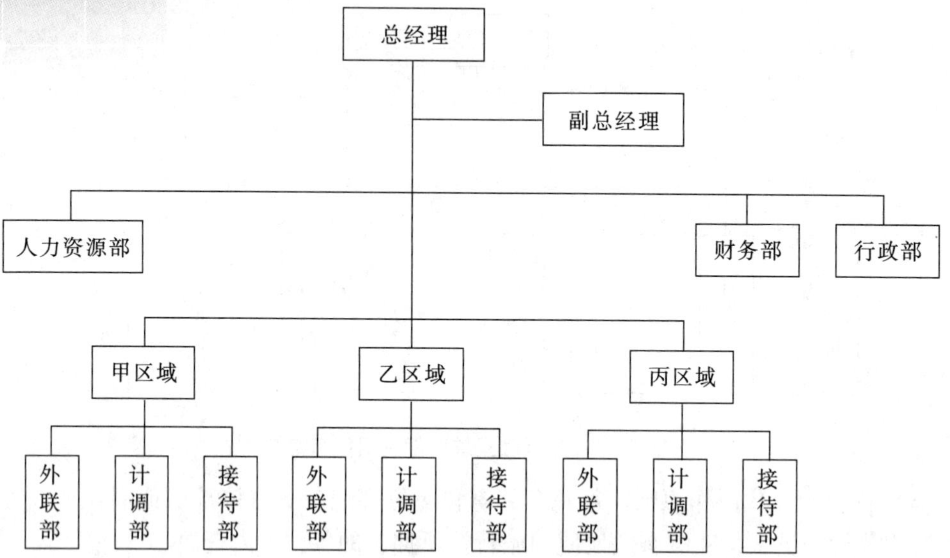

图 2－2　旅行社区域事业部制组织结构图

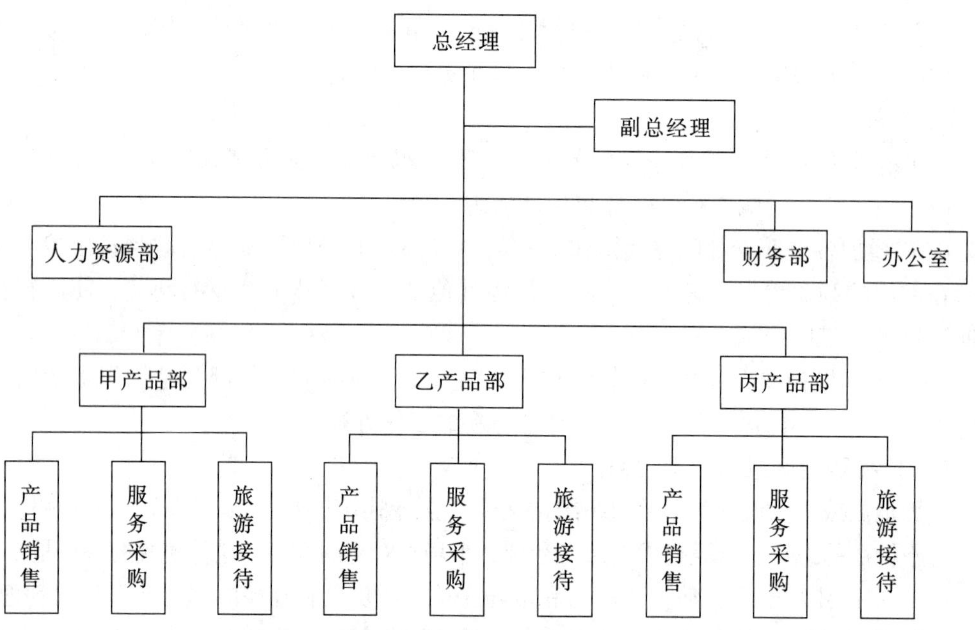

图 2－3　旅行社产品事业部制组织结构图

（2）有利于各个部门的业务衔接和利益分配，有利于发挥经营管理的主动性。

（3）扩大了有效控制的跨度，使上级领导直接控制下属单位的数目增加。

（4）这是培养管理人才的最好组织形式之一，能使部门经理得到充分的培养和锻炼。

2. 缺点

（1）对部门经理的管理水平和知识水平要求较高。

（2）集权与分权关系比较敏感，一旦处理不当，可能削弱整个旅行社的协调一致程度。

按照职能设立部门的职能制组织结构多适用于小型旅行社和新开业的旅行社，而大、中型旅行社则多采用按照地区或语种设立部门的事业部制组织结构。

项目3　旅行社的部门职能

案例引入

上海漓江旅行社有限公司成立于2003年，由桂林中国国际旅行社控股。公司中、高层管理人员由有着多年旅行社管理经验和具有广泛业务销售网络的桂林旅游专业人士组成。董事长蒙举鸿是桂林中国国际旅行社总经理，有着20年旅行社管理经验。公司以桂林丰富的旅游资源为依托，深层挖掘上海等客源地市场，并已初步形成了上海、桂林两地和上海至全国各地旅游的网络化业务操作模式。

1. 公司职能部门设置

（1）行政部门：总经理、副总经理、办公室、财务结算中心。

（2）业务部门：广西市场部、综合业务部、华东市场部、电子商务部、计调部、会展部、票务部。

2. 公司业务发展方向

（1）以桂林国旅为后盾，利用沪、桂两地各自的旅游资源优势双向批发旅游团队和散客，同时自组上海团队和散客前往全国各地。

（2）作为上海的地接社，以热忱的服务迎接来自全国各地的旅游者。

（3）开发旅游热点线路，组合设计各种旅游产品菜单，供旅游者自选。

（4）与航空、铁路、巴士公司紧密合作，运作各种专项旅游观光线路。

（资料来源：景春网）

提出问题

不同旅行社的组织机构设置和机构名称存在差异，但旅行社的内部机构都可分成两大类：行政管理类部门（如行政部、财务部、人力资源部）和业务类部门（如计调部、外联部、接待部等）。你认为旅行社行政管理部门和业务部门应如何协调配合，各自又该发挥哪些职能作用呢？

我们小组的回答是：______________________________

____

____

相关知识

一、旅行社组织管理的模式

组织的部门化是将为实现组织目标而要求完成的各项工作任务进行划分，并分配给部门各成员承担的过程。各成员分别承担的任务最后组合起来必须能够实现组织目标。将组织因分化而形成的各项任务组合成一个整体的过程称为整合。旅行社组织管理的主要任务就是借助职权关系和纵向、横向沟通，把各部门联系在一起，整合各部门的工作，确保组织目标的实现。目前我国旅行社行业比较流行的组织管理模式主要有以下几种：

（一）岗位责任制

这是针对我国旅行社传统的经验管理与低效率“大锅饭”方式提出的一种组织管理模式。具体做法是：旅行社将决策层下达的任务分解落实到每个业务经营部门与岗位，部门与员工的工作成效在一定程度上与个人工资和奖金直接联系起来。

岗位责任制的最大优点是可以根据科学的方法确定各个部门和每个员工的工作数量和质量。岗位责任制的实施，可以增强旅行社内部各个岗位的责任意识。但由于旅游需求的脆弱性和旅游产品的不可储存性，具体岗位的业务量和工作负荷难以确定，同时旅游服务的个性化也使得质量标准难以确定，这造成了我国旅行社推行岗位责任制的总体效果并不理想的局面。此外，岗位责任制自身也存在一些明显的弊端：①管理只是管理者的管理，人为地增加了少数管理者与多数被管理者之间的隔阂，使管理者陷入孤立和矛盾的旋涡；②岗位责任制的核心是岗位责任，它与分配制度相对脱节时就难以真正调动员工的积极性。

（二）目标责任制

目标责任制与岗位责任制相比具有明显的进步性，这主要表现在：部门成为利润中心而不是单纯的责任中心，利润指标被分解落实到各个部门，而且与分配制度之间的联系更为密切；企业部分经营管理权相应下放到部门，部门内部的失衡随之减少。但是，目标责任制也导致了许多新的问题：①部门之间关系紧张，特别是职能部门员工的积极性遭到打击；②部门之间条件的差异掩盖了部门之间分配的不平等；③对部门的放权与控制成为企业突出的矛盾。

（三）承包责任制

承包责任制是在目标责任制的基础上发展起来的旅行社组织管理模式。在承包责任制条件下，旅行社将业务经营特许权和牌子全部或部分租赁给一个或多个人员。承包者拥有极大的经营管理权，包括独立的财务管理权。同一个旅行社中的不同承包者之间存在相互竞争的关系，承包期限一般较短。承包责任制的上述特点也引发了许多问题，具体表现为承包者短期行为情况严重，大都存在严重的财务问题，助长了行业不正之风。

旅行社的组织管理是一个极为复杂的、正在探索中的问题，目前还没有令人满意的结论。这也是我国旅行社行业提高整体素质和竞争力的主要障碍之一，尚需我们在进一步的研究和实践中去探索、解决。

二、旅行社组织机构的职能

一般情况下，大、中型旅行社都设有策划推广部（有的旅行社称之为市场部或市场推广部）、采购中心（有的旅行社将其并入计调部）、外联部、计调部、接待部（有的旅行社称之为导游部）、电子商务部、质量监督部（有的旅行社称之为客户服务部）、人力资源部（有的旅行社将其并入行政部）、行政部和财务部等十个部门。各部门的职能分工如表2－3至表2－12所示。

表2－3　策划推广部的职能

一级职能	二级职能	三级职能
旅游产品策划与市场推广	旅行社市场细分与定位管理	①制定与修订旅行社市场细分与定位管理制度 ②旅行社市场细分 ③旅行社市场定位 ④旅行社行业发展状况与竞争对手情况调查
	旅行社品牌管理	①制定与修订旅行社品牌管理制度 ②旅行社品牌策划 ③旅行社品牌推广
	旅游产品策划	①制定与修订旅行社产品策划管理制度 ②旅游产品策划的调研 ③旅游线路设计 ④旅游产品定价策划 ⑤旅游产品推广策划
	市场推广活动策划	①制定与修订市场推广活动方案 ②市场推广活动的调研 ③市场推广营销策划 ④广告方案设计 ⑤组织、执行市场推广活动方案
	内部管理	①合理调配部门员工的工作 ②控制与管理部门经费 ③定期对员工进行业务培训与考核工作

表2－4　采购中心的职能

一级职能	二级职能	三级职能
旅游服务采购	采购计划的制订	①根据旅行社各种旅游服务的市场供应行情、旅游服务的季节性等制定采购计划 ②执行采购计划
	采购调查	①制定与修订采购调查管理制度 ②调查同行业竞争对手在食、住、行、购、娱等方面的采购信息，为本旅行社采购业务的开拓与调整提供依据 ③调查旅游服务市场食、住、行、购、娱等产品在质量、价格、供应、结算等方面的信息

续上表

一级职能	二级职能	三级职能
旅游服务采购	采购过程管理	①制定与修订采购管理制度 ②选择合适的服务采购供应商 ③对采购供应商进行考察、对比与评估 ④同采购供应商进行业务洽谈 ⑤签订采购合同
	采购关系的维护	①维护与旅游供应商的关系 ②配合旅游供应商的工作 ③建立广泛的采购协作网络
	采购成本管理	①控制采购成本 ②处理好保证供应和降低成本的关系
	内部管理	①合理调配部门员工的工作 ②定期对员工进行业务培训与考核工作

表 2－5　外联部的职能

一级职能	二级职能	三级职能
旅行社产品销售管理	信息收集	①收集旅游市场的需求信息 ②收集竞争对手的旅游线路开发、宣传情况信息 ③为开发新的旅游线路、修改完善已有旅游线路提供依据
	旅行社产品销售	①寻找新的旅游中间商或游客 ②开拓更多可与客户合作的领域 ③向旅游中间商传递公司的相关信息 ④根据客户需求向旅游中间商或游客提供报价 ⑤与客户进行谈判 ⑥与旅游中间商或游客签订协议或旅游合同
	客户关系管理	①制定与修订客户管理制度 ②建立客户档案 ③沟通、协调好与旅游中间商或游客的关系 ④及时处理旅游中间商与旅行社之间存在的问题 ⑤协调、处理好游客与旅行社之间的关系
	内部管理	①合理调配部门员工的工作 ②定期对员工进行业务培训与考核工作

表2－6　计调部的职能

一级职能	二级职能	三级职能
旅游业务调度	接待工作	①客户接待 ②组团工作
	制订、安排接待计划	①制定接待计划 ②下发旅游团、导游及接待计划 ③安排旅游接待计划、旅游预算单
	协调关系	①协调旅行社与旅游中间商的关系 ②协调旅行社与旅游服务提供商的关系 ③协调导游的关系
	签证办理	①核实游客的身份、资料 ②为旅行社的游客办理签证业务 ③协调好旅行社与各出境游地大使馆/领事馆的关系
	预定管理	①酒店预订管理 ②票务预订管理 ③车辆预订管理 ④其他旅行社预订管理
	信息收集与资料统计	①收集、整理旅游业的各种信息 ②收集旅行团的反馈信息 ③统计旅行社旅游业务月报、季报表
	内部管理	①合理调配部门员工的工作 ②定期对员工进行业务培训与考核工作

表2－7　接待部的职能

一级职能	二级职能	三级职能
导游服务	导游管理	①制定与编制导游管理制度 ②内部导游管理 ③外聘导游管理
	导游服务	①全陪服务管理 ②地陪服务管理 ③负责领队服务管理工作
	关系协调	①协调接待部与旅行社及其他各部门的关系 ②协调导游与旅行社及其他各部门的关系
	内部管理	①合理调配部门员工的工作 ②定期对员工进行业务培训与考核工作

表2-8 电子商务部的职能

一级职能	二级职能	三级职能
电子商务管理	网络管理	①负责旅行社内部局域网络与外部网络的联结与管理工作 ②负责计算机技术支持管理工作 ③负责电子邮件与信息系统管理工作
	网站内容管理	①负责旅行社网站信息分类管理工作 ②负责旅行社产品与信息的发布 ③负责旅行社内部信息的发布
	交易服务管理	①向客户提供可供交易的旅游线路和旅游服务项目的目录 ②负责客户网上订单处理工作 ③进行网上交易 ④提供网络售后服务
	内部管理	①合理调配部门员工的工作 ②定期对员工进行业务培训与考核工作

表2-9 质量监督部的职能

一级职能	二级职能	三级职能
服务质量管理	旅游质量管理	①制定与修订旅行社质量管理制度与客户服务标准 ②制订与实施客户满意度调查计划 ③汇总分析客户意见，提出客户服务改进方案
	旅游投诉处理	①负责旅游投诉受理工作 ②负责旅游投诉调查工作 ③负责旅游投诉处理工作
	内部管理	①合理调配部门员工的工作 ②定期对员工进行业务培训与考核工作

表2-10 人力资源部的职能

一级职能	二级职能	三级职能
人力资源管理	人力资源管理制度建设	①编制人力资源管理的各项规章制度及员工日常行为规范 ②定期对人力资源管理制度的执行情况进行监督、检查 ③根据旅行社的发展对人力资源管理制度及员工日常行为规范进行完善
	人力资源规划	①根据旅行社总体业务发展状况及各分支机构的实际业务状况，编制旅行社整体人力资源规划 ②定期或不定期对人力资源规划进行修订

续上表

一级职能	二级职能	三级职能
人力资源管理	员工招聘	①根据旅行社及各分支机构员工需求情况，编制员工需求计划 ②依照员工需求计划及岗位职责，编写招聘信息，并选择恰当的招聘方式进行招聘工作 ③对应聘人员进行初试筛选 ④与用人部门共同组织复试并确认录用对象 ⑤为录用员工办理入职手续
	员工日常管理	①组织、指导旅行社各部门、各分支机构编写职位说明书并审核 ②根据人力资源与社会保障部门的规定，结合旅行社实际情况，制定统一的劳动合同文本，并组织员工签订及续签 ③办理员工调配、任免、晋升、奖惩的相关手续合同 ④对各类员工档案进行综合管理 ⑤办理人事档案调转手续 ⑥协同法律顾问处理有关劳动争议，进行员工关系管理
	员工培训	①根据各部门、各分支机构提交的员工年度培训计划，编制旅行社年度培训计划 ②做培训费用预算及写费用申请 ③根据培训计划，组织员工进行相应培训 ④培训结束后对参加培训的员工进行培训效果跟踪与评估
	绩效考核	①根据各部门职能分解和各岗位的职位说明书，组织实施绩效考核 ②配合相关部门，依据年度经营目标计划对中层以上干部实施考核 ③按照旅行社的组织任命程序，组织实施干部晋升考核
	薪酬与福利管理	①根据国家的相关规定，结合旅行社的实际情况，制定旅行社薪酬福利政策，按程序审批后执行 ②进行旅行社薪酬福利体系设计，按程序审批后执行 ③制定员工薪酬发放程序与手续 ④对员工进行考勤管理 ⑤编制员工工资表

表 2-11　行政部的职能

一级职能	二级职能	三级职能
行政事务管理	内部协调、沟通	①协调好旅行社领导与各部门之间的关系 ②做好旅行社内部各部门以及各分支机构的联络、协调、沟通工作 ③负责以旅行社名义发布的各种文件的下发、管理工作 ④负责收集、汇总各部门、分支机构向旅行社汇报的工作计划及工作总结，供领导及时了解情况
	接待、活动、会议的组织管理	①负责公司日常接待、大型活动的策划和组织工作 ②负责公司会议的筹备、组织和记录工作
	安全保障管理	①对公司和分支机构的安全、保卫、治安、消防进行管理 ②负责与保安公司的联系及保安员的调配与管理工作
	后勤保障管理	①负责员工宿舍和休息室的管理工作 ②负责员工活动场所的管理工作 ③负责环境建设和环境保护的管理工作 ④负责通信器材和通信费用的管理工作 ⑤负责根据公司日常工作需要，提供其他必要的后勤保障服务
	文书、档案管理	①负责公司印章、证书和相关资质文件的管理工作 ②负责公司文件、制度的审核、印发及存档工作 ③负责公司往来文件、受控文件和文书的管理工作
	行政费用控制	①根据各部门、各分支机构的年度行政费用预算，制订公司的年度行政费用计划，并报领导审批 ②按照公司年度行政费用预算，严格控制各项费用支出 ③确认费用分摊范围，按月向各部门、各分支机构分摊各项行政费用
	财产物资管理	①制定公司低值易耗品和行政财产物资管理办法，报领导审批并监督其他部门的执行情况 ②根据公司各部门对财产物资的需求，统一协调、购买 ③对公司行政财产物资进行登记、造册、定期盘点 ④对公司行政财产物资进行维修和保养

表 2－12 财务部的职能

一级职能	二级职能	三级职能
财务会计管理	财务预算管理	①制定和修订旅行社财务预算与核算管理制度 ②编制旅行社年度、季度、月度财务计划 ③汇总各部门预算，组织编制及审核旅行社财务预算 ④组织实施旅行社财务预算计划
	投融资管理	①负责投资管理工作 ②负责融资管理工作
	日常会计核算管理	①制定和修订旅行社日常会计核算管理制度 ②组织进行会计核算和账务处理 ③对旅行社的账目进行管理 ④负责旅行团费的收取与管理工作 ⑤对旅行社各项费用的支出进行管理
	财务分析管理	①定期进行旅行社财务综合分析和预测 ②针对出现的财务问题，向相关领导提出财务控制措施和建议 ③对旅行社新的业务项目进行财务预测与分析
	财务监督与管理	①制定和修订旅行社财务监督管理制度 ②执行相关财务制度 ③监督各项财务收支 ④对违反财务纪律的事件及时进行处理，发现重大问题及时上报旅行社相关领导，并提出处理意见
	税务管理	①制定和修订旅行社财务部门税务管理相关制度 ②及时了解、掌握国家有关税务政策 ③执行旅行社的报税工作 ④协调好与税务部门的关系

项目4　旅行社人力资源管理

案例引入

广之旅人力资源部的陈小姐告诉记者，在不久前，该旅行社曾面向全国招聘一批入境游的外联管理人才。虽然大学毕业生反应热烈，但所希望的有三四年从业经验的人才却极少出现，在招聘过程中，感到最缺乏的是综合素质高、能独当一面的管理人才。对此，广东省中旅人力资源部的彭小姐和南航国旅人力资源部的周小姐也颇有同感：目前那些既具备旅游行业操作经验，同时又有综合管理能力的人才的确十分难求。

在各大旅行社的采访中问及最短缺人才时，几乎各旅行社的人力资源部人士脱口而出的都是同一个答案：中高级管理人才。旅行社行业已发展了多年，且有不少高校都设有旅游管理专业，为何目前中高级管理人才还如此短缺呢？

据了解，一方面，目前在旅行社中担任中高级管理职位的人一般都是在行业内工作了几年或十余年者，他们许多是读完中专、大专后从基层做起，多年在行业内的摸爬滚打使他们积累了相当丰富的实践经验，但缺乏系统的管理知识训练是他们较普遍的“软肋”。面对急剧变化的形势，不少人缺乏全局眼光，应对乏术，这使得旅行社业内感觉中高级人才十分短缺。

另一方面，大学生进入旅行社后，流动频繁。在各大旅行社中，一般将大学毕业生安排到基层进行锻炼，比如安排做导游带团，或到营业部一线从事销售工作，目的是让他们积累实践经验。但不少学旅游管理的大学毕业生都认为自己是学管理的，希望一开始便有一个管理职位，并不太愿意投入到这些相对较辛苦的基层岗位上踏实地工作。进入旅行社的旅游管理专业大学毕业生中，因受不了辛苦而转行跳槽的人也相当多。于是，经常能听到旅行社抱怨大学生太浮躁，跳槽太快，同样又听到离开旅行社的大学生抱怨在旅行社工作太辛苦且看不到发展希望。

目前，旅行社人力资源部门普遍面临的尴尬是：最想招的有三四年本行业工作经验的人招不到，因为行业整体上就人才紧缺，但又不太愿意招聘旅游管理类大学毕业生，因为对这些毕业生进一步培养的成本较高，而且他们可能随时跳槽走人。

（资料来源：www. southcn. com/travel/lyxw/200205160811. htm. 有改动）

提出问题

作为知识密集型企业，旅行社的竞争归根结底是人才的竞争。我国旅行社应该从寻求、开发有价值的人力资源入手，通过塑造企业文化、制定合理的绩效机制以减少人才流失、构建学习型组织方式进行人力资源管理，以此培育和提升我国旅行社的核心竞争力。你认为我国旅行社行业在人力资源管理方面存在哪些突出问题？

我们小组的回答是：____

____

____

一、旅行社人力资源管理特点

（一）企业规模普遍偏小，一人从事多项工作

在中国现阶段，中小旅行社占旅行社行业的绝大多数。企业规模偏小，导致人员分工不够明晰，员工往往需要一专多能，并在不同情况下从事不同工作，如既做计调又带团做导游。从某种意义上讲，这节约了一定的人力成本，但分工的不明确、人员归属的不确定增加了人力资源管理的难度。

（二）工作内容较灵活，绩效考核难度大

旅行社的业务涉及许多方面，旅行社员工的工作内容也比较灵活，尤其是导游人员，经常在外面带团，在社里的时间少，管理者很难了解导游工作的全过程。同时，旅行社向旅游者提供的是无形服务，对其服务质量的评价很大程度上来自于旅游者的感受，不像有形产品一样易于按照明确的标准来考核。这就增加了旅行社人力资源管理部门对员工进行绩效考核的难度。

（三）员工流动性大，招聘、培训任务比较重

旅行社的人员流动现象很突出。因此，旅行社的人力资源管理部门就要经常招聘新员工。同时，由于各旅行社的操作规范、企业文化都有所区别，因此旅行社管理者还必须对新入职的员工进行必要的培训。

二、旅行社人力资源管理过程

（一）旅行社员工的招聘

1. 制订招聘计划

旅行社的人力资源管理部门首先要根据旅行社的经营目标确定现在及未来对员工数量与质量的需求，并据此制订详尽的计划。管理人员根据企业目标设定部门、细分岗位之后，对每个职位都要进行职务分析，确定该职务的工作目的、职责、工作内容、工作环境、所需要具备的知识与技能要求等。制订人力资源计划可以使旅行社的人力资源配置更加合理，避免无谓的浪费。

2. 确定招聘方式

旅行社员工的招聘方式有两种：内部招聘和外部招聘。内部招聘的对象是旅行社内部的员工，外部招聘的对象是旅行社外部的人员。这两种招聘方式各有利弊。内部招聘和提拔打通了员工内部轮岗和晋升的通道，可以提升员工的士气，调动员工的积极性，节约招聘费用和成本，而且旅行社对员工的判断也比较准确。但是这种招聘方式可能会导致旅行社内部“近亲繁殖”和未被提拔者的士气低落，有的人甚至会为了获行提拔而勾心斗角。外部招聘可以引进外部的“新鲜血液”，节省企业自身的人力资源开发费用，

但是可能会挫伤本企业员工的积极性，有时对应聘者也无法进行全面的了解。

3. 遴选

在员工遴选阶段，最重要的就是看应聘者是否符合职位要求。旅行社可以通过填申请表、面试、知识或技能测试、核实材料、体格检查等环节来确认应聘者的任职资格。在选拔环节应当坚持以下原则；第一，有些应聘者如果不能适应岗位要求，即使素质极高，也应勇于割舍。第二，要注意旅行社各部门的整体年龄、性别结构。第三，对特殊岗位一定要突出强调应聘者是否能够经常出差等具体条件。此外，由于旅行社的员工经常要与各方面人员打交道，因此必须具备开朗健康的心态，同时具有较强的与人打交道的能力。对于这一点，在选拔员工时要特别注意。

4. 评价遴选效果并进行反馈

（二）旅行社员工的培训

培训的直接目的就是使员工迅速适应岗位工作，实现旅行社和员工本人的同步发展。培训既是提高员工素质的重要手段，也是提高企业管理水平和服务质量的根本措施。旅行社行业的竞争主要靠人才，只有不断加强员工培训，提高员工素质，旅行社才能在激烈的市场竞争中处于不败之地。

1. 培训的程序

（1）制订培训计划。

旅行社的培训工作必须具有目的性和针对性，因此制订合理的培训计划是十分必要的。旅行社应当通过制订培训计划来确定培训需求。为此，旅行社必须对岗位进行检查以确定完整的、有针对性的培训和发展需求；进行工作分析，确定某一岗位所包含的任务以及完成这些任务所需要的知识、技能；对员工进行初步的考评，以确定员工的不足并明确培训重点。

（2）确定培训目标。

培训目标就是培训所要达到的效果。一般来说，培训目标主要是根据任务、要求、技能、知识和态度来确定的。

（3）选择培训种类。

一般来说，培训种类有以下几种：

①岗前培训。岗前培训是提高旅行社新进员工和新岗位员工素质的重要措施。由于新进员工对旅行社的情况不了解，因此需要进行岗前培训。培训的主要内容有旅行社简介、旅行社业务操作规范、相关规章制度的学习、相关业务知识的学习等，其目的是帮助新员工迅速适应环境。新岗位员工培训是对旅行社内部员工岗位转换实施的适应性培训。

②岗位培训。岗位培训可以提高员工的业务素质，不断提高其服务管理水平。岗位培训应该贯穿于旅行社工作的全过程，并定期举行。

③相关的文化知识培训。旅行社应积极鼓励员工参加各种文化培训，报读各种业余文化辅导班或相关的学历教育班，以提高文化水平。旅行社还可以同有关院校合作，进行委托培养和联合办学，以提高员工的职业素质。

④适应性专题培训。适应性专题培训就是根据具体情况的变化，对旅行社员工进行

培训，使其在短期内掌握新的知识。此类培训可采取灵活的方式来组织。

（4）实施培训计划。

2. 培训的考评

在实施培训以后，旅行社还必须进行培训考评，以检验培训的效果，查找培训工作中的不足。

（三）旅行社员工的绩效评估

绩效评估是依据一定标准对员工在工作岗位上的行为表现进行衡量与评价，以形成客观公正的人事决策。进行绩效评估可以促使员工提高工作效率，改进工作方法；可以使企业的奖惩具有客观依据；可以为企业人事变动提供基础；还可以更有效地安排员工培训。绩效评估常用的方法是分类评估法。这种方法首先明确考核要素，如工作态度、工作能力、工作业绩、专业知识等；其次，依据各要素的重要性设定每一要素在评估中所占的权重；最后，逐项打分（一般只分成几个等级），各项累计得到总分。

（四）旅行社员工的激励

合理的激励措施能够充分调动员工的积极性，有利于吸引人才、留住人才。讲到激励，比较容易让人联想到工资和福利待遇。的确，制定合理的工资与福利待遇是保证员工积极性的基础，但人的心理需求是多样化的，替员工设计一个比较明确的职业生涯发展规划、给予员工到外地或出国深造培训的机会、提供奖励旅游等，都可以激励员工。在坚决贯彻多劳多得原则的前提下，旅行社管理者必须重视员工的心理感受，这样才能使员工得到更高层次上的、较全面的心理满足，才能真正留住人才。

三、重点岗位的人力资源管理

（一）对职业经理人的管理

由于旅行社投资主体的复杂性，多数投资人（组织）没有精力或能力亲自（或派组织内部人员）管理旅行社，因此产生了对职业经理人的需求。旅行社职业经理人分为高级职业经理人和职业经理人。旅行社高级职业经理人是指拥有较高的理论知识和实践能力，以自己的管理才能为旅行社服务，能够在旅行社授权范围内从事高层次战略管理和整体运作的旅行社经营管理人员，在现实中表现为旅行社总经理、副总经理以及不设副总经理的旅行社总监级管理岗位。旅行社职业经理人是指具有一定的理论知识和实践能力，以自己的管理才能协助旅行社高级职业经理人为旅行社资产的保值、增值服务，能够从事旅行社某一部门或某一职能的管理工作的经营管理人员，在现实中表现为旅行社部门经理、副经理、经理助理以及大型旅行社主管级管理岗位。旅行社职业经理人与旅行社规模、所有制性质等外在因素无关。现代旅行社的管理者应该成为旅行社职业经理人。虽然目前中国旅行社的很多管理者达不到这一标准，但随着时代的进步、行业的发展成熟以及中国加入世界贸易组织之后对旅行社业造成的强烈观念冲击，未来的旅行社管理者必然是与国际惯例接轨的职业经理人。

职业经理人要以对投资人负责的态度、高度的敬业精神，保证投资人的资产保值、增值；要具备丰富的知识和出色的管理能力，能够通过科学管理实现企业的经营目标；要善于协调投资人、员工、旅游产品供应商、旅游者之间的复杂关系。在对不同旅行社的管理过程中，职业经理人要以自己的经营管理业绩得到他人的认可，影响投资人对其信任程度。失败者会被淘汰出职业经理人市场，而成功者将获得相应收益。

（二）对导游人员的管理

导游人员是旅行社中与旅游者直接接触最多的人员，往往代表了企业的形象。导游工作的特点使得旅行社很难全面掌握导游人员的工作情况。因此，对导游人员的管理可以说是旅行社人力资源管理工作的难点和重点。

对导游人员的管理首先要强调导游人员的职业道德教育。导游的职业特点决定了他们有很多时候要面临各种诱惑，他们一旦抵挡不住物质的诱惑，就会损害旅游者的利益和旅行社的声誉。因此旅行社要采取措施对导游服务过程加以监控，对那些索要小费、回扣的恶性行为应当严惩。其次，要加强对导游人员的培训。导游工作中经常会出现一些突发事件，这就要求从业人员具有相关知识，并能够随机应变。介绍一些先进的经验可以帮助导游人员提高业务素质。

现在社会上成立了一些导游公司，专门为旅行社提供导游服务。于是有一些旅行社自己不再配备导游，或是只配备少数导游，待有了团就到导游公司去聘请导游。这样做节约了一些人力成本，但不易控制服务质量。由于这一趋势体现了专业分工，也为旅行社提供了方便，因此将来还会有更多的旅行社乐于采用这一做法。

（三）对一般业务人员的管理

旅行社的一般业务人员，指的是外联、计调等部门的员工。相对于导游人员，他们不直接对旅游者提供服务，属于旅行社的二线员工。他们的工作直接影响到旅行社的销售业绩，也是导游人员顺利接待旅游者的后勤保障。对这类人员，要使他们充分认识到自身工作的重要性并培养他们的敬业精神，同时，要加强流程管理，分清责任，层层把关，步步负责，提高工作效率。作为管理者，要协调导游人员与一般业务人员之间的矛盾，在有条件的情况下，尽量让各部门人员轮岗，促使他们相互理解，以便更好地开展工作。

本模块小结

本模块首先介绍了旅行社设立的条件和程序；其次总结了旅行社组织机构设立的原则和一般模式，分述了旅行社各部门的职能；最后对旅行社人员的招聘、培训、绩效评估、激励，以及旅行社重点岗位人员的管理等方面进行了介绍。

习题与实践

1. 课堂讨论题

（1）旅行社策划推广部（市场部）与外联部（销售部）职能的区别？

（2）对未被录用的应聘者旅行社应该如何处理？

2. **自测题**

(1)《旅行社条例》规定，设立旅行社要有不少于（　　）人民币的注册资本。

(2) 经营出境旅游业务的旅行社，应当存入质量保证金（　　）万元。

(3) 为了对申请设立的旅行社注册资本和质量保证金进行验审，以检验其资本金是否真实，国家通过法定的验资机构对旅行社进行验资，这些验资机构包括（　　）、（　　）、（　　）和（　　）。

(4) 旅行社取得经营许可满（　　）年，且未因侵害旅游者合法权益受到行政机关罚款以上处罚的，可以申请经营出境旅游业务。

(5) 旅行社的业务部门主要包括（　　）、（　　）和（　　）。

(6) 旅行社组织机构设立的原则包括（　　）、（　　）、（　　）、（　　）、（　　）和（　　）。

3. **复习思考题**

(1) 具备哪些条件方可设立一家旅行社?

(2) 设立一家旅行社的程序有哪些?

4. **综合实训题**

(1) 准备相关材料，模拟旅行社设立的过程。

(2) 模拟一次旅行社招聘导游人员的招聘过程。

知识拓展

一、企业文化

“企业文化”是20世纪80年代由美国学者提出的一个新概念，它是企业在长期生产经营实践中所形成的共同的文化观念，并为全体员工所认同的具有本企业特色的价值观念、团体意识、行为规范和思维模式的总和。

1. 企业目标

目标对人的行为具有导向、激励的功能。现代企业管理学强调通过目标的设置来激发动机，引导行为，使员工的个人目标与企业目标相结合，以激励员工，调动员工的积极性。旅行社可以制定在一定时期内能够达到的、具体的、明确的目标，来提高员工的信心，进而调动员工的积极性。

2. 企业价值观

价值观是人们对生活、工作和社会实践的一种评价标准，即区分事物好坏、善恶、美丑的标准。对于旅行社而言，价值观为旅行社的生存与发展提供了基本方向和行动指南，它是旅行社领导和员工据以判断是非的标准。在全体员工中培养和树立正确的价值观，对于统一员工的思想和增强企业的凝聚力具有积极的意义。当前，随着我国市场经济体制改革的深入，人们的价值观发生了很大的变化。在这个过程中，旅行社应注意保持价值观中优秀的部分，树立新的价值观，倡导团结拼搏精神、开拓进取精神、市场竞争观念、经济效益与社会效益相统一的观念等。

3. 企业道德

企业道德是指员工在工作过程中调整内外关系的特定职业行为规范的总和。它以善良与邪恶、正义与非正义、公正与自私、诚实与虚伪等相互对立的道德范畴为标准来评价旅行社及其员工的各种行为，从而调整企业与员工、员工与员工以及企业与社会等方面的关系。旅行社作为服务性行业要特别注意在员工中提倡职业道德，以维护企业的声誉和旅游者的权益。无论是旅行社还是员工，均不得为了自身利益采取违反职业道德的行为。

4. 企业精神

企业精神，是指旅行社在为谋求生存与发展、实现自我价值体系和社会责任而从事经营的过程中，所形成的一种人格化的全体心理状态的外化，是经过长期培育所形成的并为员工所认同的一系列群体意识的信念和座右铭，是旅行社的精神支柱和精神动力。它通常以高度概括的几个字或几句话，或以口号、标语等形式表达出来。其中，口号有的是总结本企业的优良传统，有的是针对目前存在的缺点而倡导树立的新风尚，也有的是适应形势发展需要而提出的奋斗方向等。

5. 企业民主

企业民主也就是企业民主管理。它作为旅行社制度的一个方面，包括员工的民主意识、民主权利、民主义务等一系列参与企业经营管理的措施和活动。企业在强调总经理负责制的同时，还应发挥民主。我国《企业法》规定，员工有参加企业民主管理的权利，还规定职工代表大会是企业实行民主管理的基本形式。旅行社应按照《企业法》的规定，通过发扬民主和民主管理，调动员工的积极性，提高旅行社的经营管理水平。

6. 企业制度

企业制度是旅行社企业文化的基本要素之一。广义地说，它不仅包括硬性的或有形的管理制度，如管理体制、组织机构、社规社纪等，还包括职工在实际工作岗位上所形成的思想准则、习惯方式、道德规范等软性的或无形的、固定的行为模式。

7. 企业环境

广义的企业环境包括竞争对手、顾客、相关单位以及政府的影响等，可以分为政治环境、经济环境、文化环境、工作场所和人的心理环境等。旅行社应努力创造条件，改善员工的工作环境和生活环境，激发员工对企业的忠诚和工作热情。

8. 企业形象

企业形象是指旅行社及其行为在人们心目中所留下的印象和获得的评价。旅行社的形象表现在四个方面：一是服务形象，如经营能力、服务质量、工作效率等方面的印象；二是环境形象，如企业的办公楼、营业厅和社区环境等，它反映了企业的管理水平、经济实力和精神风貌；三是从业人员的形象，如接待人员的职业道德、价值观念、文化修养、精神风貌、言谈举止、仪表装束和服务态度等，是企业形象的人格化身；四是社会形象，是指企业对公众负责和社会贡献的表现。

二、管理幅度与管理层次

管理幅度与管理层次是组织结构的基本范畴。管理幅度与管理层次是影响组织结构的两个决定性因素。幅度构成组织的横向结构，层次构成组织的纵向结构，水平与垂直相结合构成组织的整体结构。在组织其他条件不变的情况下，管理幅度与管理层次成反比例关系，即管理幅度宽，则管理层次少，反之亦然。

1. 管理幅度

管理幅度受领导者智能、精力和时间的限制。管理幅度过宽，会导致领导者负担过重或出现管理混乱。管理幅度过窄，会增加管理层次，降低工作效率。管理学家一般主张上层管理幅度小一些，下层管理幅度大一些，但具体多少数目为合理的管理幅度，意见不一。统计数字表明，在管理有效的行政组织中，管理幅度通常为7~8人，但也有的多至24人。管理学家认为，管理幅度受组织多种因素的制约和影响，不可能脱离具体条件而确定出一个适合于各种不同组织及不同情况的统一的管理幅度。制约和影响管理幅度的因素主要包括：领导者的素质，领导者有无助手及助手多少，下属成员的素质和成熟程度，工作的性质、环境和条件，上下级的权责关系及其明确的程度，组织内部的工作和人际关系是否协调，下属成员或组织在地域上的集中和分散程度，沟通联络技术是否先进，计划和控制指标是否明确具体，组织领导体制和领导方式是否得当，等等。

2. 管理层次

管理层次亦称管理层级，是指组织的纵向等级结构和层级数目。管理层次是以人类劳动的垂直分工和权力的等级属性为基础的。不同的行政组织其管理层次的多寡不同，但多数可以分为上、中、下三级或高、中、低、基层四级。无论哪一种层次组建方式，其上下之间都有比较明确和严格的统属关系，都是自上而下的金字塔结构。管理层次也须适度。管理层次越多，信息沟通就越困难，越容易受干扰。管理层次越少，就会使管理幅度超出合理的限度，领导者不胜负荷。各行政组织的管理层次多为3~4层。

模块3　旅行社产品开发设计

任务目标

理解旅行社产品的内涵与形态，熟悉旅行社产品的市场定位，了解旅行社产品开发的原则，掌握旅行社产品开发设计的流程，熟悉旅行社产品的创新方式。

项目1　旅行社产品概述

案例引入

“十二五”期间，文化产业作为“国民经济支柱性产业”，与作为“战略性支柱产业”的旅游业之间将有越来越多的融合与发展。分析人士指出，文化是旅游的灵魂，旅游是文化发展的重要途径，在政策推动之下，文化旅游产业发展具有广阔的空间和潜力。

在2011年的“十一黄金周”期间，我国各地围绕国庆62周年和“中华文化游”主题，推出了丰富多彩的假日旅游产品。据国家旅游局统计，观光线路和产品方面，北京、苏州、无锡等传统旅游目的地城市以及九寨沟、黄龙、承德避暑山庄等景区的接待量较去年显著增长；节庆活动方面，2011年上海旅游节共吸引游客逾900万人次，江苏、辽宁、江西、山东、四川等地也举办了一系列富有特色的节庆活动。

红色旅游持续升温，除湖南等地因受天气影响外，其他地区表现突出。“十一黄金周”期间，井冈山共计接待游客36.55万人次，同比增长90.97%；瑞金共接待游客11.23万人次，同比增长33.05%；遵义共接待游客73.78万人次，同比增长23.76%。

乡村旅游和城郊周边游火爆异常，实现持续增长。“十一黄金周”期间，北京市乡村旅游共计接待游客329万人次，同比增长16.2%，乡村旅游收入达3.27亿元，同比增长18.2%；长沙市乡村旅游收入达2.95亿元，同比增长27.7%；山东莱芜的乡村旅游专业合作社每天接待游客超过5 000人次，同比增长30%以上。

（资料来源：中国证券报，2011-10-21. 略有改动）

提出问题

文化旅游产业前景广阔，潜力巨大，国家先后出台《关于促进文化与旅游结合发展的指导意见》和《关于金融支持文化产业振兴和发展繁荣的指导意见》。政策更倾向于促进旅游和文化融合，打造高品质文化旅游产品。这有助于丰富文化主题内容，创新文化传播体验方式，提升主题公园和旅游度假区的感染力和吸引力，打造一站式旅游消费和文化娱乐园区，增加旅游人次和旅游者停留时间，进而增加旅游类上市公司的收入和利润。结合以上材料，你认为旅游产品之中应怎样结合或融入更多的文化元素，实现文化与旅游的双赢发展？

我们小组的回答是：____

____

____

一、旅行社产品的内涵与特点

产品是指能提供给市场以引起人们注意、获得、使用或消费，从而满足某种欲望或需要的一切东西。产品既可以是实体也可以是服务。旅行社行业作为服务业的一部分，其提供的旅游产品显然是以服务为主要内容和表现形式的。

（一）旅行社产品的内涵

旅行社产品是指旅行社为满足旅游者在旅游过程中的需要，凭借一定的旅游吸引物和旅游设施而向旅游者提供的各种有偿服务的总和。可见，旅游吸引物和旅游设施是旅行社所提供的旅游产品的实物依托，而各种有偿服务是旅行社产品的核心及其营利的根本手段。有学者认为，旅游线路即是旅行社产品。但从更广泛的意义上讲，旅行社产品应包含旅游线路和旅行社内部服务。因此，旅游线路只是旅行社产品的组成部分之一。

（二）旅行社产品的特点

旅行社提供的旅游产品具有以下特点：

1. 无形性

无形性是服务类产品最基本的特征。无形性表明服务类产品不是一个实体，人们在购买服务类产品时无法得到实实在在的物品所有权，得到的只是一种对产品的使用权利。同时，从旅游者角度来讲，他们花费一定的时间、费用和精力，获取的是一种旅游经历和体验，这种感受与体验对人们来说的确是无形的。服务类产品的无形性带来的不稳定性，加大了旅游者的购买风险，也增加了旅行社与旅游者交易的难度。

2. 生产与消费的同步性

与物质产品从生产到销售再到消费不同，服务类产品的生产过程与消费过程是同步的、不可分离的，一旦旅游者停止消费，旅行社产品的生产即告结束。生产与消费的同步，使得旅行社产品难以标准化，其质量也难以控制。因为不同旅游者有不同的需要，满足其需要的服务产品也就难以达到统一。因此，为满足不同旅游者差别化的需求，旅行社应提供更多的个性化服务。

3. 时间维度上的不可贮存性

旅行社产品在时间上是不可贮存的，它作为一种使用的权利，无法像物质产品那样

储存起来，待来日再销售使用。在某一特定时间内没有售出的服务产品将不复存在。不可贮存性使得旅游供需经常出现矛盾，而调节旅游供需平衡则成为旅行社营销策略的关键。

4. 空间维度上的不可转移性

物质产品生产出来后可经过运输环节送到消费者所在地，而旅游产品进入流通领域后，却仍固定在原来的空间位置上，旅游者只能去生产所在地进行消费，即在其所在地欣赏旅游吸引物，享受即时的讲解等相关服务。旅游产品的流通表现为信息传递及旅游者的流动。因此，旅行社应加强促销活动，以信息传递带动旅游者的流动。

5. 综合性

旅行社产品的综合性由旅游者的需求所决定。为满足人们在旅游活动中对食、住、行、游、购、娱等多方面的需求，旅行社相应地组合旅游吸引物、旅游设施和旅游服务等要素，经加工最终形成差别化的旅行社产品。旅行社产品的综合性使得旅行社产品的开发受多种因素制约，并且注定其具有脆弱性，只要所涉及的行业和因素稍有波动，即会引起旅行社产品供给的波动，从而影响旅行社产品价值和使用价值的实现。

6. 无专利权

基于目前我国旅行社行业现状和法律环境下，旅行社产品暂时还未能得到法律上的专利权保护，这就导致了旅行社产品同质化程度高、替代性强的局面。一家旅行社开发出新产品、设计出新线路，其他旅行社比较容易效仿，并且付出的成本可能更为低廉。而旅游者对于不同旅行社的类似产品比较难以形成清晰的认识和突出的偏好，这就使价格成为旅游者选择旅游产品时的主要衡量指标，而旅行社之间的产品价格大战也就不可避免。

二、旅行社产品的形态

旅行社产品的形态是指其存在形式和表现类型。根据研究角度和划分依据的不同，旅行社产品的形态划分如表 3－1 所示。

表 3－1 旅行社产品的形态类别

划分依据	形态类别
消费和使用范围	国内旅游产品和国际旅游产品
消费档次	豪华等旅游、标准等旅游和经济等旅游
旅游目的	观光旅游产品、度假旅游产品、会议旅游产品、商务旅游产品和康体健身旅游产品等
游客组织形式	团体旅游产品和散客旅游产品
包含内容和价格构成方式	包价旅游产品（具体包含全包价旅游产品、半包价旅游产品、小包价旅游产品、零包价旅游产品）和单项服务产品
旅游活动的天数	一日游、两日游和多日游

（一）国内旅游产品和国际旅游产品

国内旅游产品适用于旅游者在中国境内消费使用。而国际旅游产品则包括入境旅游、出境旅游和边境旅游。入境旅游是我国旅行社接待海外人士来我国的旅游；出境旅游又称为海外旅游，指的是我国旅行社组织公民到国外进行游览。我国《边境旅游暂行管理办法》中所称的边境旅游，是指获批的旅行社组织和接待我国及毗邻国家的公民，集体从指定的边境口岸出入境，在双方政府商定的区域和期限内进行的旅游活动。需要指出的是，此过程中旅行社不得超范围经营旅游产品。

（二）包价旅游产品和单项服务产品

1. 包价旅游产品

包价旅游是目前我国旅行社的主打产品。包价旅游是指旅行社将旅游过程中所需的住宿、饮食、交通、游览等内容全部或部分包揽集合，并以总价格形式向旅游者销售的一种产品形式。包价旅游通常以团体旅游为主，但散客中也经常有采用包价形式出游的。根据所含项目的多寡，包价旅游又细分为全包价旅游、半包价旅游、小包价旅游和零包价旅游等类型。

（1）全包价旅游。全包价旅游也叫大包价，一般规定旅游的日程，并包揽旅游过程中的交通、食宿和游览等（一般不包括购物）项目，参加者以全包的价格一次性预付旅费。全包价旅游的服务项目主要有饭店客房，早餐、正餐，市内游览用车，翻译、导游服务，交通集散地接送服务，游览点门票，文娱活动入场券，城市间交通等。

第二次世界大战后，特别是20世纪60年代中期大众旅游的兴起，使全包价旅游得到了迅速的发展和普及。全包价旅游之所以为旅游者所接受，一是因为它提供的全程旅游活动安排使旅游者有安全感，无须再为食宿操心；二是因为旅行社成批购买床位、机票等，使旅游者在价格上享有优惠。而对旅行社来说，全包价旅游便于批量生产，旅行社经营成本降低，有利于旅行社扩大经营。

（2）半包价旅游。半包价旅游是在全包价旅游的基础上扣除部分项目费用的一种包价形式。旅行社推出半包价旅游的目的一方面在于降低产品的直观价格，提高产品的购买力，另一方面也使旅游者在旅游过程中有较多选择和自由度。

（3）小包价旅游。小包价旅游又称点菜式旅游，由非选择部分和可选择部分构成。非选择部分通常包括住房及早餐、交通集散地到饭店的接送和城市间的交通，其费用由旅游者在旅游前预付；可选择部分包括午餐、晚餐、导游服务、参观游览和品尝风味餐等，其费用可预付，也可现付。小包价旅游具有经济实惠和灵活方便的特点。

（4）零包价旅游。零包价旅游是一种独特的产品形态，多见于旅游发达国家。参加这种旅游的旅游者必须随团前往和离开旅游目的地，但在旅游目的地的活动是完全自由的，形同散客。参加零包价旅游的旅游者可以获得团体机票价格的优惠，并可由旅行社统一办理旅游签证。

2. 单项服务产品

单项服务又称委托代办服务，是旅行社根据旅游者的具体要求而提供的各种服务，并按项计价。旅行社单项服务内容广泛，其中常规的服务项目有：导游服务、交通集散地至饭店接送服务、代办各种交通票据和文娱演出票据、代订饭店客房、代客联系参观游览项目、代办签证、代办旅游保险等。

单项服务的对象主要是散客。近年来，世界上散客旅游呈发展壮大趋势。同团体旅游相比，散客旅游自由度大，不像随团旅游那样受固定安排的限制。散客旅游的发展已经成为旅游市场成熟的重要标志。

（三）一日游、两日游和多日游旅行社产品

以旅游活动的天数为标准，旅行社产品有一日游、两日游……多日游等。采用这种方式划分旅行社线路产品在我国的国内游中是比较普遍的。其优点是旅游者一眼便可看出所需旅游时间的长短；对于旅行社来说，可根据时间长短来安排旅游内容，并且比较容易确定价格。从我国旅行社现行的操作情况来看，它的缺点是对旅游主题的表述往往不明确，体现不出旅行社线路产品的特色。如深圳某旅行社打出的深圳出发前往“北京—天津包机六日游”、“昆明—大理—丽江八日游”线路。旅游者很难从中看出产品的核心内容，这就需要旅行社门店销售人员更好地掌握线路产品并积极进行对客营销。

项目 2　旅行社产品的市场定位

案例引入

温泉旅游项目从建设之初就被看作烧钱的项目。这几年，随着温泉旅游的兴起，温泉项目的投资额也水涨船高，项目规划囊括主题园区、主题酒店、主题地产等开发内容，动辄十几亿元到几十亿元。于是乎，一个个“大手笔”的温泉项目将服务目标对准了高端客户的高档消费。不过，在何谓高端这个问题上，很多旅游产品开发却存在误区。

误区一：高端就是高价

温泉地产、温泉度假酒店、温泉康体中心……一旦冠以“温泉”的名头，且不问软硬件是否达标，不管是地价、房价还是票价，一律向“高”看齐。

“钱并非是最关键因素”，有旅行社人士尖锐地指出，像温泉这种高端产品，眼下发展的最大瓶颈其实并非价格，而是同类产品之间的同质化竞争。现在的温泉几乎千店一面，旅行社推荐多了，游客都感觉差不多，不知道哪个是哪个，从而破坏了游客对旅行社的信任。

更重要的是，从目前的情况看，以浪漫、文化或者重大时尚话题作为温泉项目设计核心的产品很少，消费者付出高价并不能享受到真正的高端服务。旅游产品的高端化已经成为眼下旅游业内的新焦点。但高价旅游不等于高端旅游，成本控制、产品满意率、市场热情度等因素已成为旅游项目高端化进程的决定因素。

误区二：高端就是淘汰低端

对于一些温泉景区起初“不接低端旅游团”的规定，济南国信旅行社的张晓国表示费解。他认为，低端旅游产品一般表现为用于吃、住、行的消费占绝对比重，而业内普遍认为团队式的观光游是低端的，散客式的温泉度假游、高尔夫旅游、会展旅游等旅游是高端的。但是团队型的低端客源在山东省仍占很大比例，而且团队式旅游在国内依然很有市场。

在这种情况下，充分利用现有的资源条件，开发低端、中端、高端各种档次的旅游产品，形成梯度化的旅游产品体系，满足不同层次的旅游者的需求，在提高量的基础上提升质才是一个明智的选择。比如，开发“温泉＋观光”的自助游等旅游产品，先实现旅游产品升级，再通过价格等市场行为来实现温泉产品向高端的转型。

误区三：市场定位盲目追高

在温泉项目的市场定位中，经常听到开发者在没有任何市场研究的情况下就认定度假区一定要定位在高端市场，包括企业老总商务休闲市场、家庭高端度假市场、高端蜜月市场以及高端银发市场（老年人市场）等。但是，在做出这样的目标市场定位之前，如果忽略了游客消费市场和消费行为习惯的考量，则很难令人相信其能够真正吸引到所谓的“高端”客源。

山东旅游规划设计院院长陈国忠认为，定位高端，一定要做详细的市场调查，先摸清市场客源细分、游客消费习惯、游客出游心理和旅游地的形象感知等因素，这样才能够做出合理的市场定位。不管是高端、中端还是低端市场，只有匹配自己资源等级的市场定位才是正确的市场定位。否则，盲目追高只能走入死胡同。

（资料来源：刘英．大众日报，2010－01－12．略有改动）

提出问题

综观全国，眼下可谓东西南北皆温泉，俨然进入“泛温泉时代”。在这股市场热潮下，开发地热资源投资大、风险高、温泉企业鱼龙混杂等问题逐渐显露，案例当中提及的盲目追求高端问题更是值得关注和探讨。其实，真正具有高端旅游服务素质的企业，应有准确的市场定位，包括旅游服务对象、服务内容和服务方式，有专业化的队伍，关注服务细节，有品位，有良好的创意和策划能力，坚持从事高端旅游服务的理想。结合身边的温泉度假区，讨论温泉旅游的目标市场是否只能瞄准高端游客？如果是，如何打造真正的高端？如果不是，还可以针对哪些类别的游客？怎样进行针对性的设计与开发？

我们小组的回答是：____

____

____

一、旅游市场细分的基本形式

旅行社要进行自身的市场定位，并不能凭借无端的想象。有条理的市场细分应当成为市场定位的必要的前期工作。一种产品的整体市场之所以可以细分，是由于消费者或用户的需求存在差异性。旅行社的任何一项产品推向市场后，都不难检测到这种差异性的存在。引起消费者需求差异的变量有很多，概括来说，细分旅游消费者市场的变量主要有地理变量、人口变量、心理变量、行为变量几类。以这些变量为依据来细分市场，就可以相应地产生出地理细分、人口细分、心理细分和行为细分等几种市场细分的基本形式。

（一）按地理变量细分旅游市场

按照消费者所处的地理位置、自然环境来细分市场称为地理细分。比如，根据国家、地区、城市规模、气候、人口密度、地形地貌等方面的差异，可以将整体市场分为不同的小市场。地理变量之所以可以作为市场细分的依据，是因为处在不同地理环境下的消费者对于同一类产品往往有不同的需求与偏好，他们对企业采取的营销策略与产品构成会有不同的反应。比如，宽泛而论，在旅游需求方面，广东省、上海市等地的旅游消费者对购物的兴趣会较大，而美国和日本等国家的旅游消费者往往会对我国的文化及文化景观表现出浓厚的兴趣。

地理变量易于识别，是细分市场应予考虑的重要因素，但处于同一地理位置的消费者需求仍会有很大差异。比如，北京、上海等一些大城市，常住人口上千万，流动人口也有几百万，这些常住人口与流动人口之间显然有许多不同的需求特点。简单地以某一地理特征区分市场，不一定能全面地反映消费者的需求共性与差异。因此，企业在依照地理变量细分市场时，还需结合其他细分变量予以综合考虑。

（二）按人口变量细分旅游市场

按人口统计变量，如年龄、性别、家庭规模、家庭生命周期、收入、职业、教育程度、宗教、种族、国籍等为基础细分市场称为人口细分。消费者需求、偏好与人口统计变量有着很密切的关系。比如，只有收入水平很高的消费者才可能成为高档服装、名贵箱包、高级化妆品和昂贵珠宝及名表等商品的经常买主。人口统计变量比较容易衡量，有关数据相对容易获取，是企业经常以它作为市场细分依据的重要原因。其他常常被用作市场细分的人口变量因素有家庭规模、国籍、种族、宗教等。一些旅行社提出并实施的高端旅游、女性旅游、朝圣旅游等，都是基于人口变量因素做出的市场细分。

按人口变量细分市场的方式通常应用较广，对一些大的统计变量数据，还可以进行多个层次的详细细分。比如家庭生命周期一项，可以按年龄、婚姻和子女状况等因素，分为单身、新婚、满巢、空巢、孤独几个阶段。如果有需要，满巢阶段还可以按照形式特征与内容特征再做细分（如表3－2所示）。

表3－2　满巢阶段形式特征与内容特征细分表

阶段	形式特征	内容特征
满巢阶段1	年轻夫妻，有6岁以下子女	家庭用品购买的高峰期。不满足现有的经济状况，注意储蓄，会购买较多的儿童用品
满巢阶段2	年轻夫妻，有6岁以上未成年子女	经济状况较好；购买趋向理智，受广告及其他市场营销刺激的影响相对减少；注重档次较高的商品及子女的教育投资
满巢阶段3	年长的夫妇与尚未独立的成年子女同住	经济状况仍然较好，夫妻或子女皆有工作；注重储蓄，购买冷静、理智

（三）按心理变量细分旅游市场

根据购买者所处的社会阶层、生活方式、个性特点等心理因素细分市场称为心理细分。

社会阶层是指在某一社会中具有相对同质性和持久性的群体。处于同一阶层的成员具有类似的价值观、兴趣爱好和行为方式，不同阶层的成员则在上述方面存在较大的差异。很显然，识别不同社会阶层的消费者所具有的不同特点，对于很多产品的市场细分将提供重要的依据。旅行社推出的“高尔夫之旅”、“朝圣之旅”和“泰国包机旅游”，即是在考虑到不同社会阶层的心理变量后的产物。

生活方式简单地说就是指一个人怎样生活。现实生活中人们追求的生活方式各不相同，如有的追求新潮时髦，有的追求恬静、简朴；有的追求刺激、冒险，有的追求稳定。西方国家的一些服装生产企业，为“简朴的妇女”、“时髦的妇女”和“有男子气的妇女”分别设计不同风格的服装，烟草公司针对“挑战型吸烟者”、“随和型吸烟者”及“谨慎型吸烟者”推出不同品牌的香烟，均是依据生活方式的心理变量进行的市场细分。探险旅游、徒步游、北欧SPA旅游等特色旅游，都是在对旅游者生活方式的细分中产生出来的。

个性是指一个人比较稳定的心理倾向与心理特征，它会导致一个人对其所处环境做出相对一致和持续不断的反应。俗语说：“人心不同，各如其面。”每个人的个性都会有所不同。通常人们的个性会通过自信、自主、支配、顺从、保守、适应等性格特征表现出来。因此，可以按这些性格特征对个性进行分类，从而为企业的市场细分提供依据。在西方国家，有些企业对诸如化妆品、香烟、啤酒、保险之类的产品，以个性特征为基础进行市场细分并取得了成功。旅行社业同样也可以考虑到旅游者的个性，开发特有的产品类别。

（四）按行为变量细分旅游市场

根据购买者对产品的了解程度、态度、使用情况及反应等将他们划分成不同的群体称为行为细分。人们通常认为，行为变量能更直接地反映消费者的需求差异，因而成为市场细分的最佳标准。对旅游市场中旅游者的购买行为的分析，可以直接被用来指导旅游计划的制订。

可用于细分市场的行为变量主要包括购买时机、使用者状况、使用数量、品牌忠诚度、购买态度等几方面。

（1）购买时机。根据消费者提出需要、购买和使用产品的不同时机，将他们划分成不同的群体。例如，旅行社可以根据春节、春季、“五一”、夏季、国庆节、秋季、冬季等时段旅游者的不同需求特点细分市场，划分为不同的子市场，并制订出不同的季节营销策略。

（2）使用者状况。根据消费者是否使用和使用程度细分市场，使用者通常可分为经常购买者、首次购买者、潜在购买者、非购买者。大公司往往注重将潜在使用者变为实际使用者，较小的公司则注重于保持现有使用者，并设法吸引使用竞争产品的消费者转而使用本公司产品。

（3）使用数量。根据消费者使用某一产品的数量大小细分市场，使用者通常可分为大量使用者、中度使用者和轻度使用者。大量使用者人数可能并不多，但他们的消费量在全部消费量中占很大的比重。美国一家啤酒公司发现，美国啤酒的80%以上是被50%

的顾客消费掉的，另外一半顾客的消耗量只占消耗总量的12%左右。因此，该公司宁愿吸引重度饮用啤酒者，而放弃轻度饮用啤酒者，并把重度饮用啤酒者作为目标市场。该公司还进一步了解到大量喝啤酒的人多是工人，年龄在25～50岁之间，喜欢观看体育节目，每天看电视的时间为3～5小时。很显然，根据这些信息，企业可以大大改进其在定价、广告传播等方面的策略。旅行社依据旅游者状况和使用数量的分析，可以制订对新客户、老客户的针对性营销策略。

（4）品牌忠诚度。根据消费者对产品的忠诚程度细分市场。有些消费者经常变换品牌，另外一些消费者则在较长时期内专注于某一个或少数几个品牌。通过了解消费者品牌忠诚情况和品牌忠诚者与品牌转换者的各种行为与心理特征，不仅可为企业细分市场提供基础，同时也有助于企业了解为什么有些消费者忠诚于本企业产品，而另外一些消费者则忠诚于竞争企业的产品，从而为企业选择目标市场提供启示。

（5）购买的准备阶段。消费者对各种产品的了解程度往往因人而异。有的消费者可能对某一产品确有需要，但并不知道该产品的存在；有的消费者虽已知道产品的存在，但对产品的价值、稳定性等还存在疑虑；另外一些消费者则可能正在考虑购买。针对处于不同购买阶段的消费群体，企业进行市场细分并采用不同的营销策略。在一个较长的时期内，旅行社在公众媒体上刊发连续广告，可以让自己的产品天下周知，也能促使旅游者下定决心。

（6）购买态度。根据市场上消费者对产品的热心程度来细分市场。不同消费者对同一产品的购买态度可能有很大差异，如有的持肯定态度，有的持否定态度，还有的持既不肯定也不否定的无所谓态度。针对持不同购买态度的消费群体进行市场细分后，旅游企业要在广告、促销等方面注意有所不同。

二、旅行社产品的市场定位

（一）从动态的市场细分到市场定位

旅行社在市场导入初期，由于客户的需求相对较为简单直接，市场细分一般是围绕着地理分布、人口及经济因素（如年龄、性别、家庭收入等）等维度展开的，其特征表现为目标细分市场的形象化，也就是说，通过市场的细分，其目标细分市场可以被直接形象地描述出来。例如，当企业把市场划分为中老年人、青年人以及儿童等几个目标细分市场时，人们能形象地知道这些细分市场的基本特征。由于这种“分类”方法简单、易于操作、费用低，大部分企业都可掌握且也乐于采用。于是，针对不同年龄人群的旅游线路产品在许多旅行社相继出现并屡见不鲜。但是，这种细分方法只适用于市场启动和旅游企业成长期阶段。因为，此时的品牌竞争往往表现得不够明显，竞争一般会表现在产品、质量、价格、渠道等方面。仅仅以这样的市场细分作用于旅行社，往往容易使旅行社陷入到静止僵化的状态当中。各家旅行社都在做老年旅游团业务，且实际上都以相同的形式在进行操作。在此情形之下，所谓特色也就不再存在了。

当消费者的需求日益多元化和复杂化，特别是情感性因素在购买中越来越具有影响力的时候，市场竞争已经由地域及经济层次的广度覆盖向需求结构的纵深发展了，市场也从静态的有形细分向动态的无形细分转化，目标市场逐步走向抽象化。例如，我们可以通过市场的深度细分，找到“追求时尚”这样的目标细分市场。但这个目标细分市场在哪里？它由哪些消费者组成？这些消费者是否有着共同的地理、人口及经济因素特征？旅行社应该采取什么样的方法与这个目标细分市场人群沟通？显然，这时的目标细分市场已经变得复杂化和抽象化了，相应地，旅行社对消费者的关注也已从外在因素进入心理层面因素。

对于消费者心理表层构成的目标细分市场，仍然运用市场竞争初期的浅度市场细分方法甚至“行业细分”的方法已根本无法适应。旅行社如果想要接近目标市场，只能运用科学的市场研究方法来正确地细分市场。

动态的深度市场细分是市场竞争中、后期企业取得成功的必然选择，因为只有这样企业才能做出正确的市场定位，锁定自己的目标市场群体。在动态的深度市场细分当中，旅行社可以集中有限资源，运用差异化的深度沟通策略，辅以多种手段赢得旅游者的信任，并且通过不断培养目标客户的忠诚度，达到最大限度阻隔竞争对手的目的。而使用静态的浅度市场细分的企业，由于与客户建立的是一种“不痛不痒”的关系，客户忠诚度极低，当有更多的企业进入并抢夺市场时，企业能采用的市场竞争手段也就是价格战和增加广告投入等常规方法了。

（二）根据能力和智慧进行市场定位

1. 旅行社的外在形式特征应与市场定位相一致

旅行社的产品定位、市场定位其实可以从自身的名称含义上开始进行。“名副其实”更容易给旅游者留下深刻印象。

许多旅行社从名称上来看，其实就已经明确了其专业发展方向，这类旅行社的市场定位无疑应该与其本身的名称相一致。比如，老年旅行社应该将产品定位在老年市场，海洋旅行社应该将主要产品定位在与大海相关的旅游线路中。而现实状况却并不是这样，名称中有“妇女”字样的旅行社在招揽生意时并不分旅游者性别，名称有“老年”字样的旅行社所组的旅游团当中一样会有学生出现，产品也往往没有针对性。这样的旅行社任其市场定位工作如何精心，也难免给人留下名实不符的印象。

同样，一家旅行社的市场定位从其主要产品中就应该清晰地显示出来。对外宣称自己是“欧洲旅游专家”的旅行社，如果广告上大篇幅刊登的都是东南亚旅游线路，那一定会影响其“欧洲旅游专家”的可信度。

2. 市场定位最好能确定在旅行社擅长的领域

旅行社只有将市场定位确定在自己擅长的领域，才有可能取得成功。旅行社形成自己的市场优势并非一日之功，但只要对自己定位的市场保持信心，加以努力，就一定会成功。

比如，一家旅行社在确定了老年游的市场定位后，首先应对老年游市场进行认真分析，针对老年人的特点对旅游资源、旅游设施、旅游服务进行重新组合。对旅行社老年团多样化开发的依据需建立在最大限度地满足老年人的需求上。面对一个庞大的老年游市场，仍需要进行市场细分。依照心理变量和行为变量，老年游市场大致可以分成理疗健身旅游、游览娱乐旅游、社区社交旅游、生态养老旅游、兴趣爱好旅游等子市场。

项目3　旅行社产品的开发与设计

案例引入

随着深秋的临近、国庆长假的落幕，一度发烧似的旅游市场也在慢慢降温。利用节后错峰出行的好时机，如何能购到高性价比的旅游产品，也成为消费者必做的功课。《齐鲁晚报》为您推荐众多精彩的节后国内参团线路，供您选择。

推荐产品1：参观西安秦始皇兵马俑、华清池、大雁塔、陕西历史博物馆、清明上河园、云台山、龙门石窟、少林寺双卧七日游

产品特色：西安，一个时尚又传统的城市，一个会诉说故事的城市，一个会生活的城市，这里有韵味，有深度，让人们喜爱这里的每一寸土地。钟楼、兵马俑、城墙、大雁塔、牛羊肉泡馍、凉皮，这些属于这里的关键词已成为西安的六大城市符号，使人们带着放松的心情，放慢脚步，品享精髓。洛阳，牡丹之城，唐三彩、九朝古都等都是它的代言词，云台山、少林寺都在此地。

推荐理由：享受旅游生活。节后出游可以避开国庆“黄金周”的出游人潮，使得游览环境更加舒适，可以充分享受安逸的旅游生活。人不多，不嘈杂，这样才够悠闲，才是真正在体验旅游。

推荐指数：★★★★★

推荐产品2：四川九寨沟黄龙双飞五日游

产品特色：每到秋天，九寨沟便成了彩色的海洋，踏入山门，仿佛走进一个庞大的色彩王国。从谷底到山巅，3 000米高差，五大植被分布带，千叶万树，色彩纷呈，一树引领，满沟呼应，700平方公里山林都跃动起来。清晨的阳光里，芦苇海抖动一池金黄，仿佛在讲述一个古老的故事。镜海如镜，赶上“色彩旺季”，正是扮靓好时机。

推荐理由：走进秋色美丽童话。秋色醉人，九寨沟为最。秋天是九寨沟最灿烂的季节，五彩斑斓的红叶、彩林倒映在明丽的湖水中，彩色的秋叶与蓝色的湖水交相辉映，美如童话世界。

推荐指数：★★★★★

推荐产品3：北京香山红叶单飞五日游

产品特色：北京，是一个让人容易迷茫的城市。因为它大、精、侃、酷，它给人留下了太多的感觉。这个季节是北京最美的季节，香山的红叶很迷人，四合院和胡同京味十足，而北京的烤鸭、火锅等美食也在召唤着……

推荐理由：但求最好，不求最贵。节后的这段时间，一些“黄金周”的热点旅游线路会因成本因素等原因，价格大幅下降，总体的游价相对实惠，所谓“低价买进”，也是一种投资理财之道。所推荐产品价格较“黄金周”期间的售卖价格下调了将近35%，正是选购的最佳时机。

推荐指数：★★★★

（资料来源：黄俊舒．齐鲁晚报，2011－10－21．略有改动）

提出问题

我国的旅游市场中，多家旅行社以相似价格售卖同一种产品的现象屡见不鲜。对于此类同质化产品的存在数据，随意拿来一张报纸的旅游广告版，数一数上面的旅行社相同或相似的产品有多少，便会有一个清晰的认识。旅行社产品同质化，其中的一个重要原因就是旅行社市场定位的欠缺，表现在旅游企业的具体经营当中，就是产品设计与开发的策略不明晰。案例中的三条旅游线路，采取避开“黄金周”、错峰推行的方式，可以说是进行了有市场针对性的有益尝试。讨论分析三条旅游线路各自的亮点分别在哪里，三条旅游线路分别对什么类型的旅游者更具吸引力。

我们小组的回答是：____

相关知识

一、旅游产品开发原则

旅行社产品包含旅游线路和旅行社内部服务。其中，旅游线路是旅行社产品的重要组成部分和集中体现，也是展示和销售给旅游者的产品的主要表现形式。因此，我们要重点研究旅游线路的设计与组合。

旅游线路属于组合产品，但旅行社在组合时并非简单叠加，而是凭借一定的旅游吸引物、旅游设施和旅游服务，有目的、按标准且受制于一定时空条件进行再加工，最终以旅游线路的形式推出，如“长江三峡旅游线”、“成都—九寨沟旅游线”等。

旅行社产品的开发设计必须遵循一定的原则，才能更好地满足旅游者的需求和喜好，成为畅销的线路。

（一）独特性原则

旅行社产品需要突出其自身的独特性，才能吸引更多的旅游者。具体表现在：

（1）尽可能保持自然和历史形成的原始风貌，任何过分修饰的做法都不可取。在这个方面，开发者必须要以市场的价值观念看待开发后的吸引力问题，而不能凭借自己的主观意志来决定。

（2）尽量选择利用带有“最”字的旅游资源项目，以突出自己的优越性，即所谓“人无我有，人有我优”。例如某项旅游资源在一定的地理区域范围内属最高、最大、最古、最奇等。只有具有独特性，旅行社产品才能保证吸引力和竞争力。

（3）努力反映当地的文化特点。突出民族文化，保持某些传统格调是为了突出自己的独特性，同时也有利于当地旅游形象的树立。旅游者前来游览的重要目的之一是要观

新赏异、体验异乡风情。不难想象，如果开发后的旅行社产品同客源地的情况并无多大差别，旅游者是不会愿意前往游览的，即使去过一次，以后也不会故地重游，除非有新的变化。

（二）市场导向原则

旅游者的需要各不相同，而且在不断变化。从某种意义上讲，旅游需要决定着旅游线路设计的方向。市场导向原则就是分析市场现状，预测市场趋势，针对目标市场设计出适销的旅游线路，并及时调整，最大限度地满足旅游者的需要，提高产品的使用价值。市场导向原则具体体现在三个方面：根据市场需求变化状况设计旅游线路；根据旅游者或中间商的要求设计旅游线路；创造性地引导旅游消费。

（三）经济效益原则

经济效益原则是指以相对较低的消耗获得相对较高的效益。旅行社产品同其他产品一样要支付各种各样的成本，这就要求旅行社在产品设计中加强成本控制，降低各种耗费。可以通过充分发挥协作网络的作用，降低采购价格，这样既可以降低旅行社产品的直观价格，便于产品销售，又能保证旅行社的最大利润。

（四）主题鲜明原则

旅游资源的本质特征是对旅游者具有吸引力，特色越浓，对旅游者的吸引力就越强。例如美国人到上海有一个传统游览参观项目，即参观上海工人新村。处在与自己生活环境相异的文化空间中，同当地居民交谈，向当地居民学习包饺子，美国游客饶有兴致，表现出了极大的满足感。旅游线路作为各游览点的集合体，应特色鲜明。特色是旅游线路的卖点，是旅游者需求得到满足的关键因素。

主题鲜明的旅游线路，主要依赖有共同主题倾向的旅游点的组合，并选择与此相适应的旅游交通、食宿、娱乐、购物等内容，以渲染气氛，营造主题。例如丝绸之路旅游线，将西安、兰州、武威、酒泉、嘉峪关、敦煌、吐鲁番等与古代丝绸贸易有关的旅游点组合成一条旅游路线，再配上参观文物古迹，体验民族风情，观赏仿古歌舞，品尝历史名菜佳肴，下榻有地方和民族特色的饭店，在有的路段骑骆驼或乘坐毛驴车，选购旅游商店出售的古碑刻拓片、唐三彩、夜光杯，让旅游者充分体验古代丝绸之路的情调，感受历史的沧桑之美。

（五）布局合理原则

旅游线路如何行走，怎样停顿，关系到旅游的效果。因此，优化点线结构、合理构筑空间布局是旅游线路设计时必须注意的问题。

（1）旅速游缓。同一旅游线路上各旅游点间的距离不宜太远，否则大量的时间和金钱会耗费在旅途中，导致旅游成本上升。一般说来，城市间交通线上的时间耗费不能超过全部旅程时间的三分之一。

（2）择点适量。不论是从旅游者的角度还是从旅游经营者的角度，一条旅游线路上安排过多的旅游点是不足取的。一方面容易使旅游者感到紧张疲劳，有悖通过旅游放松身心的宗旨；另一方面，不利于旅游线路再销售，回头客也会减少。

（3）错落有致。既要突出旅游点的特色，又要考虑旅游线路的整体效果。在编排线路时应尽量选择不同种类的旅游点（专业考察旅游另当别论），或把相似的旅游点隔开，使整条线路错落有致。西方旅游者分不清中国寺庙间的差异，游苏州寒山寺，踏上海龙华寺，访杭州灵隐寺，最后却感叹道：天天看庙。有所选择，有所舍弃，是旅游线路设计之道。

（4）渐入佳境。一条旅游线路上旅游点的安排，应由一般到高潮，中间再穿插一两个小高潮，这样容易保持旅游者的兴奋点，使其游兴不绝。例如对欧美旅游者入境游来说，广州、桂林、武汉、西安、北京一线的组合优于其逆向组合。

（5）避免重复。走回头路会使旅游者感到乏味，游兴锐减。为此，要尽量运用不同的交通工具组合，避免重复经过同一旅游线（点）。例如南（京）镇（江）扬（州）旅游线，从上海乘飞机到南京，乘火车到镇江，摆渡到扬州，再从扬州乘船回上海，一路上旅游者始终能保持新鲜感。

二、旅游线路设计流程

旅游线路设计是一项技术性非常强的工作。从技术上讲，旅游线路是旅游吸引物、旅游设施和旅游时间的统一。旅游线路设计的成功主要反映在两个方面：一是游程合理，二是价格合理。旅游线路设计的流程如下：

（一）实地考察与调查

为了全面了解和掌握旅游线路设计所涉及的各个要素的历史、现状和发展趋势，旅游线路设计者必须深入旅游目的地的景区、景点进行实地考察，并走访旅游相关部门和企业，获取感官认识和第一手资料，旅行社行业俗称为“踩线”。实地考察要以重点资源为主，兼顾一般，对有潜力的新资源要予以充分的重视。同时，在条件允许的情况下，还应对旅游目的地的周边旅游景区进行考察，从而可以比较出该线路中景点的优势所在，明确与其他景点的竞争与合作关系。调查可以采取访问、座谈、收集资料、抽样调查等多种方式进行。调查对象一般是旅游、交通、住宿、餐饮、娱乐、购物等企业和相关管理部门以及旅游者。调查内容包括各行业的历年统计数据、价格水平、发展规划、对未来潜力的预测，以及旅游者的评价和要求等。例如，深圳中国旅行社在设计“丽江假期”线路之前，曾事先多方联系深圳市政府、深圳旅游局、深圳航空公司和丽江地接社，并邀请深圳电视台记者、报纸特约撰稿人专程赴丽江作了为期一周的实地考察，这些都为后来线路设计的成功打下了良好的基础。

（二）分析与预测

分析与预测的出发点应是客源市场，即从客源市场的历年发展变化特点、市场细分、需求量、客源市场的分布及市场今后的发展趋势出发，根据市场状况，对各要素进行筛选和加工。旅行社通过广泛搜集与新的线路产品开发设计有关的信息，对构思进行可行性分析和研究预测，以求得出不同的设计方案。分析和预测的内容主要包括下列几个方面：

（1）旅游线路的发展前途。包括旅游线路产品市场的规模、打入市场的可能性、旅游者需求的持久性、旅游线路的发展趋势、其他旅行社仿造的困难性。

（2）销售市场。包括旅游线路产品的需求量和需求时间、旅游线路的销售范围和目标市场、旅游线路产品的销售量和市场占有率、潜在旅游者数量及旅游者实际购买能力、旅游者对新产品的要求和希望、季节变换对旅游线路销售的影响、与旅行社现有产品的关系、旅游线路的销售渠道等。

（3）竞争态势。包括开发设计和销售类似旅游线路产品的竞争者数量，竞争对手的产品结构、特点以及差异程度，竞争对手采用的竞争策略、手段及变化情况，竞争对手的市场占有率和价格状况，潜在的竞争对手及他们进入旅游线路产品市场的可能性。

（4）价格。包括竞争产品的价格变动情况、旅游者对类似旅游线路产品价格方面的意见和要求、旅游线路产品的价格弹性。

（5）内部条件。包括旅行社设计旅游线路所需的人力与财力的保证程度、旅行社的信誉度与管理水平、所需各种服务设施的供应能力和服务质量等。

（三）确定旅游线路的品牌名称

旅游线路的名称是对旅游线路的性质、大致内容和设计思路等的高度概括，因此整个旅游线路需要有一个响亮的品牌名称。确定旅游线路名称应该综合地考虑各方面的因素，并力求体现简约、主题突出、时代感强、富有吸引力等原则。如“丽江假期”旅游线路，之所以要用这个名字，主要是考虑到批发和通俗易懂的因素。其标志中运用了至今还在使用的纳西族东巴象形文字中的“伴”字，整个轮廓像云南特色的房子，整体又像一个印章，便于在批发给其他旅行社时在栏内加盖。

（四）策划旅游线路

从形式上看，旅游线路是以一定的交通方式将线路各节点进行合理连接。节点是构成旅游线路的基本空间单元，一个线路节点通常是一个有特色的旅游目的地。一般来说，同一条旅游线路中的各节点都有相同或相似的特点，满足旅游者的同一需求并服从于某一旅游主题，起着相互依存、相互制约的作用。节点可以是城市，也可以是独立的风景区。旅游线路的始端是第一个旅游目的地，是线路中的第一个节点；终端是最后一个节点，是旅游活动的终结或整个线路的最高潮部分；而途经地则是线路中的其他节点，是为主题服务的旅游目的地。因此，策划旅游线路就是安排从始端到终端以及中间途经地的游览顺序，并在线路上合理布置节点。例如，“烹饪王国游”线路的始端是广州，终端是北京，途经地为成都、南京、无锡和上海，游览顺序即为“广州—成都—南京—无锡—上海—北京”。可以说，旅游线路一方面是对符合主题特色的节点城市或景区的选择，另一方面是对节点游览顺序的安排，是遵循时间最短、费用最省、交通便利、合理搭配的原则进行的全面考察、综合平衡及合理选择。

（五）计划活动日程

活动日程是指旅游线路中旅游项目的顺序、内容和地点及各项目的具体时间安排，应体现劳逸结合、丰富多彩、节奏感强、高潮迭起的原则。例如广州市丽景旅行社推出的“深圳、香港、澳门、珠海、广州等地七日游（北京发，深圳接，广州送）”（如表3－3所示）。

表3－3　广州市丽景旅行社港、澳、穗旅游线路日程安排

日　程	行　程	活动内容与景点安排
第一天	北京—深圳	晚上深圳接团
第二天	深圳	乘车游览深圳市区深南大道、邓小平巨幅画像、世界之窗

续上表

日　程	行　程	活动内容与景点安排
第三天	深圳—香港	乘火车赴香港，午餐后游览浅水湾、海洋公园、集古村，晚餐后观赏太平山夜景
第四天	香港	游黄大仙、珠宝展示中心、艺术馆广场、维多利亚港、会展新翼、紫荆广场、欧洲名表店、百货店、青马大桥观景台
第五天	香港	自由活动
第六天	香港—澳门	早餐后乘船前往澳门，午餐后游览大三巴牌坊、主教山、炮台山、妈祖阁、宝石城、盛世莲花、镀金望海观音像、跑马场、葡京娱乐场
第七天	澳门—珠海—广州—北京	从拱北海关入境后游览珠海回归广场、情侣路、珠海渔女雕像，前往广州游览中山纪念堂、越秀公园、五羊雕像，晚餐后乘火车返北京

（六）选择交通方式

交通方式的选择要体现“安全、舒适、经济、快捷、高效”的原则。首先要了解各种交通方式的游览功效，依次为直升机、水翼船、汽车、火车、海轮、客机。其次要了解各种交通工具的适用旅程，其中直升机、水翼船、汽车适合短途旅游，火车、轮船适合中途旅游，客机、海上邮轮适合长途旅游。最后要了解国内外旅游交通现状，如类型、分布、形式、网络等。在具体选择交通工具时要注意多种交通方式相结合，减少交通之间的衔接时间。

（七）安排住宿餐饮

食、宿是使旅游活动得以顺利进行的保证，应遵循经济实惠、环境幽雅、交通便利、物美价廉的原则进行合理安排，并注意安排体现地方或民族特色的风味餐（如表3－4所示），旅游者有特殊要求的除外。

表3－4　济南中国旅行社部分报价（地方风味餐）

地方风味餐	报价	地方风味餐	报价	地方风味餐	报价
孔府家宴	40元/人	孔府喜宴	50元/人	孔府寿宴	60元/人
济南饺子宴	30元/人	泰山豆腐宴	50元/人	青岛渔家宴	60元/人

（八）预留购物时间

购物活动是一个完整的旅游过程所不可缺少的重要环节，购物通常在旅游者总花费中占据30%左右的比重。旅游购物的圆满实现，不仅能给旅游地带来丰厚的经济收益，还能让旅游者心理上获得外出旅游的全面满意。当地的旅游纪念品被旅游者带回其常住地后，又能成为旅游地的“无声的义务宣传员”。所以设计旅游线路时，对旅游购物应予以充分的关注。

在设计旅游线路时，对购物点的安排应遵循时间合理、能满足大部分旅游者的需要、不重复、不单调、不紧张、不疲惫的原则，将旅游线路上旅游商品最丰盛、购物环境最理想的购物点尽量安排在旅行线路所串联景点的最后。因为在旅游活动即将结束、要返家之前，旅游者的购物欲望是最强烈的。而在旅游开始之时，旅游者一是对需购的物品要多看几处，比较之后再选定；二是在旅游刚开始就购物的话，带着物品旅游很不方便；三是旅游之初，旅游者带出来的钱不敢多用，要备后面急用。可以说，旅游者在旅游活动之初一般是不大想购物的。如果将主要的购物点安排在旅游初始，就容易给旅游者的旅游活动留下缺憾。

（九）筹划娱乐活动

在进行旅游线路设计时要充分考虑安排旅游者参与旅游地的娱乐活动和节事活动。娱乐活动要丰富多彩、雅俗共赏、健康文明、体现民族文化的主旋律、达到文化交流的目的。以山东省为例，各地主要节庆活动如下：

- 曲阜国际孔子文化节（每年9月26日至10月10日）
- 泰山国际登山节（每年9月6日至8日）
- 青岛海洋节（每年7、8月份）
- 青岛啤酒节（每年8月6日至26日）
- 潍坊国际风筝节（每年4月20日至25日）
- 淄博陶瓷琉璃艺术节（每年9月5日至11日）
- 菏泽国际牡丹花会（每年4月20日至5月初）

（十）适当调整和改进线路

根据旅游者或旅游中间商的要求，可对旅游线路做相应调整，把旅行社想卖出的旅游线路变成旅游者想购买的旅游线路。例如，某香港旅行社推出的香港至华东的旅游线路（如表3－5所示），该线路是直航飞机往返香港，方便，但是却不成功。

表3－5　某香港旅行社推出的香港至华东旅游线路

日　程	行　程	交　通	住　宿
第一天	香港—上海	MU510（2105抵沪）	静安希尔顿酒店
第二天	上海—无锡	下午火车	无锡大饭店
第三天	无锡—苏州	中午火车	南林饭店
第四天	苏州—杭州	上午火车	香格里拉酒店
第五天	杭州—香港	MU503（0925离杭）	

分析其原因，一是时间问题。香港—上海的飞机是晚上才抵达，而杭州—香港的飞机是上午起飞，实际上第一天和第五天不能用于观光，时间浪费在机场候机上；上海—无锡—苏州—杭州，不仅交通方式单一，增加了在火车上的时间，而且每处游览都很匆忙。二是价格问题。香港—上海及杭州—香港直航飞机价格昂贵，占去了总团费相当大的比重，导致直观价格太贵，平均每人每天价格过高。

由于该线路行程安排不合理，行程价格又过高，旅游者反应平平。经调整后，重新编排的行程如表3－6所示。

表3－6　重新编排的行程表

日　程	行　程	交　通	住　宿
第一天	香港—广州—杭州	早班直通车至广州转飞机，中午抵达杭州	香格里拉酒店
第二天	杭州—无锡	下午火车	无锡大饭店
第三天	无锡—苏州	下午汽车	南林饭店
第四天	苏州—上海	下午火车	希尔顿酒店
第五天	上海—广州	晚上飞机	中国大饭店
第六天	广州—香港	下午直通车	

与原先的行程相比，重新编排的行程有如下优点：

（1）第一天下午1:00左右抵达杭州，第六天下午6:00才离开广州，总的观光时间较原先加长一天多，旅游者在各地的逗留时间较宽松。

（2）香港—广州—杭州及上海—广州—香港的交通费只有香港—上海及杭州—香港交通费的60%左右，降低了直观价格。

（3）重新编排的行程增加了广州点，丰富了行程内容。

这样，该线路在行程与价格上就更易被旅游者所接受了。

任何一条旅游线路的设计都是以时间为衡量维度的。随着时间的推移，所依托的条件必然会发生变化，而且日渐不适应新的市场需求。因此，旅游线路要不断推陈出新，以延长其生命周期（投放期、成长期、成熟期、衰退期）中的成长期和成熟期。

项目4　旅行社产品的创新

案例引入

日前，由海航乐游国际旅行社与北京游卡桌游文化有限公司共同推出的“三国文化”主题旅游产品在北京召开发布会。这是旅游产品首次与“三国杀”桌面游戏结合在一起，将游戏内容还原到真实三国文化中。其产品将陆续推向市场。

三国文化人尽皆知，但是将三国题材的游戏与旅游结合为一体还是头一回。海航乐游相关负责人表示，本次与游卡桌游合作的三国文化主题线路，希望可以借助“三国杀”这个游戏平台，将严谨的历史文化与轻松的旅游线路相结合，将依托真实三国人物所幻化出的游戏角色还原到真实的三国场景中去，使游客更为深入地体验三国文化，新颖、趣味皆有。

据悉，在行程方面，海航乐游精选了赤壁、荆州、长坂坡等经典景区，在游览名景的同时，加入了三国文化趣味问答、“三国杀”比赛等环节，赢者可获得游卡桌游提供的丰富礼品。

（资料来源：刘潺．重庆商报汇融网，2011－10－11．有改动）

提出问题

个性化和差异化已是旅游业发展的趋势。在这样一种前提下，旅游产品的创新就成了旅行社在市场竞争中立于不败之地的重要法宝。只有不断创新，旅行社才能提高自身的适应能力和竞争能力；只有不断创新，才能满足旅游者不断求新、求奇、求知、求乐的需要。你认为案例中的创新点在哪里？请尝试将这种创新方法运用到你熟悉的线路与景区之中，将其打造成新的旅游产品。

我们小组的回答是：______________________________

____

____

相关知识

一、旅行社产品创新的内涵和创新产品的类型

（一）旅游产品创新的内涵

旅游产品创新是旅行社以旅游者需求为导向，对旅游线路六大依附要素的组合、设计、采购活动的创新，以及旅游者服务的改进和完善。旅游中的新产品与科技领域所指的新产品在含义上是不同的。旅游中的新产品是相对未被满足的需求而言的，凡是对产品整体概念中任何一部分的创新和改革，而又能很好地满足潜在消费者需求的产品都属于创新产品的范畴。

（二）旅行社创新产品的类型

1．完全创新型产品

完全创新型产品指本旅行社以前从未生产和销售过的新产品，如新开辟的旅游线路、新开发的旅游景点、新建成的旅游饭店等。这类全新产品是不可能经常出现的，因为投资和风险较大，开发周期较长。

2．换代型新产品

换代型新产品指在现有产品基础上进行较大改革后生成的产品。例如，旅行社原来经营纯观光旅游产品，这是第一代产品。第二代产品以文化资源为主，将纯观光旅游改成文化观光旅游。第三代产品除了考虑对资源的全面利用之外，其重要特征是以“参与式”为主，如特种旅游产品（如冒险旅游）、专题旅游（如赛马）等都必须让旅游者亲自参与，得到体验。

3．改进型新产品

改进型新产品对原有产品不进行重大改革，只对它进行局部形式上的改进。这是旅行社吸引旅游者、保持和拓展市场的一种重要手段。

4. 仿制型新产品

仿制型新产品指市场上已经存在，本旅行社对其进行模仿后开始经营的线路产品。这种仿制产品还应该包括国际市场上已出现过，但在国内市场尚属首次出现的。现在市场上出现的仿制产品有仿历史古城、仿各类游乐园、仿世界大型建筑的微缩景观等，也有对其他旅行社产品的模仿，甚至简单照搬。

二、旅行社产品创新的策略

（一）旅行社服务产品方面的创新——个性化

随着人们收入水平的提高和消费的日渐成熟，消费者需求之间的趋同性将越来越弱，而异质性会不断增强。因此，个性化需求将逐渐成为旅游市场需求的主流走向。由于旅游者需求的不同，只有经过不断的市场细分，直至细分至旅游者个体，并为其专门定制旅游产品和服务，才能真正满足每个旅游者的个性化需求。例如，旅行社可以根据旅游者的不同需求，让旅游者参与到产品设计中，将食、住、游、购、娱、行六大要素进行重新组合，设计提供相应的旅游定制产品，从而增强旅游者的满意度。

（二）旅游服务内涵方面的创新——差异化

由于现代服务消费的个性化趋势和服务行业的特殊性，旅行社应该针对旅游者的特殊需求，努力开发特殊的服务项目，实行差异化服务，确立服务特色，树立服务优势。旅行社应认真研究市场需求，做好市场调研，根据旅游者消费行为的变化趋势设计新的主题线路，在提供服务的同时不断推出新的服务，不断地追求服务内容的丰富和服务层次的提升。例如，在旅游线路差不多的情况下，在旅行途中提供一些有意义的主题娱乐活动，或提供增值服务，推出一些体贴入微的温情服务和人文关怀，就有可能收到差异化的效果，使旅游者有不同的感受和体验。

（三）旅行社服务品种方面的创新——多样化

目前，旅行社提供的旅游产品和服务品种少，产品结构单一。旅行社是“提供旅行服务的企业”，因此旅行社是“旅行服务”提供者，而不只是包价旅游的组织者或是观光旅游服务的提供者。旅行社应按照旅游者需求推出多元化的产品，不断推出新的服务。散客旅游作为21世纪国际旅游的一个新趋势，对旅行社的要求越来越高，它不仅要求有灵活的旅游路线和产品组合，更要有合理的时间安排、多样化的服务和多品种的荐举方案，这样才能满足旅游者多样化的需求。

（四）旅游产品线路设计方面的创新——主题化

随着社会的发展和旅游市场的成熟，更多的主题线路应运而生，创新主题线路是旅行社生存、竞争和发展之根本所在。旅游线路是旅游产品的重要表现形式，好的旅游线路往往给旅游者留下深刻的印象，并产生巨大的经济效益和社会效益。例如，有旅行社抓住中国人崇尚亲情的传统，推出了充满温情的“亲子团”、“孝子团”、“蜜月团”等旅游系列，被市场认为是亲情旅游产品的典范。

（五）旅行社服务产品生产方面的创新——模块化

旅行社模块化生产是以满足旅游者的个性化需求为前提的，它要求对旅行社产品的各构成要素进行分类，并设计成标准模块，然后根据各个旅游者的需求特点将各个要素的不同模块进行组合。我国旅行社行业正处于产品同质化严重、以价格战为主要竞争方式的现状，对旅行社产品的生产实施模块化组织，是一种既能够保证市场份额又能够有效满足旅游者个性化需求的最佳选择。如对旅游设施中的住宿、餐饮部分可按档次、价位、场所等进行模块设计，对旅游设施中的交通部分则可按交通工具种类、运输方式等模块进行设计等。

三、旅行社产品创新的途径

（一）产品应按照市场定位来进行筹划

1. 对市场进行定位研究

旅行社对定位市场应进行相应的定位研究，把定位市场的产品当作主攻产品来进行专项设计。这样的定位研究，理所应当是认真而细致的。如果不能从旅行社的产品中看到产品的亮点，那一定是存在定位市场的研究缺失。

例如，在确定了中产阶层的市场定位后，首先就应该对中产阶层的属性、特质等进行研究和分析。中产阶层属于社会中的中高收入人群，中国社会科学院2002年所作的中国各阶层现状课题报告中，对中国的中产阶层进行了这样的界定：私营及民营业主、国企的领导者、IT行业从业者、企业营销经理、律师、医生、房地产行业人士等，都属于这个阶层。中产阶层作为社会中人们追逐的目标，是社会中消费能力最强、引导消费潮流的一个重要阶层，身在其中的人都会有一种成功人士的荣耀感。中产阶层构成了出国旅游的主要消费群体，是社会中具有可重复旅游行为的一个群体。

透视中产阶层的消费需求及消费心理，产品类型特别冠以“中产”的名称以将其区别于其他阶层，往往会取得意想不到的效果。房地产业、杂志、物流业均有以中产为卖点并取得成功的实例。如房地产业中，广州的珠江集团进军北京后开发的北京南城的房地产项目“珠江骏景”，就举起了“中产阶级的理想家园”的大旗，一开盘便引得中产阶层人士趋之若鹜。某旅行社为中产阶层特别开辟的“澳大利亚9日游”线路，也取得了不俗的成果。

2. 避免雷同产品的出现

为取得最大的经济效益并树立企业的形象，旅行社的产品策略应建立在对市场定位的准确把握和认真执行当中。同样的线路，应尽量避免出现与其他旅行社的雷同。

例如，旅行社在推武夷山线路产品时，吸引对“世界遗产”感兴趣的旅游者所采取的产品策略，就应当有明显与众不同的设计安排。世界文化与自然双重遗产框架下的武夷山，原本是文化与自然两者不可偏废，而多数旅行社的“武夷游”线路产品，却仅仅对武夷山的自然因素大书特书，忽略了武夷山作为双重世界遗产中的文化因素。行程当中无论是天游峰、虎啸岩的山，还是九曲溪的水，抑或是大红袍景区的植物植被，均只与自然因素有所关联。即使是导游推荐的龙川峡谷瀑布群等自费项目，展示出来的也都是纯粹的自然或“人化的自然”。线路行程中弃文化扬自然的安排，其实更多的是体现了一种随意，而不是富于盘算。但参团旅游的旅游者按照行程来游，却一定会误以为是来到了一个世界自然遗产地，从而曲解了双重遗产的特殊内涵。现有的线路行程中稍与文化沾边的是天游峰山脚下的武夷书院，那是朱熹及其门人在武夷山的文化遗存。但是，书院的建筑形制过于新，人物塑像过于现代，游来不免会让人们对遗产的“原真性”产生疑惑。倒是武夷山那座离城较远、占地48万平方米的西汉闽越王城遗址，以极高的历史文化和研究价值让人大开眼界，看罢对武夷山的古老文化蕴藏有一种赞叹钦服的感觉。这是一座中国长江以南保存最完整的汉代古城遗址。古城在创建选址、建筑手法和风格上独具一格，是中国古代南方城市的一个典型代表。古城内现已发掘出土大量珍贵文物，如日用陶器、陶制建筑材料、文字瓦当、铁器青铜器等，代表了公元前1世纪中国先进的生产力，体现了当时中国文明的最高水平。武夷山西汉闽越王城遗址出土的文物，更有许多位居全国同类文物的前列，如全国最大的花纹空心砖、全国最长的铁矛头、全国最重的铁犁、全国最重的铁门臼和户枢，还有全国最早的铁渔叉、石质环形井壁套管、宫中豪华浴池以及同时期仅见的铁五齿耙，都以其珍贵特殊让人赞叹不已。可以想见，将如此精妙的文化景点放在“世界遗产武夷山游”的行程当中，把文化因素融入产品之中，给人的感觉一定会大有不同。

（二）产品的优势要充分展示出来

1．在产品的精致上多下工夫

常言道：“食不厌精。”旅游线路产品当中其实也可以存在精品，只是要看定位的目标游客是哪些人。旅行社在瞄准有效人群推出“精品欧洲游”线路产品的时候，就完全可以在精致方面下工夫。

例如，2005年，北欧旅游局与中国的一些旅行社一起推出了一条包含挪威峡湾在内的北欧四国游精品旅游线路。线路中不仅包含哥本哈根、斯德哥尔摩、奥斯陆等北欧著名城市景点，也突出展示了当地的特色自然景观，并将作为世界一流景观的挪威西部地区的峡湾第一次介绍给中国游客。从产品的外在形式来看，这条经过精心设计的北欧旅游线路，让人们体会到产品制作的考究，尤其是从挪威的世界文化景观遗产之城卑尔根启程的峡湾游览，构成了整个旅程最美妙的一段旋律。

2．综合运用文化因素

吸引“不同文明的爱好者”的定位人群的时候，旅行社的产品当中一定不能吝啬对文化因素的综合运用。只有把其中涉及的文化说深说透，才能使产品的优势得到充分展示。

例如将埃及旅游线路产品推荐给这类旅游者的时候，应当将法老时代的历史、埃及象形文字以及金字塔的未解之谜一并道来。而优势展示出来后，产品对专有人群的吸引力才会增加，旅行社的产品策略也才能算得上取得了成功。

本模块小结

旅行社产品是旅行社一切经营活动的基础和起点。本章首先分析了旅行社产品的内涵、特点和形态，其次在市场细分的基础上进行了旅行社产品市场定位的研究，进而探讨了旅游线路设计这一技术性和实践性很强的工作，最后就旅行社产品的创新策略与创新途径进行了探讨。

1. 课堂讨论题

(1) 结合市场营销学中的产品生命周期理论（投放期、成长期、成熟期、衰退期四个阶段），讨论旅游产品是否符合该理论，又有何特点和不适用之处。

(2) 某客户申请旅游线路设计时，提出要去以下几个城市参观游览：北京入境、苏州、杭州、上海、泉州、福州、厦门出境。你认为应该怎么安排比较合理？

2. 自测题

(1) 旅行社提供的旅游产品具有的特点是（　　）、（　　）、（　　）、（　　）、（　　）和（　　）。

(2) 旅行社提供的包价旅游产品具体包括（　　）、（　　）、（　　）和（　　）。

(3) 按行为变量细分市场主要包括（　　）、（　　）、（　　）、（　　）、（　　）、（　　）等六个方面。

(4) 旅行社创新产品的类型有（　　）、（　　）、（　　）和（　　）。

(5) 旅行社服务产品生产方面的创新可以采取（　　）方式。

3. 复习思考题

(1) 什么是旅行社产品？它有哪些基本特征？

(2) 旅游线路开发应遵循哪些原则？

(3) 旅行社产品创新的策略有哪些？

4. 综合实训题

(1) 请根据以下材料设计一条冰雪旅游线路。

冰雪是北方常见的一种天气现象，对北方的文化与生活方式产生了深刻的影响。冰雪文化不仅体现在北方壮丽的山河上，也深深融烙在北方民族的骨子里。一年一度的冰雪旅游不仅让人领略到北国风光，还陶冶了人们的情趣，净化了人们的心灵。

素有“东方巴黎”之称的北方名城哈尔滨，有全国最大的冰灯冰雕。每年一度的冰灯游园会令中外游人流连忘返。亚布力滑雪场是国家级滑雪基地，以雪层深厚、雪粒黏度适中等优点闻名于世。松花江边的北方奇观——雾凇更是不可多得的奇景佳处。

主题：北国冰雪游

时间：5 天

旅游等级：豪华型

(2) 结合本地旅游市场情况，试为本地旅行社设计三条“本地一日游”线路。

知识拓展

旅游产品、旅游商品、旅游购物品、旅游纪念品的定义辨析

一、旅游产品

旅游产品的概念在学术界还没有统一的定论。一般来说，目前存在两种主要的误解：

一种是狭义地将旅游产品等同于旅游吸引物，这显然过于简单，因为没有包括旅游中最基本的“旅”（交通）；另一种广义的旅游产品则将旅游产品概念泛化了，认为交通产品、住宿产品、旅游线路、导游服务以及各项与旅游活动有关的事物都是旅游产品。实际上，按组装产品的概念来说，旅游产品包括交通产品和旅游吸引物。没有吸引物，就是旅行；没有交通，就是游憩和探险。

从旅游目的地的角度（即供给角度）出发，旅游产品是指旅游经营者凭借旅游吸引物、交通和旅游设施，向旅游者提供的用以满足其旅游活动需求的全部服务；从旅游者的角度（即需求角度）来看，旅游产品就是指旅游者花费了一定的时间、费用和精力所换取的一次完整的旅游经历。

总之，目前被广泛认可的旅游产品定义是旅游经营者为了满足旅游者在旅游活动中的各种需求，而向旅游市场提供的各种物质产品、精神产品和旅游服务的组合。旅游产品是个整体概念，它由旅游资源、旅游设施、旅游服务和旅游商品等多种要素组合而成。其特征是旅游服务成为旅游产品构成的主体，其具体展示方式主要有线路、活动和食宿。

二、旅游商品

目前国内学术界对旅游商品的概念、定义还未达成共识。各种概念之间界限模糊，名称混用的现象见于各种文献。一种观点认为，旅游商品也可称作旅游购物品，是指旅游者出行过程中购买的物质性商品，主要类别有旅游纪念品、旅游工艺品、旅游服饰、旅游食品、旅游营养保健品、旅游活动用品及土特产等。在购物旅游活动中，购买的对象更加广泛。

旅游商品承载了满足旅游者购物需求和传播旅游地形象的双重价值，因此其所用的材料、制作工艺，还有实用性能、包装等都应体现较强的质量意识，否则难以引起旅游者的购买兴趣和购买欲望。

三、旅游纪念品

旅游纪念品是旅游者在旅游过程中购买的、由旅游目的地提供的精巧便携、富有地域特色和民族特色的、让人铭记于心的工艺品、礼品。有人把旅游纪念品比喻为一个城市的名片，这张名片典雅华丽，有极高的收藏与鉴赏价值。

旅游纪念品种类非常多，如木雕工艺品、桦树皮工艺品、麦秸工艺品、陶瓷工艺品等。其中木雕工艺品代表作有木雕金蟾、十二生肖、小鸟、驼鹿、大象、雄狮、老虎等。桦树皮工艺品代表作有桦树皮水壶、木相框、桦树皮船、女士包、装饰盒等。麦秸工艺品有首饰盒、十二生肖等。

综上所述，如果非要将四个概念的内在关系同时表达出来，依据目前被广泛认可的定义可以表达为：旅游产品 > 旅游商品 = 旅游购物品 > 旅游纪念品。

模块4　旅行社服务采购

任务目标

了解旅行社服务采购的任务，熟悉旅行社服务采购的内容，掌握旅行社服务采购的程序和方法，了解旅游服务采购项目的常识。

项目1　旅行社服务采购概述

案例引入

据北京假日办预计，2011年国庆期间北京总出游人数将会达到1 040万人次，这也是北京旅游人数首次破千万。随后记者从各大旅行社了解到，仅国、中、青三大旅行社今日发团人数已经超过2万人。

"从报名情况看，今年出境游市场份额增长迅速，最少有20%左右的涨幅。"华远国旅市场部经理孙丽婵告诉记者，许多线路甚至在8月中旬就已经报名完毕。

记者了解到，由于今年国内航空公司给旅行社的团队机票折扣最低也要8折左右，导致整体国内游产品价格直线上涨，所以不少游客转投到出境游市场。

"普通的云南线路价格就要五六千元，这个价钱都可以去趟东南亚或日韩了。"中旅总社助理总经理郭卫华告诉记者，今年国庆国内游价格比平日上涨了40%左右，直接导致了游客转向出境游市场，据初步预计，出国玩的游客人数将增两成。

（资料来源：王思思．法制晚报，2011－10－01.）

提出问题

国家统计局发布的宏观经济运行数据显示，2011年7月CPI同比升至6.5%，国内物价"涨声一片"，连带机票、旅游用车、旅游用餐等接待资源的采购价格也有所上涨。以某"北京双飞5天高品保团"为例，2010年国庆"黄金周"期间出发的团队，餐标为30元/人/正餐，而2011年则调升至50元/人/正餐。该团全程为8个正餐，仅用餐采购成本就已经提高了160元，涨幅达66%。同时，景区景点和酒店、宾馆也都保持旺季相对较高的价格。这些正是造成案例中长假期间国内旅游产品价格比平日提高40%的原因，同时也是越来越多的人选择长假出境游的原因。你能够在案例中找出旅行社需要采购哪些项目吗？

我们小组的回答是：______________________________

____

____

一、旅行社服务采购的概念

旅行社是一种旅游中介组织，并不直接经营旅游活动中的交通、游览、食宿、娱乐等服务项目，其作为旅游经营者，通过旅游中间商向旅游者（或直接向旅游者）出售的综合包价旅游产品，大部分是由其他旅游服务企业或相关部门供应的。也就是说，旅行社通过向其他旅游服务企业或相关部门采购交通、游览、食宿、娱乐等单项服务产品，经过组合加工再进行销售。因此，采购旅游服务也就成为旅行社经营活动的一个重要方面。

采购是指在需要的时间和地点，以最低成本、最高效率获得最适当数量和品质的物资或服务，并及时交付需要部门使用的一项业务。旅游服务采购是旅行社通过合同或协议形式，以一定价格向其他旅游服务企业及相关部门订购的行为，以保证旅行社向旅游者提供所需的旅游产品。目前旅行社服务采购的项目主要有交通服务、景区景点游览服务、住宿服务、餐饮服务、购物服务、娱乐服务和保险服务等内容。

二、旅行社服务采购的原则和策略

（一）旅行社服务采购的原则

1. 供给保证原则

旅行社产品是一项综合性产品，它主要由采购自其他企业的旅游服务项目构成。如果采购不能保证供给，就会影响旅行社的经营工作。

2. 质量保证原则

旅行社在采购各项旅游服务时，不仅要保证需求的量的满足，还要保证其购买的旅游服务具备理想的质量。

3. 成本领先原则

旅行社不能做到低成本的采购，即实现成本领先的原则，竞争力就会大大降低。

（二）旅行社服务采购的策略

旅行社与其他旅游服务企业或相关部门之间的关系是一种商品交换的关系。在采购活动中，采购人员应该根据具体情况灵活运用采购策略。

1. 集中采购

集中采购是旅行社以最大的采购量去争取最大的优惠价格的一种采购方法。集中采购的主要目的是通过扩大采购批量，减少采购批次，从而降低采购价格和采购成本。集

中采购策略主要适用于旅游热点、冷点地区和旅游淡季。

2. 分散采购

分散采购也是旅行社采购活动中经常使用的一种采购策略。通常包括两种：一种是近期分散采购，就是一团一购的采购方式；另一种是旅行社设法从许多同类型旅游服务企业或相关部门获得所需的旅游服务。

3. 建立采购协作网络

建立采购协作网络必须坚持三个原则：第一，协作网络必须比较广泛，覆盖面比较广；第二，运用经济规律，在互利互惠的基础上长期合作；第三，加强公关活动，建立良好的人际关系。

项目 2　交通与游览服务采购

案例引入

"十一黄金周"结束后，机票、酒店纷纷降价，旅行社线路报价也应声下跌，吸引了不少市民抄底游。2011 年 10 月 23 日，记者从锡城旅游市场了解到，下月起国内不少著名旅游景区将开始酝酿执行淡季票价，旅行社部分团队游的报价有可能降至全年最低，自助游也将更实惠。

景区门票价格下调属于较为常规的操作，但此次景区门票淡季调价范围广、幅度大，降价景区从南到北都有分布，无论价格高低，都呈现一定降幅，部门景区门票调价幅度甚至高达 50%。如西藏纳木错从 11 月 1 日开始，景点门票从旺季价 120 元调整为 60 元；九寨沟景区从 11 月 15 日至明年 3 月 31 日，门票 260 元加观光车 90 元的旺季价将调整为门票 80 元加观光车 80 元，降幅达 54.28%；重庆白帝城瞿塘峡门票由 120 元降至 80 元；北京颐和园门票价格则由 30 元调整为 20 元。我市的锡惠景区也将在 10 月 25 日至 11 月 30 日的锡惠菊展期间推出市民（含江阴、宜兴）凭身份证可享受 40 元游览原价 80 元的锡惠名胜区和锡惠公园的优惠。灵山景区则新推出了"秋冬特色养心之旅"。住禅文化主题会所灵山精舍，泡愉悦身心的灵山丽星温泉，游客最高可享 5 折优惠。景区实行淡季优惠活动，自助游人群是最大的受益者。

途牛网监测数据显示，与"十一黄金周"报价相比，无锡经上海出发至桂林阳朔方向的 4 日自助游线路，根据航班和酒店搭配的不同，近期价格有 500 ~ 1 700 元的降幅，最低报价在每人 1 900 元左右，接近全年最低价。并不是说实行淡季票价的景区的观赏性、游览性就弱，相反，很多景区的冬季景色更有特色，比如黄山，冬季是黄山最美的季节，雪景、云海、温泉，亮点很多。

（资料来源：无锡商报，2011 - 10 - 24.）

提出问题

每年“十一黄金周”过后，旅游市场就会随着天气变冷一天天淡下来。其中，11 月到元旦前最淡，元旦有小幅回升，过了元旦假期到春节前又是一个淡季。机票、酒店、门票、小交通等都会有一定降幅，所以这段时间也是一年中旅游价格较为便宜的时期。同时，随着人们出游观念的不断成熟，越来越多的市民选择在节后出游，享受淡季的低价位和小客流，此次景区价格调整将会进一步带动部分市民错峰游、抄底游的热情。你认为景区、景点门票价格下调将会给旅行社的服务采购带来哪些影响？旅行社提供的旅游产品可能会有哪些调整？

我们小组的回答是：____

____

____

一、交通服务采购

旅游交通服务的费用在旅行社包价产品总费用中所占的比例往往是最高的，可以说交通服务价格决定旅游产品报价，交通服务质量影响旅游体验，因此旅行社交通服务采购是一项重要内容。

（一）航空交通服务采购

航空交通服务采购是指旅行社根据旅游团队的旅游计划或散客旅游者的委托，为旅游者和旅游团队的领队及全程陪同代购旅游途中所需的飞机票。

航空交通服务采购分为两种形式，即定期航班飞机票的采购和旅游包机的预订。

1. 定期航班飞机票的采购

定期航班飞机票的采购业务包括飞机票的预订、购买、确认、退订与退购及补购与变更五项内容。

（1）飞机票的预订。无论是旅游团队还是散客旅游者，旅行社采购人员在预订其飞机票之前，必须了解两个方面的信息：①旅游者方面的信息，包括旅游者姓名的全称及身份证号码、同行人的有关信息、旅游者的联系电话、旅游目的地、日期、支付方式、特殊要求等；②航空公司方面的信息，包括飞机设施设备方面的信息、机票价格方面的信息等。

（2）飞机票的购买。根据旅行社的经营业务，旅行社采购的飞机票主要为团体机票和散客机票、国内段机票和国际段机票。

①团体机票。团体游客机票一般只开一张团体客票。团体游客误机，客票作废，票额不退。

②国内客票。国内客票是指旅游者乘坐国内航班飞机旅行的客票，有效期为一年。

③国际客票。国际客票包括国际旅行的单程客票、来回程客票和环程客票，有效期均为一年。

（3）飞机票的确认。有些旅游者事先已自行购买了飞机票，对于这类旅游者，旅行社提供的服务是为旅游者确认机位。

（4）飞机票的退订与退购。旅行社采购人员在为旅游团队或散客旅游者预订或购买飞机票后，有时会遇到因旅游计划变更造成旅游团队的人数减少或散客旅游者（团队）取消旅行计划等情况。旅行社退购飞机票，应按照民航部门的规定办理。

（5）飞机票的补购与变更。在旅游过程中，因为各种原因，会发生机票丢失的情况。按照规定，每张机票通常只能变更一次。

2．旅游包机的预订

旅游包机是旅行社因无法满足旅游者乘坐正常航班抵达目的地的要求而采取的一种采购方法。

（1）包机的手续。凡需要包机的旅行社应事先与民航部门联系，填写包机申请书，说明任务的性质、游客的人数和身份、包用机型和架次、使用日期及航程事项。

旅行社的包机申请经民航部门同意后，应签订包机合同。

（2）包机变更。包机合同签订后，如果包机的旅行社要求取消包机，需按规定交付退包费。

（3）包机费用。按民航部门规定，包机费用根据包用机型的每公里费率和计费里程或包用机型的每小时费率和飞行时间计收。

（二）铁路交通服务采购

旅行社采购铁路交通服务的主要内容是各种火车票。火车所具有的价格便宜、沿途可以饱览风光的特点，在包价产品中特别具有竞争力。近年来，我国铁路加大力度改善交通环境，使火车运输仍具传统优势。同时，随着高速铁路与动车组作为新型交通工具在国内的普及，一般300公里左右的路程只需要2个小时左右，甚至可以实现当天往返。2015年上半年，国内旅游人数达20.24亿人次，同比增长近一成。从部分已经披露上半年客流数据的景区来看，整个上半年重点景区保持快速增长。在武夷山、桂林、黄山等传统著名景区，由于区域高铁开通，游客到达景区所花费的时间比以往缩短了一半以上，旅游客流呈现两位数以上的增长。可以说景区周边城市的游客把景区当作“后花园”的时代正在到来。目前，国内很多旅游者仍把火车作为首选出游交通工具。旅行社向铁路部门采购，主要是做好票务工作。

1．火车票的种类

火车票分为客票和附加票两种类型：客票分为软座、硬座；附加票分为加快票、卧铺票、空调票。对旅行社来说，相关客票中的软卧还是硬卧、软座还是硬座等席位信息比较重要，空调情况也较重要。动车和高铁上的座位有商务座、一等座和二等座之分，票价也是按照相应座位级别依次降低的。部分动车和高铁上还有卧铺，四张铺位一个包厢，如北京—广州、北京—深圳的动卧。

2．火车票的采购业务

旅行社火车票的采购业务主要是火车票的预订与购买、退票。火车票的购买和退票都要按照最新规定来进行。2011年9月底，全国动车组列车开始分步实行互联网售票。为进一步方便旅客购票乘车，铁路部门将全国铁路客户服务中心的电话统一为12306，并进一步规范客服业务流程和服务标准，为旅客提供优质服务。旅行社票务人员可以通过全国铁路客户服务中心网站（www.12306.cn）、电话等方式查询列车车次、时刻、票价、余票等信息。此外，铁路客户服务中心还将通过自助语音、人工在线和网站的客户信箱等方式，受理旅客的投诉、咨询和建议。需要注意的是，自2013年以来，火车票预售期已提前为60天。

火车票退票的新规定自2014年12月3日起实行，具体规定如下：火车票对开车前15天（不含）以上退票的，不收取退票费。开车前48小时以上、15天以内的，退票时收取票价5%的退票费；开车前24小时以上、不足48小时的，退票时收取票价10%的退票费；开车前不足24小时的，退票时收取票价20%退票费。需注意的是，春运期间的退票费与平时不同，旅客改签后的车票乘车日期在春运期间的，退票将收取20%的退票费。

铁道部最新的改签规定为：乘客在办理改签时，只能改日期、车次和席位，乘车人、始发站和目的站无法改签。距开车时间48小时以上改签的，乘客可以改签预售期内的其他列车；距开车时间48小时以内的，乘客可以改签发车日期当天24点之前的车票；乘客在发车之后也可以办理改签，但只能改签发车当天的车票，且必须在发车车站办理；改签后的车票发车日期在春运期间的，办理退票时需收取票价的20%。开车之后，旅客仍可改签当日其他列车。在其他列车有余票时，可以改签发到城市相同的车票，一张车票只能办理一次改签。

（三）公路交通服务采购

在我国沿海经济发达地区，旅行社采购公路交通服务主要是用于市内游览和近距离旅游目的地之间的旅行。而在内陆航空交通服务和铁路交通服务欠发达的地区，公路交通服务则是主要的旅游交通方式。

旅行社采购人员在每次接到散客旅游者或旅游团队用车计划之后，应根据旅游者的人数及收费标准向提供公路交通服务的汽车公司提出用车要求，并通报散客旅游者或旅游团队的旅游活动日程，以便汽车公司在车型、驾驶员配备等方面做好准备。

尽管汽车已成为人们普遍的旅行方式，但一般认为，乘汽车旅游的距离不宜过长，最好控制在短距离——50公里（1小时）左右/景点间，长距离——300公里（不超过5小时）以内/天，否则游客会感觉疲劳。旅行社在采购汽车服务时应考虑车辆数目、车型、车况、司机驾驶技术、服务水准、准运资格、公司的管理状况等。目前常见的旅游大巴有29个座位的（座位数上30个的过路过桥收费要高些），再大一些的有49个座位，有的是55个座位，其他座位数的较少见，改了位子的例外。

旅行社通过考察，根据旅游人数，最终选择管理严格、车型齐全、驾驶员素质好、服务优良、已取得准运资格，且善于配合，同时车价优惠的汽车公司，并且一定要与之签订合同（见附录六）。

（四）水运交通服务采购

旅行社向轮船公司采购水路服务，关键是做好票务工作。旅行社采购人员在采购水运交通服务时，应当根据散客旅游者或旅游团队的旅行计划和要求，向轮船公司等水运交通部门预订船票，并将填写好的船票订票单在规定日期内送交船票预订处。如果遇运力无法满足，或不可抗力因素无法实现计划，造成团队航次、船期、舱位等级变更，应及时果断地采取应急措施。

二、游览和参观项目采购

游览和参观是旅游者在旅游目的地进行的最基本和最重要的活动与内容。旅行社向可供游览参观的单位采购游览服务，关键是就价格和支付方式达成协议。对于一些特殊的参观点，如工厂、民宅等，应征得对方的同意，并力争取得对方的支持与配合。对游览和参观项目的采购主要由地接社完成。旅行社与景区签订协议的范本见附录七。

项目3　住宿、餐饮、购物与娱乐服务采购

案例引入

正在形成中的大规模、立体化酒店业与旅行社协作模式，已经成为我市（呼伦贝尔市）冬季旅游的重要推手。10 月 24 日上午，作为我市为数不多的五星级酒店之一——满洲里香格里拉大酒店与我市多家旅行社聚集万豪酒店，共商整合呼伦贝尔冬季旅游合作项目。

满洲里香格里拉大酒店向有意合作的我市 55 家旅行社展示了该酒店开业至今对呼伦贝尔城市进行的跨国度推广，推广对象地区包括亚洲地区、欧洲地区与东南亚地区。在此过程中，满洲里香格里拉大酒店曾为推广和宣传呼伦贝尔做出过不懈努力，对呼伦贝尔旅游业的发展表现出高度信心。针对冬季旅游，该酒店与呼伦贝尔地区多家旅行社合作推出了多项旅游配套项目。

满洲里香格里拉大酒店有关人士称，此次与呼伦贝尔地区 55 家旅行社接洽的目的，是期望通过面对面的沟通，实实在在地了解存在的问题，根据实际情况探讨深度合作的模式和项目，形成酒店业与旅行社间的互动共赢关系，从而更好地促进呼伦贝尔冬季旅游的发展。

（资料来源：秋池．呼伦贝尔日报，2011 - 10 - 24.）

提出问题

如果说发展旅游业受益最大的是景区景点，那就未免有些狭隘。现在所提倡的旅游，是一种大旅游的概念，涉及面非常广，涵盖了食、住、行、游、购、娱六个要素，可以说，旅游一业进步可带动多行业发展。酒店服务是旅行社采购的重要对象，因此酒店成为旅行社的重要合作伙伴，两个行业有着紧密的联系。旅行社需要怎样的酒店产品？你认为两个行业如何实现共赢？

我们小组的回答是：____

____

____

一、住宿服务采购

旅游住宿服务的费用在旅行社产品总费用中位居第二，因此，住宿服务是旅行社服务采购中的又一项重要内容。旅行社住宿服务的采购业务主要包括选择住宿服务设施、选择酒店预订渠道、确定客房租住价格和办理住宿服务预订手续四项内容。

（一）住宿服务设施的选择

1. 住宿服务设施的考察

选择住宿服务设施是保证住宿服务质量的重要手段之一。旅行社采购人员应该从以下几个方面考察住宿服务设施。

（1）酒店位置。酒店所处的位置有两方面意义：一方面，所处地段不同，酒店的价格往往大不一样；另一方面，不同类型旅游者对于酒店的位置有着不同的要求和偏好。

（2）市场定位。在卖方市场下，许多酒店都有自己的经营定位。采购时必须考虑将要采购的酒店所接待的对象主要是哪类旅游者。

（3）酒店设备。如酒店是否配备会议室、商务中心、多功能厅、宴会厅、健身设施等。

（4）服务水平。酒店的服务水平和整个住宿产品的关系非常密切。

（5）泊车场地。对于团队旅游来说，酒店是否拥有一定面积的泊车场地是需要考虑的方面。

2. 酒店的类型

对住宿服务设施的选择就是在对酒店具体类型的选择基础上，再选定个性与旅游者需求、旅游地风格及旅行社经营特点相符的酒店。

酒店的种类繁多，酒店的模式也越来越多样化、奇特化。为了满足各类旅游者的需要和酒店营利的需要，出现了各种各样奇特、新颖的酒店。一般根据酒店的功能、规模大小、经营方式等不同情况来进行分类。划分为同一类别的酒店虽有共性，但也有许多不同的个性。

（1）按功能分类。

①商业酒店。这类酒店以接待暂住客人（经商客人）为主。一般建立在商业中心（市区内），除了提供给客人舒适的住宿、饮食起居和娱乐条件外，还有经商所必需的长途直拨电话、电报、电传等现代化通信设施以及打字、速记、文秘及录像、投影等特殊服务项目。高级的酒店还有24小时送餐服务、24小时洗衣服务。

②旅游酒店。这类酒店以接待暂住的旅游者为主。一般建在旅游点附近，为了使旅游者在精神上和物质上获得满足，酒店除了有高级的吃、住设施外，还能提供娱乐、保健、购物等服务设施。

③公寓（别墅）式酒店。这类酒店是为长住客人而建的。除提供商业酒店的一般设

施外，这类酒店的客房一般采用家庭式结构，并提供厨房设备、办公设备及小孩游戏设施，使客人能充分享受家庭之乐。长住客人与酒店之间一般都签订租约。同时，公寓式酒店也有相当一部分房间接待暂住客人（旅游和商业酒店同样也有一部分长住客人）。

④度假酒店。这类酒店主要接待旅游度假者，通常坐落在风景名胜区（如海滨、著名山庄、温泉附近）。地理环境是建立度假酒店的一个重要因素。度假酒店是一个度假中心，专门提供给客人娱乐和享受，它一般有质量良好的沙滩、游泳池、滑雪场、溜冰场、高尔夫球场和运动场，甚至跑马场。度假酒店的客源受季节影响较大。

⑤经济型酒店，又称为有限服务酒店。它是以大众旅行者和中小商务者为主要服务对象，以客房为唯一或核心产品，价格低廉（一般在300元以下）、服务标准、环境舒适、性价比高的现代酒店业态。其最大的特点是房价便宜，其服务模式为“B&B”（住宿+早餐）。最早出现在20世纪50年代的美国，如今在欧美国家已是相当成熟的酒店形式。经济型酒店一般采取连锁经营方式，期望通过连锁经营达到规模经济，提高品牌价值。该类型酒店在全国范围内已发展出若干知名品牌，并受到散客旅游者的欢迎和认可。

⑥公路酒店或汽车旅馆。这类酒店多数坐落于主要公路旁或岔路口，向住店客人提供食宿和停车场，其设施与商业酒店大致一样，所接待的客人多数是利用汽车旅行的旅游者。这类酒店在公路发达的西方国家较为普遍。

（2）按规模大小分类。

酒店的大小没有明确的规定，一般是以酒店的房间数、占地面积、销售数额和纯利润的多少为标准来衡量酒店的规模，其中主要是房间数。目前国际上通行的划分标准有以下三种：

①小型酒店，客房数少于300间（有的划分为200间以下）；

②中型酒店，客房数为300~600间（有的划分为200~700间）；

③大型酒店，客房数多于600间（有的划分为700间以上）。

（3）按等级划分。

目前我国采用的是国际上比较通用的五星等级划分标准，即一星至五星，星级越高，设施和服务越好。酒店等级用星的数量和颜色来区别，一至五星级的酒店铜牌上以镀金五角星为符号，而获得“白金五星”级别的酒店，其标牌上缀有的五颗星将选用白金色。在旅行社对住宿服务的选择中，酒店的星级能够很直观地反映在旅游线路设计当中，旅游者对此也非常敏感，因为报价与住宿体验往往与酒店的星级成正比。例如准三星标准双人间表明该团为标准团，而入住海景五星总统套房则意味着该团为豪华团。

①一星级酒店：设备简单，具备食宿两个基本功能，能满足旅游者最简单的旅行需要，提供基本的服务。一般标准间面积为12~14 m^2，块料地板，一般墙面；卫生间有浴盆或淋浴，供热水6小时以上；设有餐厅、酒吧。属于经济等级，适合经济能力较差的住宿者。

②二星级酒店：设施一般，除具备客房、餐厅外，还设有购物、邮电、美容等综合服务设施，服务质量好。一般标准间面积为14~16 m^2，有空调或窗式空调，一般墙面，地毯或局部床边地毯，有彩电、电话；卫生间面积为3~3.5 m^2，有138 cm的浴盆、淋浴头、抽水马桶，全天供应热水；有中西餐供应，设有餐厅、咖啡室或酒吧，有1~3间

小宴会厅、陪同人员餐厅。属于一般旅行等级，所接待旅游者的经济能力为中下等。

③三星级酒店：设备齐全，除提供优良的食宿外，还有会议室、游艺厅、酒吧、咖啡厅、美容室等综合服务设施。标准间面积为16～20 m^2，上等地毯、墙面，有消防装置，全空调（中央空调），房内设有彩电、电话、音响、唤醒器；卫生间面积为3.5～5m^2，152 cm浴盆，配套抽水马桶、排气装置，有梳妆台的脸盆，全天供应热水；设有中西餐厅和内部餐厅、酒吧、咖啡厅等。属于中等经济水平旅游者的等级，目前最受团体旅游者的欢迎，需求量也最大。因此，此类酒店在旅行社的采购当中数量最多。

④四星级酒店：设备豪华，各种服务齐全，设施完善，服务质量优秀，店内环境高雅。标准间面积在20 m^2以上，高级地毯和各种豪华设施；卫生间面积在5～6 m^2以上，有168 cm以上浴盆、低噪音马桶、紧急呼唤器、红外线取暖器等设备；设有中西餐厅、多个小宴会厅、咖啡厅、酒吧及内部餐厅等，有较齐全的健身娱乐设施和服务项目。顾客可以在此得到物质、精神的高级享受，属于上层旅游者和公务旅行者的等级。

⑤五星级（含白金五星级）酒店：酒店的最高等级。设备十分豪华，服务设施十分齐全，服务质量高。标准间设施华贵、高雅，各种设施齐全，整个酒店可以说是一个亲切快意的小社会；设有各种餐厅和会议厅；有游泳池、网球场、桑拿、日光浴室等大型健身娱乐场地。标准间面积为26 m^2，卫生间面积为10 m^2。五星级酒店的整个标准可以用两个字——“突出”来概括。它的标准是给每位客人留下如此印象：“在此停留是一件值得记忆的事”。五星级酒店的客源主要是上层资产阶级、政府高级官员、社会名流、上层管理人员、高级技术人员、著名学者和豪华旅游团等。

（二）酒店预订渠道的选择

旅行社主要通过组团旅行社、酒店预订中心、酒店销售代表和地方接待社四个渠道预订饭店。

1. 直接预订

直接预订是指组团旅行社直接向旅游目的地酒店提出预订要求，因此也叫组团旅行社预订。直接预订酒店既有优点也有缺点，如表4－1所示。

表4－1　直接预订酒店的优缺点

直接预订的优点	直接预定的缺点
①能够直接从酒店获得客房信息，及时掌握酒店客房的出租情况； ②能直接同酒店达成预订协议，既能保证旅游者的住宿需要，又能免去中间环节所需的费用，降低采购成本； ③直接订房能够不断加强和酒店的联系，可以与之建立起密切的合作关系，为采购业务的进一步开展打下坚实的基础	①采购人员必须同所要预订的各家酒店逐一打交道，不仅在预订时要同他们联系，还要在随后寄送预订申请、确认住房人数及名单、付房费等，占用大量时间和人力； ②有时，外地的酒店未必了解组团旅行社，因而不愿意向组团旅行社提供最优惠的价格，并可能在缴纳租房金、付款期限、客房保留截止日期等方面不给予优惠

2. 代订

代订就是组团旅行社委托旅游目的地的地方接待社预订酒店，因此也叫委托预订。

委托预订酒店既有优点，也有缺点，如表4－2所示。

表4－2 委托代订酒店的优缺点

委托代订的优点	委托代订的缺点
①往往能够根据旅游者的要求，比较称心地安排酒店； ②能拿到组团社心理范围内能接受的价格； ③可以获得更多的折扣	①地接社往往截留酒店给予的一部分折扣，作为其代订的佣金； ②如果组团社不是选择具有一定经济实力和信誉的地接社或者选错了地接社，就容易造成代订失约，从而导致组团社工作的失误； ③有些时候，地处异地的组团社只能通过当地的旅行社才能预订到该地区的酒店客房

3．委托酒店预订中心预订

一些知名的国际连锁酒店拥有一个共享的客房预订中心。委托酒店集团预订中心预订的优点是方便、可靠，而缺点是选择手段单一、多次操作。

在选择预订时，组团旅行社必须分析自己的长处、短处，做到扬长避短，选择最恰当的渠道进行预订，同时与选定的酒店签订有效的协议与合同（见附录八）。

（三）客房租住价格的确定

酒店客房的价格类型主要包括门市价格、团体价格、协议价格、净价格。门市价格也就是挂牌价。公布在大堂收银处显要位置的挂牌价往往存在“虚高”现象，如普通三星级酒店标准房间挂牌价在500元左右，而前台基本以5～6折的门市价收费。据业内人士透露，原因是“挂牌价高了，显得酒店有档次”。一般情况下，协议价往往是挂牌价的4.5折，VIP会员价则可以打到4折，团体票甚至低于4折。团体价一般都是由旅行社团订，VIP会员价需要会员持卡开房。

（四）饭店客房预订程序

1．提出住房申请

申请时，旅行社采购人员应提供下列信息：

（1）旅行社名称、客房数量和类型、入住时间、离店退房时间、结算方式；

（2）旅游者国籍（海外旅游者）或居住地（国内旅游者）、旅游者姓名或旅游团队代号、旅游者性别、夫妇人数、随行儿童人数及年龄；

（3）旅游者的特殊要求，如楼层、客房朝向等。

2．缴纳预订金

每家酒店都有关于预订金缴纳的时间、缴纳预订金的比例、取消预订的退款比例等事项的规定。

3．办理入住手续

旅游团（者）在预定时间抵达酒店后，凭团号、确认函等办理入住手续。

二、餐饮服务采购

国内旅行社在采购餐饮服务时，一般采用定点的办法。所谓定点是指旅行社经过对采购的餐馆、酒店进行综合考察筛选后，与被选择的餐馆、酒店进行谈判，就旅行社的送客人数，各类旅游者、旅游团队的就餐标准、付款方式等达成协议（协议范本见附录五）。

三、购物与娱乐服务采购

安排好购物和娱乐是使旅游活动锦上添花的主要要素。在购物和娱乐的采购中，旅行社采购人员一定要树立正确的观念，全面认识购物、娱乐和旅游产品之间的关系：娱乐是旅游活动六要素之一。旅行社采购娱乐服务时，要就预订票以及演出内容、日期、演出时间、票价、支付方式等达成协议。旅游购物为非基本旅游需求，但是引导旅游者购物是接待社的主要任务之一。为使旅游者购物方便、安全，应当慎重选择旅游购物商店，并要与其建立相对稳定的合作关系。

项目 4　旅游保险服务采购

案例引入

旅游业中的旅行社责任险目前的运作较为成熟。但在过去，旅行社责任险的发展并不尽如人意，当时按照传统的商业规则运作，结果是“旅行社不满意，保险公司没兴趣”。于是，旅游业与保险业携手进行探索，考虑到旅游行业的特点——旅游活动链条长、环节多，涉及多个服务提供商，同时行业主体数量众多且分散、大部分旅行社规模较小等，逐渐形成了“化零为整”的思路，实际操作中就是“统一投保”。之后，国家旅游局启动了 2010 年度旅行社责任险全国统保示范项目，6 家保险公司联合共保。

实践证明，这一统保模式是有效的。数据显示，截至 2011 年 8 月 31 日，全国旅行社参保率达 61.43%，全国 31 个省（自治区、直辖市）中，有 29 个启动示范项目，总保费达到 1.05 亿元。目前 2012—2013 年度的续保协议已经签署，原来的 6 家公司继续共保，还有更多的保险公司也有意参与进来。

（资料来源：谢柳．中国保险报，2011－10－21.）

提出问题

在倡导保险服务社会管理创新的当下，保险业发挥其功效往往还需要一个前提条件，即准确抓住承保方的行业特点，并融入其中。在实际运作中，对责任保险的推广绝对绕不开具体的行业。结合行业特点诞生的创新性“统保”模式，让责任险在旅游行业走上了坦途，焕发了生机和活力。旅行社对保险产品提出了怎样的要求？你认为当今保险的经济性、法律性、补偿性和时效性如何体现在旅游行业之中？

我们小组的回答是：____________________

相关知识

一、旅游保险概述

根据《旅行社条例》及《旅行社条例实施细则》等相关法律，旅行社应该为旅游者提供规定的保险服务。保险服务一般由计调部门负责采购。

（一）旅行社投保责任保险的意义

（1）提高旅行社的抗御风险能力。由于自然力和非自然力的作用，旅行社存在着大量的经营风险。各种经营风险的存在，不但会给旅行社带来利益上的损失，甚至还会造成旅行社的破产。

（2）减少意外事故造成的损失。旅行社投保责任保险，有利于转移和分散旅行社因其组织的旅游活动对旅游者和受其委派并为旅游者提供服务的导游或者领队人员依法应当承担的赔偿责任，减轻旅游活动中产生的各种意外事故造成的经营风险。

（3）维护旅游者的合法权益。由于旅行社投保责任保险及旅游者投保其他旅游保险，旅游者在旅游过程中如果遇到旅游事故，其合法权益能够得到更大程度的保障。

（二）旅游保险的主要险种

（1）旅行社责任保险。旅行社责任保险是指旅行社根据保险合同的约定，向保险公司支付保险费，保险公司对旅行社在从事旅游业务经营活动中，因旅游者人身、财产遭受损害而应由旅行社承担的责任，承担赔偿保险金责任的险种。也就是承保旅行社在组织旅游活动过程中因疏忽、过失造成事故所应承担的法律赔偿责任的险种。该险种的投保人为旅行社。投保后，一旦发生责任事故，将由保险公司在第一时间对受害旅客进行赔偿。旅行社责任险具有很强的社会公益性。

（2）旅游人身意外保险。旅游人身意外保险是指旅行社在组织团队旅游时，为保护旅游者利益，代旅游者向保险公司支付保险费，一旦旅游者在旅游期间遭遇外来的、突发的、非本意的、非疾病导致的意外事故，按合同约定由承保保险公司向旅游者支付保险金的险种。旅游人身意外保险是一种短期保险，保险期限一般是指旅游者踏上旅行社提供的交通工具开始，到行程结束后离开旅行社安排的交通工具为止。该险种保的是旅游者而不是旅行社，是由旅游者自愿购买的短期补偿性险种。

（3）交通工具意外伤害保险。交通工具意外伤害保险，简称“交通险”，是指被保险乘客在登机、飞机滑行、飞行、着陆过程中，或乘坐商业营运的火车、轮船、汽车期间，即在保险期限内因交通工具意外事故遭到人身伤害导致身故或残疾时，由保险公司按照保险条款所载明的保险金额给付身故保险金，或按身体残疾所对应的给付比例给付残疾保险金，属自愿保险的个人意外交通伤害保险。

二、旅游保险主要内容

（一）保险责任

1．旅行社责任保险的主要赔偿责任

（1）因人身伤亡发生的经济损失、费用；

（2）因人身伤亡发生的其他相关费用；

（3）行李物品的丢失、损坏或被盗导致的损失；

（4）事先经保险公司书面同意的诉讼费用；

（5）发生保险责任事故后，旅行社为减少赔偿责任，抢救受伤的旅游者及施救旅游者的财产所支付的必要的、合理的费用。

2. 旅游人身意外保险的主要赔偿责任

在下列情形之一发生后，保险公司应承担的保险责任：

（1）旅游者因事故直接导致的急性病发作之日起7日内因同一原因死亡的；

（2）旅游者自意外伤害发生之日起180日内因同一原因死亡的；

（3）旅游者因意外事故下落不明，经人民法院宣告死亡的；

（4）旅游者自意外伤害发生之日起180日内因同一原因身体残疾的；

（5）旅游者在县级以上（含县级）医院或者保险公司认可的医疗机构诊疗所支出的、符合当地社会医疗保险主管部门规定的可报销的医疗费用；

（6）旅游者因急性病或意外伤害死亡后的死亡处理及遗体遣返所需的费用。

3. 交通工具意外伤害保险规定的主要赔偿责任

（1）身故保险责任。在保险期间内，被保险人以乘客身份乘坐民航客机或商业营运的火车、轮船、汽车期间因遭受意外伤害事故，并自事故发生之日起180日内因该事故身故的，保险人按“飞机意外伤害保险金额”“火车意外伤害保险金额”“轮船意外伤害保险金额”或“汽车意外伤害保险金额”分别给付身故保险金，对被保险人的保险责任终止。被保险人因遭受意外伤害事故且自该事故发生日起下落不明，后经人民法院宣告死亡的，保险人按“飞机意外伤害保险金额”“火车意外伤害保险金额”“轮船意外伤害保险金额”或“汽车意外伤害保险金额”分别给付身故保险金。但若被保险人被宣告死亡后生还的，保险金受领人应于知道或应当知道被保险人生还后30日内退还保险人给付的身故保险金。

（2）残疾保险责任。在保险期间内，被保险人以乘客身份乘坐民航客机或商业营运的火车、轮船、汽车期间因遭受意外伤害事故，并自该事故发生之日起180日内因该事故造成本保险合同所附《人身保险残疾程度与保险金给付比例表》（以下简称《给付表》）所列残疾之一的，保险人按该表所列给付比例乘以“飞机意外伤害保险金额”“火车意外伤害保险金额”“轮船意外伤害保险金额”或“汽车意外伤害保险金额”分别给付残疾保险金。如第180日治疗仍未结束的，按当日的身体情况进行残疾鉴定，并据此给付残疾保险金。

（二）保险期限

（1）旅行社责任保险的保险期限为1年。

（2）旅游意外保险期限一般是指自旅游者踏上旅行社提供的交通工具开始，到行程结束后离开旅行社安排的交通工具为止。

（3）交通工具意外伤害保险的保险期限自旅游者（被保险人，下同）持保险合同约定航班班机的有效机票到达机场通过安全检查始，至旅游者抵达目的地走出所乘航班班机的舱门时止，包括登机、飞机滑行、飞行、着陆等过程。自伤害发生之日起180日内，由保险公司按照保险条款所载明的保险金额给付身故保险金或按身体残疾所对应的比例给付残疾保险金。

（三）保险赔偿限额

1. 旅行社责任保险赔偿限额

依据2011年2月1日起施行的《旅行社责任保险管理办法》规定，旅行社办理旅行社责任保险的责任限额可以根据旅行社业务经营范围、经营规模、风险管控能力、当地经济社会发展水平和旅行社自身需要，由旅行社与保险公司协商确定，但每人人身伤亡责任限额不得低于人民币20万元。

2. 旅游意外保险赔偿限额

旅行社为旅游者办理的旅游意外保险金额不得低于以下基本标准：

（1）入境旅游：每位旅游者人民币30万元；

（2）出境旅游：每位旅游者人民币30万元；

（3）国内旅游：每位旅游者人民币10万元；

（4）一日游（含入境旅游、出境旅游与国内旅游）：每位旅游者3万元人民币。

3. 航空旅客意外伤害保险赔偿限额

不论年龄，每份保单的保险费为20元。航意险1份起卖，同一名乘客最多可买10份。保险金额包括身故及残疾赔偿20万元、意外医药费赔偿最高2万元（根据实际发生的医药费赔偿）。国内和国际航班的乘客均可购买，赔付标准是一样的。保险公司的公共交通工具意外身故伤残保障金含飞机、火车、轮船、汽车意外身故或伤残，保额最高分别可达800万元、100万元、100万元、30万元。

（四）责任免除

旅游者参加旅行社组织的旅游活动，应保证自身身体条件能够完成旅游活动。因下列情形之一造成旅游者身故、伤残或财产损害的，旅行社不承担赔偿责任：

（1）旅游者在旅游行程中，由自身疾病引起的各种损失或损害。

（2）由于旅游者个人过错导致的人身伤亡和财产损失，以及由此导致需支出的各种费用。

（3）旅游者在自行终止旅行社安排的旅游行程后，或在不参加双方约定的活动而自行活动的时间内，发生的人身、财产损害。

（五）旅游保险的办理程序

（1）选择保险公司投保。

（2）办理保险手续。

（3）赔付程序。

①提供有关资料。

旅行社责任保险：旅行社或受益人应于知道或应当知道保险事故发生之日起5日内通知保险公司，并收集相关索赔证据或证明。

旅游意外保险：旅游者（被保险人，下同）或受益人应于知道或应当知道保险事故发生之日起5日内通知保险公司，并提供旅游者死亡证书、旅游者致残证书、旅游者支出医疗费用票据等。

航空旅客意外伤害保险：旅游者或受益人应于知道或应当知道保险事故发生之日起5日内通知保险公司，并提供旅游者身故证书、旅游者致残证书、旅游者支出的医疗费用票据等。

②根据《中华人民共和国保险法》和保险公司相关规定办理索赔手续。

三、旅游保险采购业务管理

旅行社对旅游保险采购业务管理应当注重以下几个方面：

（1）建立广泛的采购协作网络。

（2）正确处理“保证供应”和“降低成本”的关系。

（3）处理好“集中采购”与“分散采购”的关系。

（4）正确处理预订和退订的关系。

（5）加强对采购合同的管理。采购合同的基本内容包括合同标的、数量和质量、价格和付款办法、合同期限、违约责任。

（6）充分利用互联网采购。旅行社可以从互联网上获得大量的信息，也可以加强旅行社与旅游供应商及旅游者需求之间的联系，使旅行社的传统经营运作方式信息化、简单化、科学化，促进旅行社采购的现代化，降低人力和资金成本。

综上所述，这些采购管理要点对旅行社其他采购项目与内容同样有借鉴意义，亦可作为旅行社采购的整体管理要点。旅行社的采购业务涉及若干企业、部门和单位，选择信誉良好、价格合理的相关企业和部门作为采购对象，并建立互利互惠的协作关系，为旅行社的经营和发展建立起一个高效、优质、低成本的旅游服务采购网络是很重要的。

本模块小结

旅行社大部分服务是向其他旅游服务企业或相关部门采购的。本章首先介绍旅行社服务采购的主要内容，即食、住、行、游、购、娱及旅游保险；其次总结了旅行社服务采购的原则和三个策略；最后探讨旅行社保险业务和常规处理办法，以及对旅行社旅游保险采购业务管理的要点。

习题与实践

1．课堂讨论题

（1）如何应用旅行社服务采购的三个策略？

（2）旅行社服务采购的内容主要有哪些？

（3）旅行社应购买哪种保险？又应主动帮助旅游者办理什么保险？

2．自测题

（1）目前，旅行社服务采购的主要项目有（　　）、（　　）、（　　）、（　　）、购物服务、娱乐服务和保险服务等内容。

（2）集中采购是旅行社以（　　）去争取最大的优惠价格的一种采购方法。

（3）旅行社的旅游交通服务采购业务主要包括（　　）、（　　）、（　　）和（　　）交通服务。

（4）旅行社采购公路交通服务，必须了解提供服务者如下信息：（　　）、（　　）、

(　　)、(　　)、(　　)、(　　) 和公司的管理状况等。

(5) 旅客火车票退票费标准新规定：自 2011 年 9 月 25 日起，火车开车前，退票费由原来按每张车票面额的 20% 计收下调为按 (　　) 计收，退票费最低按 2 元计收。

(6) 国内旅行社在采购餐饮服务时，常采用 (　　) 的办法。

3. 复习思考题

(1) 辨析“供给保证”和“成本领先”两大采购原则的关系。

(2) 辨析“集中采购”和“分散采购”两大采购策略的关系。

(3) 如何在总体上管理好旅行社服务采购业务？

4. 综合实训题

(1) 向老师和同学们介绍你已经掌握的旅行社交通服务采购的基本常识。

(2) 试为一条长线旅游线路设计详细服务采购项目与内容。

白金五星级酒店

“白金五星级”是中国星评体系中的最高级别，属于卓越的五星级酒店。与普通五星级相比，对酒店的硬件和软件都提出了更高的要求：具有两年以上五星级酒店资格；地理位置处于城市中心商务区或繁华地带，交通极其便利；建筑主题鲜明，外观造型独具一格，有助于所在地建立旅游目的地形象；内部功能布局及装修装饰能与所在地历史、文化、自然环境相结合，恰到好处地表现和烘托其主题氛围；除有富丽堂皇的门廊及入口外，酒店整体氛围极其豪华气派；各类设施配备齐全，品质一流；有酒店内主要区域温湿度自动控制系统；有位置合理、功能齐全、品味高雅、装饰华丽的行政楼层专用服务区，至少对行政楼层提供 24 小时管家式服务。

虽然在国际上有“超豪华酒店”、“世界顶级酒店”、“超五星”或“六星”、“七星”等称谓，但都没有具体的标准。而我国提出“白金五星级”这个概念，并使之成为国家标准 (GB/T 14308—2003)，这在世界上还是首例。

2007 年 8 月 16 日，国家旅游局局长、全国旅游星级酒店评定委员会主任邵琪伟为获得白金五星级酒店称谓的北京中国大酒店、上海波特曼丽嘉酒店、广州花园酒店、山东大厦四家酒店颁发证书和标牌。

模块5　旅行社产品销售

任务目标

掌握旅行社产品定价的方法，熟悉旅行社产品报价的方法，熟悉旅行社产品销售的渠道，掌握旅行社产品的促销策略与方法。

项目1　旅行社产品定价

案例引入

“十一”国庆节将至，记者走访济南海航乐游等旅行社了解到，山东省旅游市场已明显升温，各旅行社纷纷推出新产品迎接“黄金周”，国庆节期间旅游线路价格普遍涨了一至三成。

旅行社纷纷增加了特惠活动和新旅游产品。全国知名连锁机构海航乐游推出的“秒杀”活动受到市民欢迎。活动中，海航乐游组织了几条周边游的特价产品，让利于新老客户：180元的吴桥杂技大世界国庆期间报名，每人减免50元；聊城天沐温泉“秒杀”活动以160元的低价回报新老客户，并附赠海航乐游小礼品一份。活动推出以来，咨询、报名者不断。

除了“秒杀”活动，海航乐游、嘉华国旅等旅行社还针对2010年假期的特点，专门创新研发了新的旅游路线，如增加了国庆节期间的短线游，对想去周边地区自驾游的游客，旅行社也为其提供了单独销售的折扣门票。另外，海航乐游推出的“三亚蜈支洲岛纯玩品质五日游”等产品也受到市民喜爱。

国内游方面，济南海航乐游国际旅行社有限公司总经理周军介绍说，上海世博游仍是热点，此外昆明、大理、丽江的组合产品也受到游客欢迎；出境游方面，“泰国香港七日游”、“韩国双飞五日游”、“济州岛四日五日游”，新马泰、巴厘岛、普吉岛等地游也受到游客青睐。针对有些市民通过调休年假来休一个“大长假”的情况，众多旅行社还额外推出了类似“欧洲10~15日游”这样的“超长线”。

（资料来源：http://www.sd.xinhuanet.com/travel/2010-09/28/content_21016961.htm）

提出问题

旅行社产品的价格是旅行社营销活动中一个十分敏感、十分重要的因素，对价格的管理关系到旅行社营销的成败。旅行社产品需求弹性较大，它的价格直接影响到旅游者的购买行为，影响到旅行社的销售量及利润。同时，价格又是一种重要的竞争手段，尽管近年来非价格因素对旅游者选择产品的重要性日益突出，但价格仍然是买卖双方关注的核心，决定了旅行社的竞争能力，也影响到旅游者的购买选择。旅行社的产品定价是否会影响到你外出旅游的选择？影响程度有多大？

我们小组的回答是：____

____

____

一、旅行社产品价格的构成

旅行社产品的价格是由三部分构成的：旅游者的实际花费、服务费用和毛利税费。

（一）旅游者的实际花费

旅游者的实际花费包括交通费、房费、餐费、门票费、附加费、保险费、不可预见费。

（1）交通费，即旅行交通费，由旅游出发地到旅游目的地之间往返的交通费和到达旅游目的地之后游览参观时的交通费构成。一般包括航空机票费、火车票费、长途汽车和游览包车费等。

（2）房费，即旅游全程住宿费，由基本房费和房差费构成。基本房费由计划旅行地（或旅游线路）各饭店已订的客房日租单价之和组成。房差费包括：①单间房差费，即由于旅行团人数、性别构成的不同，而可能引起实用房间数超过预订客房间数所发生的单间补差；②客房时差费，即由于客人离店退房时间不同所发生的房差费；③夜房差费，即由于旅行团在晚餐后到翌日凌晨4时前抵达饭店，并占客房时发生的房差费。

（3）餐费，即旅途中的餐饮费，由基本餐费加上地方风味餐差构成。基本餐费由计划旅行时间内旅游者每天用餐收费标准之和构成。地方风味餐差，是指地接社宴请旅游者品尝地方风味的费用。地方风味餐的标费通常由当地基本餐费加上标准风味餐差构成。

（4）门票费，即游览参观点门票费。它包括各收费景点门票费、景点内环保车等垄断专营运载工具和观光索道、电梯费用等。

（5）附加费。它是指上述计划费用以外的，旅行团在游览期间临时发生的费用，包括汽车超公里费、游船（游艇）临时加收的服务费、各游览参观点由于种种原因临时加收的费用、会议室费、体育比赛场租费等。这部分费用也应按照一定的标准进行计算，并按每人每天平均计入成本。

（6）保险费，即游客旅行保险费。保险费在旅游合同中有明确约定，投保项目一般包括旅行社责任险、人身意外险、航空意外险等。

(7) 不可预见费。它是因种种不可预见情况而临时发生的费用，主要有因非旅行社直接责任引起的旅行社违约损失赔偿费，以及其他难以预料而又必须支付的费用。如飞机延误发生的费用、意外情况乘坐出租车的费用等。这部分费用也要按照一定的标准计算，并摊入收费成本。

(二) 服务费用

服务费用包括翻译导游费、领队减免费、旅行社联络交际费、旅行社其他人工成本、管理费。

(1) 翻译导游费，包括翻译导游劳务费和陪同差旅费。其每人每天收费标准根据旅游团的人数来确定，人数越少收费标准越高，反之则越低。不同人数等级旅游团的翻译导游费，由全程陪同费和地方陪同费构成。全程陪同费，也称全陪费，由全陪翻译导游差旅费加上劳务费构成。全陪翻译导游差旅费按照国内一般公务人员差旅费标准计算，包括全陪翻译导游赴首站至终站陪同期间及返程的全部交通费、住宿费、陪餐费（不含宴会）和差旅补助费。地方陪同费，也称地陪费，主要是地方陪同导游劳务费。这部分费用也是按照旅游团人数等级确定标准，并按每人每天平均收费计入导游费成本。我国各旅游相关单位一般都对导游实行免费接待，其陪同交通费、住宿费和陪餐费成本相应减免。

(2) 领队减免费，是指为了鼓励旅行团团长或领队组长带领团队发生的费用。如我国旅行社往往对10人以上团体级或大包价旅行团按照一定的标准减免领队全部或部分旅游费用，把这部分费用按人均摊入包价成本，称为领队减免费。当前，国际通行惯例是对16人以上旅行团实行“满16免1”的价格优惠，而我国大多数旅游地旅游接待单位对10人以上旅行团实行“满10免1”的价格优惠。因此，有的旅行社未将领队减免费摊入成本。

(3) 旅行社联络交际费。主要包括传真、电话、网络、业务交流、“踩线”等费用。

(4) 旅行社其他人工成本。即旅行社计调、外联、财务、办公室等部门人员的工资及其他成本。

(5) 管理费，是根据有关管理规定所发生的管理费用，包括工商年审费、财务审计费、房租费、水电费、办公费等。这些费用按照每人每天平均收费计入成本。

(三) 毛利税费

毛利税费包括旅行社的综合毛利、旅行社上缴税费。

(1) 旅行社的综合毛利，即综合服务费。由组团旅行社和地接旅行社手续费构成。这部分费用要按照旅行团人数等级和质量标准进行计算。它通常与旅行团的人数成反比，与旅行团的服务规格标准成正比。

(2) 旅行社上缴税费，即旅行社按国家规定的比例缴纳税费，包括营业税（按营业收入的5%缴纳）、城建税（按营业税的7%缴纳）、教育费附加（按营业税的3%缴纳）、地方教育费附加（按营业税的2%缴纳）等。

★ 特别提示

①关于景点门票。当前我国旅行社推出的全包价一般只包括各景点的首道门票，而

不包括景点内小景点门票和索道等其他门票。

②关于房费。房费在结算时还可能涉及延住、加床等费用。

③关于餐费。目前实际操作中，房费通常包含早餐费。

④关于不可预见费。由于不可预见费不一定每个旅行团都能用上，计算尺度比较难以掌握。因此，目前多数旅行社还没有把这项费用正式列为成本项目，只是在其他成本项目收费中考虑了这方面的因素。

二、旅行社产品定价的影响因素

影响旅行社产品定价的因素分为两类：旅行社内部因素和旅行社外部因素。

（一）旅行社内部因素

（1）旅行社产品成本。这是影响旅行社产品定价的最直接的内在因素，是旅行社产品价格构成的主体和基本要素，也是旅行社制定价格的“底线”。尽管在营销活动中，有些旅行社在某些时候采取了低于成本的定价，但这种定价一般是临时性的，不可能长期维持。

（2）旅行社营销目标。旅行社在一定时期内都有自己的营销目标，不同的营销目标对旅行社的定价会产生直接影响。如以提高市场占有率为目标，就会把价格定得稍低一些；如以盈利作为营销的首要目标，则旅游产品的价格就会定得远高于成本。

（3）旅行社产品特性。产品特性也会影响到旅行社产品的定价。如果旅行社的产品具有不可替代性，其价格的垄断性就强，可将价格定得高些。反之，如果旅行社的产品是可替代的产品，则不宜定高价，甚至还要实行削价策略以应对竞争。

（二）旅行社外部因素

（1）市场供求状况。旅行社在制订产品售价时，必须考虑售价与市场供需之间的内在联系，亦即供给量、需求量与价格之间的相互关系。在市场经济条件下，旅行社产品的价格总是受供求关系的影响围绕价值上下波动的。旅行社产品价格的高低可以调节市场需求，合理的价格还可以吸引更多的旅游者。

（2）需求弹性。需求弹性是需求量变动的百分比与价格变化的百分比之间的比值，表明的是需求对价格变动的反应程度。一般来说，旅行社产品是一种高级消费方式，比一般生活必需品需求弹性大。这就是为什么旅游业在供过于求的时候，削价竞争特别激烈的原因。这就要求旅行社在利用价格调节需求时，要充分考虑需求弹性的大小，避免价格决策的失误。另外，旅行社产品价格的高低，极大地影响到旅游者对目的地的选择、停留的时间和支出的水平，因而价格弹性系数也是旅行社制订合理的旅游地区差价、季节差价的重要依据。

（3）汇率。国际旅游业出售的旅游产品是在目的地国生产和被消费的，产品的成本和售价是以目的地国的货币计价的，在我国是以人民币计价的。当产品出售给外国旅游者时，收回的是外币，这就涉及汇率的问题。对出口国而言，如果其币值下降，则其产品在国际市场上的外币价格也下跌，出口单位产品的外币收入下降，但有利于增加出口数量；反之，如果其币值上升，则其产品在国际市场上的价格也会上升，这会抑制出口数量，但出口单位产品的外币收入会增加。

（4）季节性。一般情况下，旅行社在旅游旺季会保持其产品定价不变或上调定价，在旅游淡季则往往将产品定价适当调低。

另外，在外部因素当中，市场竞争状况、宏观经济环境也对旅行社产品的定价具有一定的影响作用。

需要特别说明的是旅游产品定价应与汇率变化呈反比例变化，即在人民币贬值时，为避免由于汇率变化带来的损失，旅行社应适当提高产品的外汇价格；在人民币升值时，为避免因价格的实际上涨而失去客源，旅行社应适当降低产品的外汇价格。

三、旅行社产品定价的策略

旅行社产品定价策略是旅行社在一定的经营环境中，为实现自身经营目标所采取的定价方针和价格竞争策略。旅行社经常使用的定价策略主要有：

（一）新产品定价策略

为迅速打开市场、占有市场并获得满意利润，新产品往往采用较为灵活的定价策略。主要有三种策略可供选择。

（1）撇脂定价策略，即高定价策略，是在新产品推向市场时，确定较高的市场销售价格，以期在较短时间内获得高额利润、及时回收成本投资。该策略适用情形：产品特色明显、产品垄断性强且竞争对手短期内难以仿制。

（2）渗透定价策略，即低定价策略，是一种低价进入市场的策略。将新产品以较低的销售价格投放到市场，以期迅速扩大产品销售量，获得较大市场占有率。该策略适用情形：供给同种产品的竞争对手较多，产品的可替代性大或产品被仿制的可能性大，不易被企业所垄断，或者是消费者对价格很敏感，只有低价才能有效刺激需求。

（3）适宜定价策略，即匀称定价策略，是将新产品的市场销售价格定在高定价和低定价之间。该策略适用情形：需求弹性大和非垄断性的新产品。

旅行社新产品定价策略的选择标准如表5－1所示。

表5－1　旅行社新产品定价策略的选择标准比较

选择标准	撇脂定价策略	渗透定价策略
市场需求	高	低
与竞争产品的差异性	大	小
价格需求弹性	小	大
扩大接待能力的可能性	小	大
旅游者购买力水平	高	低
仿制难易程度	难	易
市场潜力	小	大
投资回收方式	迅速	逐渐

（二）心理定价策略

心理定价策略是为了迎合和刺激旅游者的购买心理，区别不同旅游产品而采取的灵

活的定价策略。常用的心理定价策略有：

（1）尾数定价策略，又称零头定价策略，是为给旅游者一种价格低廉、旅行社定价认真准确的心理印象而采取的产品定价策略。旅游者在购买旅行社产品尤其是单项服务产品时，习惯上乐于接受尾数价格而不喜欢整数价格。因此，旅行社经常在定价时给出带尾数的价格，使旅游者获得一种享受折扣优惠的印象。尾数定价策略多适用于散客旅游产品和单项旅游服务产品的定价。

（2）声望定价策略，又称整数定价策略，多见于在旅游市场上享有较高声誉的旅行社及其产品，该定价策略适用于价格较高的旅行社产品，如豪华旅游、团体全包价旅游等。这种定价策略容易使购买这类产品的旅游者产生"货真价实"、"一分钱一分货"的感觉，有利于提高产品的形象。

（3）招徕定价策略，又称特价定价策略，是旅行社用低价、减价等方式吸引旅游者购买。这种策略是为迎合多数旅游者的求廉心理而实施的。如旅行社推出的"特价旅游线路"，不仅可以吸引旅游者购买，还可在旅游者购买时向其推荐旅行社其他产品。

（4）系列定价策略，又称分级定价策略，是旅行社根据不同层次旅游者的消费心理，将功能相近的旅游产品分成几个不同档次，分别制订相应的价格，以便于不同层次的旅游者购买。如旅行社常将产品价格定为经济、标准、豪华等不同价位。

（5）吉祥定价策略，又称偏好数字定价策略，是旅行社根据不同国家和地区的风俗、习惯、文化传统和价值观，有意识地选择消费者偏爱的数字，定出使其称心如意的价格。

（三）折扣定价策略

折扣定价策略是指旅行社为了扩大产品的销售量，加快资金回笼，根据不同的交易方式、购买数量、时间等，在基准价格的基础上，对旅游者或中间商实行一定幅度的折扣或让利的定价策略。折扣形式有很多，常用的折扣定价策略有：

（1）数量折扣策略，亦称批量折扣策略，是旅行社为鼓励中间商大量购买，根据其购买的数量或金额而给予不同的折扣优惠。具体又分为累计数量折扣和一次性数量折扣。

（2）现金折扣策略，亦称提前支付折扣策略，是指旅行社对按期或提前付款的购买者给予一定比例的价格优惠，以鼓励购买者提前付款，尽快收回货款，减少利息损失，降低坏账风险。

（3）功能折扣策略，亦称交易折扣策略，是指旅行社对提供产品宣传、推销、服务等的中间商给予一定的价格折扣或佣金。旅行社通过采取此种策略可以减少营销费用。

（4）季节折扣策略，亦称季节差价策略，是旅行社根据客流量在不同季节和不同地区的不均衡性，采取季节或地区差价。如旺季高价，淡季低价，热点高价，冷点低价，有时甚至还采取了周末价和平时价等。

四、旅行社产品定价的方法

根据生产经营成本、市场需求和竞争状况，对旅行社产品进行价格计算和确定。旅行社产品定价的方法有以下几种。

（一）成本导向定价法

（1）成本加成定价法，就是在产品单位成本的基础上，再加上一定比例的预期利润来制订销售价格。计算公式：

单位产品价格 = 单位产品成本 ×（1 + 加成率）

= 综合服务成本 ×（1 + 利润率）+ 交通费 + 房费 + 餐费 + 门票 + 专项附加费

（2）目标利润定价法，是根据旅行社预期的总销售量与总成本，确定一个目标利润的定价方法。计算公式：

单位产品的价格 =（预期总成本 + 预期总利润）/ 预期销售量

（二）需求导向定价法

需求导向定价法是以旅游市场上需求的强度和旅游消费者对产品价值的理解和认知为基础确定产品基本价格的方法。

（三）竞争导向定价法

竞争导向定价法是一种以市场上竞争者的类似产品的价格为主要定价依据，为应对竞争而采取的定价方法。常用的有两种定价方法：

（1）随行就市定价法。根据同行业的一般价格水平作为定价的标准，是一种稳妥的定价方法，可以减少风险，与竞争对手和平共处。

（2）产品差别定价法。这是一种进攻型定价方法，低于竞争对手价格可以提高市场占有率，高于竞争对手价格则可以树立旅行社形象。

项目2 旅行社产品报价

案例引入

近日从市内各大旅行社获悉，国庆“黄金周”刚过，冬季出境游产品就已经“上架”。由于航空机票、酒店订房、旅游用车等旅游接待资源采购价格较之前下降，本时期旅行社推出的冬游产品平均价格较前期价格下降20%左右，最大降幅达5 000元。

据介绍，采购价格下降，冬游线路的团费价格处于全年低位水平，是旅游市场多年的价格规律。不少旅游线路都会以“年度最抵”的形象“上架”，如原价9 399元的“直航俄罗斯经典7天”，冬游最低价只需6 599元；原价11 999元的“直航美国西海岸9天”，冬游最低价只需9 699元；原价3 699元的“直航巴厘岛超值休闲5天”，冬游最低价只需2 999元。这些低价冬游线路对广大市民非常有吸引力。

（资料来源：山西新闻网，2011-10-24.）

提出问题

旅行社对外销售的综合旅游产品即旅游线路的介绍，通常包括产品的主要内容（涉及食、住、行、游、购、娱等的详细说明），但通常产品价格只标有一个数据，并不说明价格是如何构成的。你知道旅行社产品的价格是由哪些部分构成的吗？

我们小组的回答是：____

____

____

旅行社产品的报价是将产品的内容结合价格，以信息的形式传递给旅游者和中间商的工作过程。

一、旅行社产品报价的类别

（1）按报价主体分类，可分为组团报价和地接报价。组团报价是组团社向旅游者报价；地接报价是地接社向组团社报价。

（2）按报价对象分类，可分为对旅游者报价和对中间商报价。组团社对旅游者的报价主要通过媒体或门市部进行；地接社针对中间商或组团社的报价主要通过网络、传真等方式进行。

（3）按报价内容分类，可分为总体报价和单项报价。总体报价主要是针对旅游者或组团社的咨询，单项报价主要是对旅游中间商和组团社。

（4）按报价范围分类，可分为外宾报价和内宾报价。外宾报价主要针对国外旅游者，所报价格包括综合服务费、大交通、房费、景点第一道大门门票，其中综合服务费包括餐费、区域内车费、导游服务费。内宾报价主要针对国内旅游者，所报价格包括大交通、房费、餐费、车费、景点第一道大门门票、导游服务费。

二、旅行社产品报价的方法

旅行社产品报价的类别不同，报价的方法也不同。这里仅介绍地接报价和组团报价的方法。

（一）地接报价

地接社向组团社报价的方法如下：

1. 计价

地接社在报价之前首先要做的是计价，即地接社按照组团社的线路日程要求，分项确定每位旅游者应支付的各项费用，包括房费、餐费、交通费、门票、导游服务费、利润等。

（1）住宿：a 元/间·人

（2）用餐：b 元/人

（3）交通：c 元/人

（4）景点门票：d 元/人

（5）优秀导游服务：e 元/人

2. 报价

地接社将价格和行程传真给组团社，后电话报价，并要求组团社确认价格，同时将旅游团名单回传。

产品价格 = a 元/间·人 + b 元/人 + c 元/人 + d 元/人 + e 元/人 = p 元/人

总团款 = p 元/人×旅游团人数

全陪费：f 元

合计：p 元/人×旅游团人数 + f 元

3. 计价说明

(1) 每位游客的住宿费按合同房价（双标间房价÷2）×天数计算。出现单间要补单间房价差。

(2) 用餐费按每餐标准（包括早餐和正餐）×行程需就餐的次数计算。

(二) 组团报价

组团社向地接社报价的方法如下：

1. 产品报价

×××元/人

2. 服务标准

(1) 交通：大交通为往返飞机（火车），小交通为国产豪华旅游车。

(2) 住宿：三星级或同级酒店。

(3) 导游：全程优秀导游服务。

(4) 用餐：正餐八菜一汤。

(5) 门票：旅游行程内景点第一大门门票。

(6) 保险：旅游保险、旅行社责任险。

3. 地接社价格构成

(1) 住房：a 元/间·人

(2) 用餐：b 元/人

(3) 交通：c 元/人

(4) 景点门票：d 元/人

(5) 优秀导游服务：e 元/人

4. 组团报价

(1) 地接报价：$(a+b+c+d+e)$ 元/人

(2) 全陪费：f 元

(3) 代办人身意外险：g 元/人

(4) 每客利润：h 元/人

(5) 产品最终报价：×××元/人

5. 报价说明

一般16人以上派全陪。不足16人时如客人要求派全陪，全陪费用按客人实际人数分摊计价。

针对旅行社的旅游保险主要有两个：一是旅行社责任险，二是旅游人身意外伤害险。同时常见的还有航空保险，旅行社报价中均不含航空保险（赠送除外），需要客人自己购买。

项目3　旅行社产品销售渠道选择

案例引入

投资旅行社有前景吗？如果你询问每一个旅行社从业者，其回答是不同的。不论结果如何，中国旅行社的数量每年都以6.74%的速度增长。到2007年年底，全国的旅行社数量已经达到19 720家，而旅行社的毛利率却只有6.52%，净利率更低，为0.66%。这么低的毛利率和净利率是非常让投资人担心的，因为中国旅行社的利润来源除了销售产生的利润之外，再没有什么利润可言。所以，中国的旅行社与其他行业相比就显得特别弱小。行业内部的分工不明确、旧的《旅行社管理条例》限制旅行社分支机构的设立，使得这个行业变得“散、小、弱、差”。投资旅行社想获得收益，就必须将旅行社做大做强。做大做强，就必须建立全国统一的数量庞大的分支机构，像保险公司一样建立起团队旅游服务产品的分销渠道。旅行社如果没有产品的分销渠道，做得再好也不过是一个小企业而已。

（资料来源：http://www.1711.com/blog/article/242156.html.）

提出问题

旅行社要想做大做强，就必须要有自己的分支销售机构，或者代理销售网络。旅行社在什么情况下应该建立自己的分支机构（即分社和门市部），在什么情况下应该委托中间商代理销售旅行社的产品呢？

我们小组的回答是：____

____

____

相关知识

一、旅行社产品销售渠道的类型

销售渠道是指某种商品从生产者到消费者手中所经过的各个销售环节连接起来而形成的渠道。销售渠道决策是指某一产品的生产者如何选择最有利的销售渠道并管理这一渠道。产品的性质和质量各有差异，市场的广度也不尽相同，因而它们的销售渠道也不一样。总的来说，销售渠道分为两种：一种称为直接销售渠道，即产品由生产者直接销售给消费者。另一种称为间接销售渠道，即产品由生产者经过一道以上的中间商再销售给消费者。

（一）直接销售渠道

直接销售渠道又称零环节销售渠道，是指在旅行社和旅游者之间不存在任何形式的中间环节，旅行社将产品直接销售给旅游者的一种销售渠道。直接销售渠道一般分为两种形式：一种是旅行社直接在当地旅游市场上销售其产品；另一种是旅行社在主要客源地区建立分支机构（分社或门市部），通过这些分支机构销售旅行社的产品。

直接销售渠道是一种产销结合的产品销售方式，其优点在于：

（1）简便。旅行社直接向旅游者销售其产品，手续简便，易于操作。

（2）灵活。旅行社在销售过程中可以随时根据旅游者的要求对产品进行适当的修改和补充。

（3）及时。旅行社通过直接向旅游者销售产品，可以及时将旅行社开发的最新产品尽快送到旅游者面前，有利于旅行社抢先于竞争对手占领旅游市场。

（4）附加值高。旅行社在销售某产品时可以适时向旅游者推荐旅行社的其他产品（如回程机票、车票，品尝地方风味餐等），提高产品的附加值。

（5）销售成本低。直接销售渠道省去了旅行社和旅游者之间的中间环节，节省了支付给旅游中间商的手续费、佣金等销售费用。

直接销售渠道的主要不足之处是覆盖面比较窄和影响力相对较差。旅行社受其财力、人力等因素的限制，难以在所有客源地区均设立分支机构，从而使旅行社在招徕客源方面受到限制。

（二）间接销售渠道

间接销售渠道是指旅行社通过旅游客源地旅行社等中间环节将旅行社产品销售给旅游者的途径。按照销售渠道所包含的中间环节数量，间接销售渠道又划分为一层分销渠道、二层分销渠道和多层分销渠道。

间接销售渠道具有许多明显的优点：

（1）影响面广。旅游中间商往往在客源地区拥有销售网络或同当地的其他旅游机构保持着广泛的联系，能够对广大的潜在旅游者施加影响。

（2）针对性强。旅游中间商对所在地区旅游者的特点及其需求比较了解，能够有针对性地推销最适合旅游者需要的产品。

（3）销售量大。旅游中间商是以营利为目的，专门经营旅游业务的企业，具有较强的招徕能力，能够成批量地购买和销售旅行社的产品。

间接销售渠道的主要缺点是销售成本高。由于间接销售渠道中存在着一个或多个中间环节，导致旅行社产品的最终价格提高，容易对旅行社产品的销售量造成一定的消极影响。

二、旅行社产品销售渠道的选择

（一）直接销售渠道与间接销售渠道的选择

直接销售渠道与间接销售渠道各有利弊。旅行社应该在什么情况下选择直接销售渠道，在什么情况下选择间接销售渠道呢？以下四个方面的标准可作为参考的依据。

（1）与客源市场的距离。这是指旅行社所在地与目标客源市场所在地之间的距离。当目标客源市场距离旅行社较近或者与旅行社同在一个城市或地区时，旅行社应选择直接销售渠道，以达到节省销售费用、准确把握旅游者的需求变化与动向、及时改进产品

质量的目的。当目标客源市场较远时，旅行社应选择间接销售渠道。

（2）客源集中程度。旅行社应该在客源集中的旅游市场上选择直接销售渠道，以获得降低销售成本和直接招徕旅游者的效果。对于那些范围广、潜在旅游者非常分散的客源市场，旅行社则应选择间接销售渠道，以广泛招徕旅游者。

（3）旅行社自身条件。旅行社的自身条件包括旅行社的声誉、资金、管理经验和对销售渠道的控制能力等因素。如果旅行社拥有良好的声誉、丰富的管理经验、充裕的资金和较强的分销渠道控制能力，应该选择直接销售渠道；如果旅行社不具备上述条件，则应该选择间接销售渠道。

（4）经济效益。旅行社还应该根据不同销售渠道给旅行社带来的经济效益来决定选择哪种分销渠道。一般来说，旅行社通过旅游中间商销售其产品所获得的销售收入要低于由旅行社直接进行产品销售所获得的收入，因为旅游中间商要将产品销售的部分收入留下，作为它帮助旅行社销售产品的报酬，因而使旅行社的产品销售利润降低。然而，旅行社通过旅游中间商进行产品销售可以节省数目可观的销售费用，从而降低旅行社产品的销售成本，并提高旅行社的利润。因此，旅行社应该对实际经济效益进行对比，以选择经济效益比较好的销售渠道。

（二）间接销售渠道选择的策略

在国际旅游市场中，我国旅行社大多采用间接销售渠道，其中有三种销售渠道策略可供选择。

1．广泛性销售渠道策略。

广泛性销售渠道策略是一种以建立广泛而松散的销售网络为手段，扩大产品销售量的分销渠道策略，其目的是建立一个由大量旅游中间商组成的销售网络。在这个网络里，旅行社与其合作伙伴达成默契，由后者向前者提供客源，并由前者根据销售额给予后者一定的佣金。双方之间不存在严格的相互约束关系。前者可以接待由销售网络以外的旅行社所组织的旅游者，后者也可以向前者的竞争对手提供客源。

广泛性销售渠道策略的优点是：

（1）销售范围广。旅行社可以通过客源地较多的旅游中间商推销其产品，方便旅游者购买，有利于扩大产品的销售范围。

（2）联系面大。旅行社通过客源地众多的旅游中间商进行产品销售，有利于加强同广大旅游者及潜在旅游者的联系，能够逐步树立起旅行社在客源地旅游市场的形象。

广泛性销售渠道策略的缺点是：

（1）销售成本高。旅行社必须同客源地较多的旅游中间商保持联系，无论后者提供多少客源，旅行社都必须经常与他们保持联系，并因此花费大量的通信费用和其他销售费用，增加了产品的销售成本。

（2）合作关系不稳定。广泛性策略对旅行社及其合作伙伴均无严格的约束，双方只是根据各自获利的情况来决定是否继续合作，难以保持稳定的合作关系，因此导致旅行社产品销售量的不稳定。

2．专营性销售渠道策略因此

专营性销售渠道策略是指旅行社在某一个客源市场只同当地一家旅行社建立合作关

系，双方互为对方在当地的独家代理或总代理。换言之，前者只向后者提供产品，后者则只向前者提供客源，双方均不得在当地同对方的竞争对手进行业务往来。

专营性销售渠道策略的优点是：

（1）销售成本低。由于旅行社在一个地区或国家只同一个合作伙伴发生业务往来，所以通信、业务谈判等产品销售方面的费用比广泛性策略节省很多，有利于销售成本的降低。

（2）合作关系稳定。专营性策略对双方都具有较强的约束力，同时双方的经济利益比较一致，能更好地相互支持与合作，使合作关系保持稳定。

专营性销售渠道策略的缺点是：

（1）市场覆盖面窄。专营性策略要求旅行社在一个市场只能选择一个合作伙伴，是一种排他性的销售方式。这样，旅行社就无法接触该地区的其他旅游中间商。旅行社产品的销售量受到合作伙伴经营能力的严格限制，不利于扩大产品的销售范围。

（2）风险大。采用专营性策略的旅行社完全依赖其合作伙伴在客源市场上进行产品销售。如果后者经营失误，前者就可能蒙受一定的经济损失。

3. 选择性销售渠道策略

选择性销售渠道策略是指旅行社在一个市场上仅选择少数几个在市场营销、企业实力、信誉和市场声誉等方面具有一定优势的旅游中间商作为合作伙伴的策略。

选择性销售渠道策略的优点是：

（1）销售成本低。由于构成分销渠道的合作伙伴数量较少，所以同广泛性渠道相比，旅行社用于销售方面的成本较低，有利于增加旅行社的利润。

（2）市场覆盖面宽。同专营性渠道相比，选择性渠道所接触的旅游者更为广泛，从而使旅行社的产品能够在当地市场上具有较宽的覆盖面。

（3）合作关系稳定。选择性渠道的合作伙伴同旅行社的业务往来比较多，双方在产品经营方面有着共同的业务兴趣和经济利益，因而在选择性渠道中双方的合作关系比较稳定，很少会发生广泛性渠道常见的合作伙伴“跳槽”的现象。

选择性销售渠道策略的缺点：

（1）施行难度大。旅行社产品在旅游市场上经常处于买方市场，旅行社寻找理想的合作伙伴难度较大。

（2）具有一定风险。如果旅行社选择的合作伙伴不当，可能对产品销售造成不利影响。

（三）旅行社选择中间商的标准

无论采用广泛性、专营性和选择性销售渠道策略中的哪一种策略，旅行社选择间接销售渠道即意味着要对旅游中间商进行选择。旅行社在选择中间商之前，先要分析并明确自己的目标市场，建立销售网络的目标，产品的种类、数量、质量，旅游市场需求状况和销售渠道策略，在此基础上才能有针对性地选择适合自己需要的中间商。

1. 经济效益

旅行社应该选择长期成本最低、利润最大的销售网和中间商。经济效益要求注重风险和利润的对称。一般来说，风险小，利润也小；风险大，利润也大。旅行社应该根据

自己的经营实力，在利润大小和风险高低之间进行平衡和选择。

2. 商誉和能力

在旅行社业内，信誉是很重要的因素。中间商应该有良好的信誉和较高的声誉，并具有较高的推销和偿付能力。中间商的声誉将决定旅游者对它的信任程度，进而直接影响中间商的推销能力。中间商的偿付能力又是双方合作的经济保障。

3. 市场一致性

中间商的目标群体必须与旅行社的目标市场相吻合，在地理位置上应接近旅行社客源较为集中的地区，这样便于旅行社充分利用中间商的优势进行产品推销。旅行社选择的旅游中间商应在地理位置上接近客源相对集中的地区，并在此基础上考虑中间商的目标群体与旅行社的目标市场是否一致。

4. 规模与数量

旅行社在同一地区应当选择适当数量、适当规模的中间商，以避免造成广告和推销方面的重复和浪费。中间商过多，会增加交易次数，也会增加产品的成本；中间商过少则可能形成垄断局面。中间商规模过大，虽然实力强大，组团能力强，但也常常机构繁多，并且容易形成垄断性局面；中间商规模太小，组团能力差，则不利产品推销。

5. 依赖性

中间商对旅行社的依赖程度将决定中间商的工作努力程度。旅行社应依据实际情况，选择一定比例的具有较强依赖性的中间商。

6. 合作意向

旅行社应通过不同的渠道了解中间商是否有意和旅行社合作，因为在选择中间商的同时，中间商也在选择旅行社，这是一个相互选择的过程。

（四）旅游中间商的日常管理

旅游中间商的日常管理包括建立客户档案、及时沟通信息、实施客户评价、采取折扣策略和适当调整中间商五项内容。

1. 建立客户档案

旅行社应该按照旅游中间商的名称建立起完整的客户档案。旅行社在档案中记录每一个旅游中间商的历史和现状、输送旅游者的人数、频率、档次、欠款情况、付款时间等信息。通过对这些信息的分析和研究，旅行社销售人员能够对不同旅游中间商的能力、信誉、合作程度、合作前景等做出判断和预测，并据此对他们分别采取相应的对策。

2. 及时沟通信息

及时沟通信息是旅行社加强对旅游中间商管理的重要措施之一。旅行社及时向旅游中间商提供各种产品信息有助于旅游中间商提高产品推销的效果。同时，旅行社也能够根据旅游中间商提供的市场信息改进产品的设计，开发出更多适销对路的产品。

3. 实施客户评价

旅行社应对客户档案中的信息进行评价，以掌握每一位旅游中间商的现实表现及合作前景。客户评价包括：

（1）积极性。客户的积极性是配合旅行社销售工作的最好保证。许多旅行社产品是由旅游中间商卖出去的，其积极性直接影响着销售效果。

（2）经营能力。经营能力的强弱标志着旅游中间商销售能力的大小，也直接影响旅行社产品的销售业绩的好坏。旅行社在衡量中间商经营能力时应重点考察其经营手段的灵活性、经营管理能力和市场覆盖面等指标。

（3）信誉。旅游中间商的信誉是旅行社与其合作的基础，旅行社必须密切注意旅游中间商的信誉状况。

4. 采取折扣策略

折扣策略是以经济手段鼓励旅游中间商多向旅行社输送客源、调节旅游中间商输送旅游者的时间或鼓励旅游中间商及时向旅行社付款，以避免不良债权的重要方法。折扣策略包括数量折扣策略、季节折扣策略、功能折扣策略和现金折扣策略四种类型。

5. 适当调整中间商

旅行社在管理旅游中间商的过程中还可以根据旅游市场、旅游中间商和旅行社的自身发展等因素的变化对与之合作的旅游中间商做适当的调整。当旅游市场、旅游中间商、旅行社自身任一方发生变化时，旅行社应该对旅游中间商进行调整。

项目4　旅行社产品促销

案例引入

2010年11月17日上午，四川冬季旅游产品推介会在首尔韩国大酒店举行，韩国旅游业界、航空公司和新闻媒体80余人参加了推介会。11月18日上午，四川冬季旅游产品推介会在釜山Commod酒店举行，釜山旅游业界、航空公司及新闻媒体70余人参加了推介会。九寨沟景区管理局向代表致辞并详细介绍了冬季九寨沟旅游产品，HANATOUR中国旅游线路销售代表根据自己的亲身体会对四川九寨沟线路进行了绘声绘色的讲解和介绍。到场的各旅行社代表对四川冬季旅游线表现出极大的兴趣，不时对线路产品信息进行记录和咨询。同时，四川旅游促销团成员积极与韩国旅行社、媒体进行了充分的交流与沟通。四川省各大景区、酒店和韩国旅行社、航空公司积极支持和配合本次促销，提供了首尔—成都、成都—九寨沟免费机票和九寨沟天府喜来登国际大酒店、成都洲际大酒店免费住宿等奖品用于推介会抽奖活动，气氛热烈而友好。四川冬季旅游产品推介会受到韩国媒体的关注，KBS电视台、东亚日报、MBC电视台对推介活动进行了采访。

11月17日下午，促销团一行拜访了韩国乐天观光旅行社，乐天观光的中国部负责人接待了代表团一行。乐天观光中国部负责人介绍了在韩国销售四川旅游产品的现状，表示明年要将四川作为销售重点，希望明年得到四川省旅游局及业界的大力支持。

（资料来源：http://www.sc.gov.cn/lyyw/201011/t20101124.1087021.shtml.）

提出问题

为了向韩国业界推荐高品质的冬季旅游产品，吸引更多的韩国游客在冬季来四川旅

游观光，四川省旅游局组织九寨沟、峨眉山、西岭雪山、九寨沟喜来登国际大酒店、四川省中国青年旅行社、成都海外旅行社及四川铁路青年旅行社在韩国举行了上述一系列四川冬季旅游产品宣传促销活动。此次活动采取了政府搭台、企业主导、整合营销、产品落地的宣传促销方式，以市场为导向，依托韩国最大的HANATOUR旅行社，专项推介九寨沟、峨眉山线路产品。上述案例中采用了哪些促销策略与方法？

我们小组的回答是：____

____

____

相关知识

一、旅行社产品促销策略

促销是市场营销组合中一项重要的因素。旅行社经营活动的成功，不仅取决于产品的设计、价格的制订和销售渠道的选择，还取决于旅行社能否将产品的信息及时有效地传递给旅游者，这个信息传递的过程就是促销。

旅行社产品促销策略是通过多种方法去告知并说服现有的和潜在的旅游者，旅行社的旅游产品是符合他们需要的。这些交流工具主要包括广告、推销推广、直接营销、宣传册、公共关系、互联网、促销活动等。

促销要素的选择要依据具体的环境，特别是旅游需求的特点进行。在旅行社营销策略中，促销具有催化作用，促销的主要功能是刺激交易。一项成功的促销策略会实现原本不会发生的交易，因为促销通过促进信息的流动，说服旅游者做出购买决定。

一项整体的促销策略是由多种不同的促销方法组成的。在设计促销方法时，必须使这些方法能让特定的目标市场接收到强烈而正确的信息。制定促销策略应依据以下步骤进行：

（一）确定目标受众

目标受众是被挑选来接受信息的人群。旅行社应确定是旅游中间商和旅游者都要接受所要传达的信息，还是只要求向旅游中间商和旅游者中的一方传递信息。

（二）确定促销目标和工作

促销目标包括要完成什么工作及预期的客户反应，促销工作就是围绕这一目标展开的。也就是说，促销的目标是预期的结果，促销工作必须指出如何实现这一结果，而促销组合则要说明使用什么促销工具。

（三）确定促销费用

通常很难确定促销费用。虽然有很多方法可以帮助估算促销费用，但在旅游业中常用的方法是支付可能法、竞争对抗法和目标达成法。

（1）支付可能法。旅行社根据一个特定时期内自己的支付能力来确定促销费用。这种方法的缺点是导致了年度促销费用的不确定性，给长期营销规划的制订带来困难。

（2）竞争对抗法。这种方法是指旅行社参照竞争者的促销费用来决定自己的促销费用。实际上，许多人认为这种方法欠科学且效率较低，因为它假设竞争者的促销策略是有效率的。

（3）目标达成法。这种方法是确定旅行社促销费用的最适当的方法。这种方法要求旅行社尽可能详细和功能化地将促销目标描述清楚，完成目标的工作也必须确定下来，然后计算出完成这些工作所需要的成本。对于旅行社而言，这些工作是指各种促销手段的应用。一旦旅行社的促销目标和所需的费用被清晰地确定下来，就可以确定促销组合了。

（四）确定促销组合

确定促销组合就是要确定各种促销方法的运用程度。在某些情况下，各种促销方法是可以互换的，但无论如何，要对它们进行明智的组合。

在一个特定的市场状况下，确定适当的促销组合时应考虑的因素如表5－2所示。

表5－2　决定促销组合的因素

因素类型	具体构成
产品因素	旅游产品的特点、产品的生命周期阶段
市场因素	预期的风险、竞争的激烈程度、市场需求情况
旅游者因素	游客量、游客的集中程度
费用因素	促销的费用来源、传统的促销情况
促销组合策略	分销策略、市场的地理范围

促销组合是由可相互替换的促销要素组成的，其中某些要素特别适合于某个特定的目标。确定促销组合的最大的挑战就是挑选最乐观有效的方法的组合。对旅游业而言，广告是最有效的促销工具，因为它可以在一个较低的成本水平上将信息传达给一个较大规模的目标市场。为实现促销目标的实现，各种不同的促销手段和工具应同步使用。

（五）评估和控制促销活动

评价促销活动的基本方法有：

（1）为促销确定清晰的目标。目标清楚了，才能用它来检验促销结果。

（2）比较促销的实际效果和预期效果。

（3）评价和改善利用促销研究和经营判断的综合效果。

旅行社在制订和评价促销组合策略时，应该注意促销活动需要相互协调，因为各种促销要素之间是相互联系的。促销应该可信，欺骗的行为会导致旅游者的不满，进而影响旅行社的信誉。有效的促销虽然很重要，但它只是整个营销活动的一部分。旅行社只有实现了产品、价格、分销渠道和促销各方面的综合良好表现，才能更好地实现其经营目标。

二、旅行社产品促销方法

（一）广告促销策略中的促销方法

1. 自办媒体广告

自办媒体是旅行社开展广告促销活动的重要工具，其优点是旅行社能够自主选择宣

传对象，提高广告的命中率。自办媒体广告主要采用的方法包括建立户外广告牌、散发广告传单、发放载有企业或产品信息的纪念品。

2. 大众传播媒体广告

大众传播媒体是旅行社开展促销活动中经常利用的广告信息传播渠道，具有形象生动、影响力强和传播范围广的特点。大众传播媒体广告包括报纸广告、杂志广告、广播电台广告、电视广告等。

3. 联合广告

联合广告是许多中小型旅行社或由某种旅行社产品为了达到促销的目的所采取的一种广告形式。联合广告分为旅行社之间联合广告和产品导向联合广告两种形式。

（1）旅行社之间联合广告。在旅行社行业中，绝大多数的旅行社是中小型企业，拥有的资金不多，往往难以在产品促销广告上投入大量资金。然而，随着旅行社产品市场竞争日趋激烈，旅行社必须设法利用大众传播媒体开展促销活动，以提高旅行社及其产品在广大旅游者中的知名度，扩大产品的市场份额，增加经济收益。面对这种困难局面，不少中小型旅行社采取联合广告的方式，即由参与的旅行社共同出资在报纸、杂志、电视、广播电台等大众传播媒体上刊登广告，为其产品做广告宣传。

（2）产品导向联合广告。产品导向联合广告是指旅行社为了促销某种产品，联合某些与该产品有关的其他旅游企业如旅游景点、饭店、餐馆、航空公司等共同出资在大众传播媒体上刊登广告，进行宣传促销的一种广告促销方式。这种联合广告既使旅游者了解到有关的产品信息，又使每个参与促销的企业节省了一部分广告费用，取得少花钱多办事的良好效果。

4. 互联网广告

近年来，随着信息产业的迅速发展，越来越多的旅行社已经开始认识到网络的功能和作用，选择在互联网上开展广告促销活动。作为新兴的媒体广告形式，互联网广告具有传播范围广、交互性强、成本低等优点，因此成为旅行社行业日益重视的一种促销工具。

（二）直接营销策略中的促销方法

1. 人员推销

人员推销是指旅行社为达到推销其产品的目的，派出推销人员直接上门拜访潜在旅游者或客户的一种促销方式。推销人员通过与潜在旅游者或客户的直接接触，向他们推荐旅行社的产品，解答他们提出的各种问题，引导消费并设法取得购买旅行社产品的合同。人员推销的方法包括人员接触、会议促销、讲座促销。

2. 电话营销

旅行社的销售人员根据事先选定的促销对象名单逐一给他们打电话，介绍产品信息，征求他们对产品的意见，并询问他们是否愿意购买这些产品。电话营销有两种形式：一种是使用自动播音设备向对方介绍产品、联系方法、购买产品的途径，但是不直接回答对方提出的问题。另一种是由推销人员在电话里向旅游者介绍旅行社的产品，同时还回答对方提出的问题，引导对方选购旅行社的某些产品。这一种方式的成本较高，一般只用于重要的客户。

3. 直接邮寄

旅行社将载有产品信息的旅游宣传册、旅行社产品目录、产品广告传单等促销材料直接邮寄给旅游者和客户。旅行社在邮寄这些材料时应附上印有旅行社通讯地址和贴上邮票或已付邮资的信封以方便和鼓励对方回信。直接邮寄受空间和时间的限制较少，能够接触到较多的旅游者和客户。此外，直接邮寄在各种直接营销形式中的成本最低。但是，同前两种方式相比，直接邮寄从对方处得到的反馈率较低。尽管如此，直接邮寄所得到的信息反馈仍高于各种广告促销形式，是许多旅行社喜欢采用的一种促销方法。

（三）营销公关策略中的促销方法

1. 新闻发布会

旅行社营销公关的最常用方法是向新闻媒体发送消息，通报有关的特殊旅游产品及其他旅游方面的消息。旅行社在开发出新产品后，可采取新闻发布会的形式向旅游者及客户进行介绍，需注意所发送的消息必须及时、有新闻价值，且能够吸引听众对产品的注意力，以便刺激他们购买这种产品的兴趣。

2. 熟识旅行

熟识旅行是指旅行社邀请旅游新闻记者或旅游专栏作家免费旅行的一种公关活动，旨在使他们对旅行社的产品产生浓厚的兴趣并留下深刻的印象，回去后撰写有关旅行社产品的介绍性文章和报道。

3. 邀请旅游中间商

旅行社邀请旅游中间商前来对旅行社的有关产品进行实地考察是一种行之有效的营销公关活动。通过这种公关活动，旅行社既能够促进同旅游中间商之间的合作关系，又能够使他们加深对旅行社产品的认识，以便在今后的推销活动中对旅行社的产品进行更加有利的宣传和促销。

4. 专题讲座、学术会议

旅行社可以通过举行专题讲座或赞助学术会议的方式宣传旅行社最新设计和开发的产品，并吸引公众对这些产品的关注。这种方法尤其适用于推销公众不熟悉的自然景观和人造景点。

（四）营业推广策略中的促销方法

1. 竞赛

竞赛是旅行社营业推广的一种形式，如针对某项旅行社产品知识的有奖竞赛、关于某个旅游目的地情况的有奖竞赛等。在举办这种竞赛时，旅行社通常提供具有一定价值的奖品或前往某个旅游目的地的奖励性旅游作为公众参与竞赛的奖品。通过参加竞赛，公众对于举办竞赛的旅行社及其产品产生一定的印象甚至好感，有利于旅行社产品在今后的销售。

2. 价格促销

价格促销是指旅行社通过短期降低产品价格来吸引旅游者和客户购买的一种促销方法。营业推广的价格促销不同于旅行社因市场需求变化所采取的降价行为。价格促销是旅行社以临时性的价格下调来吸引旅游者的注意，并吸引旅游者在旅行社所希望的时间内大量购买旅行社的产品。当旅游者对产品产生良好的印象后，旅行社还会将价格恢复。

旅行社的价格促销多集中在重大节日随后的几天、新产品试销期间等特殊时期。

3. 特殊商品促销

旅行社利用特殊商品进行促销也是一种营业推广策略。旅行社以赠送印有旅行社名称或产品名称的T恤衫、钥匙链等方式，向旅游者或客户提供有关旅行社产品的信息。这种营业推广策略可以使旅行社收到对其自身及其产品进行"口头宣传"的效果。

（五）互联网促销策略中的促销方法

1. 利用互联网促销的必要性

互联网促销适应旅游市场的发展趋势。随着旅游设施的不断完善和旅游者自主意识的增强，散客旅游日益成为旅行社业务的重要组成部分。然而，散客旅游者具有居住地相对分散、出行时间的随意性强和需求多样化的特点，旅行社的传统促销手段往往难以直接对其产生较大的影响，从而加大了旅行社对散客市场的促销难度。网上促销可以解决这方面的难题。由于每一个电脑网络终端都联系着潜在的散客，旅行社开辟网站和E-mail信箱能够为招徕散客提供便利，从而及时将产品信息传递给分散居住的散客旅游者。

2. 互联网促销策略中的具体方法

旅行社采用互联网进行促销，可以采用下列方法：

（1）精心设计旅行社网页。网页设计必须以顾客为中心，更多地反映顾客群体的需要，为潜在顾客提供深层次的产品信息。研究表明，旅游者希望在旅游活动开始之前能够通过互联网观看到旅行社产品所涉及的旅游目的地的风情照片、录像片段等资料，并能够同已经消费过该产品的人互动交流，以获得有关旅行社产品的详细信息。因此，旅行社应注重网上信息的有用性，使顾客通过旅行社网站能轻而易举地找到他们需要的信息。旅行社应在互联网上提供图文并茂、用语生动、丰富及时的产品信息，以激发上网者的出游欲望。

（2）加强网上交流。旅行社互联网促销的最终目标，是赢得顾客信任和忠诚，从而获得理想的客源和效益。为了实现这一目标，旅行社应该为散布在世界各地的上网者提供网上交流的平台，使上网的旅游者之间可以相互交谈，互诉旅游心得体会。满意的顾客在网上的实话实说，对旅行社来说无疑是最好的促销，比任何动听的促销语言都可信得多。同时，旅行社应授权其员工通过电子邮件、在线论坛等方式与网上顾客交流，及时答复网上顾客的要求和询问。这种交流有助于消除旅行社和顾客之间的信息交流"瓶颈"，及时、有效地解决网上顾客的问题，从而为旅行社赢得更多的忠诚顾客。

（3）提高网站访问量。互联网促销能否成功的最基本因素是旅行社网站或网页的访问者数量和访问次数。因此，旅行社应采取有效的宣传策略，使更多的网民了解和访问旅行社的网站或网页。这些宣传策略包括：在旅行社发行的小册子、印刷品中印上旅行社网址；在电视广告、广播广告中宣传旅行社的网络站点；向顾客发送电子邮件；在热点网站、旅游相关部门，特别是饭店、旅游交通部门的网站中链接旅行社的网址。

本模块小结

本模块首先介绍了旅行社产品价格的构成、旅行社产品定价的影响因素、旅行社产品定价的策略与方法；其次，在此基础上，对旅行社产品报价的方法进行了说明；最后就如何选择旅行社产品的销售渠道以及如何进行旅行社产品促销进行了细致的探讨。

习题与实践

1. 课堂讨论题

(1) 在旅行社产品销售中，常常有拼团的做法。什么是散客拼团?

(2) 什么是组团社? 什么是地接社?

(3) 什么是单房差?

2. 自测题

(1) 旅行社产品的价格是由三部分构成的：(　　)、(　　) 和 (　　)。

(2) 旅行社新产品定价策略有 (　　)、(　　) 和 (　　) 三种。

(3) 旅行社产品报价按报价主体分可分为 (　　) 报价和 (　　) 报价。

(4) 当目标客源市场距离旅行社较近或者与旅行社同在一个城市或地区时，旅行社应选择 (　　) 销售渠道。

(5) 旅游中间商的日常管理包括 (　　)、(　　)、(　　)、(　　) 和 (　　)。

3. 复习思考题

(1) 广泛性、专营性、选择性销售渠道策略各自的优缺点是什么?

(2) 如何制订促销策略?

4. 综合实训题

(1) 了解当地一条旅游线路，分别模拟地接社报价和组团社报价。

(2) 了解当地一家旅行社的主要促销手段，分析这些手段的利弊。

旅行社产品销售技巧

人有三个规律，第一个规律叫做选择性认知；第二个规律叫做排斥；第三个规律是人在追寻目标时，盲点可以被打开，是什么目标呢? 快乐和痛苦。所以，对于大多数旅游产品销售人员来说，也有两个目标：一是把好处说够，一是把痛苦说透。

旅游产品销售是与人打交道的，是一个交流的过程，所以要学会换位思考，不能盲目乐观。你以为给客户讲明白了，但实际上他还没有听明白。做旅游产品销售的人，要思考我们为客户提供什么服务，才能受到客户的欢迎，因为所有的旅游产品销售都是建立在为客户服务的基础上的。如果你仅仅是想：我想卖东西，我想跟客户说事情。那么，

你将是个不受欢迎的人。

如果我们能随时想到客户，站在客户的立场上去想，我们就能做好旅游产品销售。

在旅游产品销售的过程中，有两个关键：一是策划，二是沟通。

在策划时，一是要判断理想的客户。我们说旅游产品销售是有个漏斗的，漏斗的上方是我们的一群准客户。我们经过筛选以后，漏下来的是我们的优质客户，优质客户经过我们的沟通后就成为成交客户。

我们在旅游产品销售的过程中，在筛选的过程中，在判断优质客户的过程中，要知道哪些是优质客户，哪些不是优质客户；要知道哪些客户需要暂时放一放，哪些需要深入接触。“人怕见面，树怕扒皮”，所以电话接触谈得不透的，就跟他见面；见面跟他谈得不太好的，就跟他身边的那些人约见。这当中都有可能把商机转回来。

所以说，我们常常可以把一些死单做活，把一些小单做大，就是因为我们站在客户的角度上去考虑问题。

人情练达才是绝招。

旅游产品销售感悟：人性中都有这样一个特点，喜欢追求快乐而逃避痛苦，旅游产品销售是做人的生意，所以我们要了解心理学，要了解“人们追求快乐而逃避痛苦”这样一个规律。

（资料来源：http://blog.sina.com.cn/s/blog_ 77f2818d0100ra87.html）

模块6　旅行社接团与发团

任务目标

掌握团体旅游和散客旅游接待服务的过程，熟悉旅行社对各类接待管理的要点，了解地接社选择的标准，掌握组团社发团作业流程。

项目1　团体旅游接待

案例引入

国庆长假，全国各大景区人头攒动，本市（天津市）各景区也吸引了大量游客，蓟县毛家峪村农家院每天接待的游客数量达到4 000人，客房爆满。与之相对的是，本市多处工业游景点却是人流稀少，有的景点竟然关门谢客，假日不对外开放。这不但让普通市民无法参观游览，更让外地一些趁假日特地来津参观的游客很失望。那么是什么原因造成目前一些工业游景点的冷清景象呢？

近日，记者采访多家工业游景点，负责人均异口同声地告诉记者，他们的景点只接待团体，不接待散客；团体人数最少也要达到20人以上。其中一家工业游景点负责人介绍，他们景点科普游团队人数要达到55人以上，健康游团队人数要达到35人以上，而且要提前3~4天预约，否则不予接待。还有一些工业游景点负责人告诉记者，之所以不接待散客，是由工业游性质所决定的。不同于其他旅游，工业游更适宜团队集体参观游览，这样可以一次性安排讲解、参观；如果接待一个个的散客，企业就要花费太多的精力。南开大学旅游专业的专家指出，工业游也可以接待散客，比如可以采取电话预约制，在景点把散客临时集合起来参观，这并没有太大难处。天津大学两位大二学生告诉记者，他们很喜欢工业游，但因为是散客多次被景点拒绝。无奈之下，他们找到旅行社，但旅行社接待人员告诉他们不负责散客拼团，太麻烦，只接待单位集体预定。企业景点不接待散客已给游客造成不便，旅行社也把散客往外推，这到底又是什么原因呢？一位业内人士透露，一些旅行社感到组织工业游利润太薄，积极性不高，再加上接待散客太麻烦，所以不愿给散客拼团。

（资料来源：陈忠权．天津日报—数字报刊，2011－10－27．有改动）

提出问题

旅游者的旅游消费是旅行社的收入来源，因此旅行社要尽量满足旅游者的需要。无论旅游者是以团体的形式集中出现，还是以散客的形式零散出现，旅行社都应通过提供高质量的旅游服务来实现自身经济效益与社会效益的双丰收。但案例中的情况也是事实，团队接待业务是我国旅行社目前接待业务的主要类型。请尝试分析工业旅游接待团体游客的好处是什么？团体游客的特点有哪些？

我们小组的回答是：______________________________

____

____

相关知识

一、团体旅游的类型与接待特点

团体旅游接待是指地方接待旅行社根据与组团旅行社签订的销售合同所规定的内容，向其招徕的旅游团提供服务的过程。接团服务的过程，是旅行社对团队食、宿、行、游、购、娱的具体组织过程，也是旅游者具体消费其购买的旅游产品的过程。

（一）团体旅游的类型

1. 入境团体旅游

入境团体旅游是指由旅游目的地国家或地区的旅行社到其他国家或地区招徕旅游者，或者委托境外的旅行社等机构进行招徕，并将旅游者组织成 10 人以上（含 10 人）的团队前来旅游目的地国家或地区的旅游活动。入境旅游团体由境外启程，在旅游目的地国家的口岸入境，并在境内进行一段时间的游览参观活动，最后从入境的口岸或另外的开放口岸出境返回原出发地。

2. 出境团体旅游

出境团体旅游是指旅游客源国或地区的旅行社招徕本国公民，并将他们组织成 10 人以上（含 10 人）的旅游团队前往其他国家或地区进行的旅游活动。出境旅游团体由本国或本地区启程，在旅游目的地国家的口岸入境，并在境内进行一段时间的游览参观活动，最后从入境的口岸或另外的开放口岸出境返回本国或本地区。

3 国内团体旅游

国内团体旅游是指一个国家的旅行社招徕本国公民，并将他们组织成 10 人以上（含 10 人）的旅游团队，前往国内的某个或某些旅游目的地进行的旅游活动。国内团体旅游包括旅游团队前往附近的旅游目的地进行的短途旅游和前往其他省（直辖市、自治区）旅游目的地进行的省际旅游。

随着社会和经济的发展，除了一般意义上观光旅游的旅游团体外，现在涌现出越来越多形式的、有特殊要求的旅游团体，如会议旅游团体、商务旅游团体、修学旅游团体。

（二）团体旅游的接待特点

1. 计划性强

接团工作的第一个显著特点就是计划性强。在旅游团队出发之前，组团社就要同旅游者及各地接待社签订旅游合同及旅游接待协议。这种合同或协议是旅行社同旅游者之间、组团社和接待社之间的契约性文件。团队每天的日程安排、食宿地点、娱乐活动、上下站之间的衔接，都必须事先按接待协议拟定计划。计划中的每个环节都是环环相扣、相互联系的，一个环节出现纰漏，就有可能影响整个旅游活动的正常进行，甚至给旅游者带来经济损失和消极心理影响。因此，严格地按照旅游接待计划安排每一次旅游接待工作，是接待社的职责。但是，团体旅游接待计划往往会受到各种因素的干扰而被迫发生变更，如政治原因、气候问题、交通问题等多种原因迫使团体旅游不能按原计划正常进行，或者是所订机票、车票发生变化，与原计划不符。这时需要及时通知下一站接待社，避免发生团队漏接的情况，或者征得旅游者同意后建议组团社更改车次或航班，以免造成重大损失。

2. 综合性强

接团工作是一项综合性很强的工作。接待一个旅游团队常常要在几天之内，由好几个城市的数家旅行社及几十家提供食、住、行、游、购、娱等服务的企业，按预定程序提供相应的服务才能完成。接待社需要和组团社、各供应单位协同工作，地方导游员需要和领队、全程陪同人员相互沟通、现场联络，才能顺利完成接待工作。此外，在实际的接待过程中还常常会发生预计不到的变化（如航班延误）或者旅游者本身的意外（如伤病），也可能发生由于上站旅行社的工作失误打乱接待计划的情况。因此，要做好这项综合性和协调性都很强的接待工作，必须有一套科学而严密的制度，如岗位责任制、信息传递制度、上下班及上下站交接制度以及发生事故的应变处理方法。

3. 对导游员的组织协调能力要求高

团体旅游接待对旅行社接待人员，特别是导游员的接待技能要求比较高。导游员每天不但要提供大量的讲解翻译服务，安排好旅游者的饮食起居，还要随时协调各方面的关系，解决各种预料不到的问题，调解各种纠纷。这对导游员的独立工作能力、组织协调能力及应变能力都提出了较高的要求。

二、导游员接待团体旅游的服务过程

导游员是团体旅游接待服务的主体，在不同服务程序当中应做好相应工作。其服务过程为：

（一）在团体旅游接待服务开始前做好准备工作

导游员在接到接待旅游团的任务后、实际对客服务开始之前，要做好充分的准备工作，这是导游员做好接待工作的重要前提。

（1）熟悉接待计划。接待计划是旅行社组织安排旅游团活动日程的契约性文件，也是导游员了解旅游团基本情况和安排具体活动日程的主要依据。导游员应在旅游团到达之前认真阅读旅游接待计划和相关资料，详细、准确地了解该旅游团的服务项目和要求。

（2）落实接待事宜。导游员应在旅游团抵达的前一天，与有关部门或工作人员一起

落实旅行车辆、住房用餐、行李接送、游览景点等诸方面事宜。导游员应当树立起高度的责任感，事前多检查、核实，即时发现问题，解决问题，防止事故问题的发生，确保旅游接待各环节工作的有序进行。

（3）做好其他方面的准备工作。导游员在执行接待任务之前，除了要熟悉接待计划、落实接待事宜之外，还要做好其他方面的一些准备工作，包括必要的物质准备、知识准备，一定的心理准备、形象准备也是必不可少的。

（二）在团体旅游接待服务实施过程中提供优质服务

导游员在对客服务的过程当中要认真落实接待计划，提供优质导游服务。实施接待阶段是导游员接待工作的主要内容，也是旅行社接待业务流程的核心和关键。在实施接待阶段，导游员要做好以下工作。

（1）迎接旅游团。在迎接过程中，导游员应使旅游团得到及时、热情、友好的接待。导游员应提前到达接站地点，做好准备工作；旅游团到达之后，导游员要迅速找认旅游团，向旅游团致欢迎辞，做好沿途导游服务工作。

（2）带领参观游览。参观游览活动是旅游者旅游活动的核心部分，也是导游员接待工作的中心环节。在参观游览过程中，导游员要努力确保旅游团参观游览的安全、顺利，详细介绍参观游览对象的特点、历史背景、艺术价值等情况，使旅游者对参观游览的对象有全面、深入的了解。

（3）其他服务。除了参观游览活动外，其他活动也是旅游生活中必不可少的部分，是参观游览活动的继续和补充。导游员应当主动为旅游者安排好文明、健康、有益的各种活动。这些活动主要有文娱活动、购物和特色餐饮等。

（4）欢送旅游团。旅游团结束在旅游地的参观游览活动后，导游员应认真细致地做好接待阶段的最后工作——欢送旅游团。在送客阶段，导游员工作的重点是做好促进工作和弥补工作，对于之前工作中出现的问题和缺陷，抓住最后的机会加以弥补，把旅游者的不良心理反应降到最低。同时，在这一阶段导游员要一如既往地热情服务，让旅游者高兴而来，满意而归，留下美好的记忆。

（三）在团体旅游服务结束后及时总结

旅游团离开旅游地并不意味着导游员接待工作的结束，导游员送走旅游者之后还有一些后续工作要完成。导游员要及时处理旅游团的遗留问题，同有关部门结清相关账目，同时还要认真总结，填写相关的陪同日志。旅游中若出现重大事故，导游员还必须写出书面的事故报告。

三、旅行社对团体旅游接待的管理

（一）准备接待阶段的管理

1. 委派适当的导游员

接待部门在接到本旅行社销售部门或客源地组团旅行社发来的旅游计划后，应根据计划中对旅游团情况的介绍和所提出的要求，认真挑选最适合担任该旅游团接待工作的导游员。为了能够做到这一点，接待部门负责人应在平时对本部门导游员的性格、能力、知识水平、身体条件、家庭情况、思想状况等进行全面了解，做到心中有数。当接待任务下来时，接待部门负责人便能够根据旅游团的特点，比较顺利地选择适当的导游员承担接待任务。

例如，在接待专业旅游团时，接待部门负责人应选择在该专业领域具有一定知识的导游员担任接待人员，以便在接待过程中能够以其较为丰富的专业知识使旅游者感到熟悉和亲切，增加相互之间的共同语言，有利于导游员更好地为旅游者提供接待服务。又如，在接待主要由中年妇女组成的旅游团时，接待部门负责人应为她们挑选一位年龄相仿、对商店购物比较在行的女导游员。这样导游员比较理解旅游者的心理，能够提供具有针对性的服务，使旅游者感到满意。

2. 检查接待工作的准备情况

接待部门负责人应在准备接待阶段注意检查承担接待任务的导游员准备工作的进展情况和活动日程的具体内容。对于进展较慢的导游员，应加以督促；对于活动日程中的某些不适当安排，应提出改进意见；对于重点旅游团的接待计划和活动日程，应予以特别关照；对于经验较少的新导游员，则应给予具体的指导。总之，接待部门负责人应通过对接待工作的准备情况进行检查，及时发现和修补漏洞，防患于未然。

（二）实际接待阶段的管理

1. 建立请示汇报制度

旅游团接待工作是一项既有很强的独立性又需要由旅行社加以严格控制的业务工作。一方面，担任旅游团接待工作的接待人员特别是导游员应具有较强的组织能力、独立工作能力和应变能力，以保证旅游活动顺利进行。那种动辄就请示汇报，不肯动脑筋或不能动脑筋主动想办法解决问题，遇到困难绕着走的人不能够胜任独立接待旅游团的重任。另一方面，凡事不请示、不汇报，特别是遇到旅游接待计划须发生重大变化的情况也不请示，擅作主张，甚至出了事故隐匿不报的做法也是错误的。

为了加强对旅游团接待过程的管理，旅行社应根据本旅行社和本地区的具体情况，制定出适当的请示汇报制度。这种制度既要允许接待人员在一定范围内和一定程度上拥有随机处置的权力，以保证接待工作的高效率，又要求接待人员在遇到旅游活动过程中的一些重大变化或发生事故时及时请示旅行社相关管理部门，以取得必要的指导和帮助。只有建立和坚持这种适当的请示汇报制度，才能保证旅游团的接待顺利进行。

2. 抽查与监督接待现场

除了建立适当的请示汇报制度以保证接待人员能够将接待过程中发生的重大情况及时准确地传达到旅行社接待部门，使接待部门负责人和旅行社总负责人等有关的管理人员能够随时掌握各旅游团接待工作的进展情况外，旅行社还应建立旅游团接待现场抽查和监督的制度，由接待部门负责人或总负责人等在事先未打招呼的情况下，亲自到旅游景点、旅游团下榻的饭店或旅馆、就餐的餐馆等旅游团活动的场所，直接考察导游员的接待工作情况，并向旅游者了解对接待工作及各项相关安排的意见，以获取有关接待方面的各种信息。旅行社接待管理人员通过现场抽查和监督，可以迅速、直接地了解接待服务质量和旅游者的评价，为旅行社改进服务质量提供有用的信息。

（三）总结阶段的管理

1. 建立接待总结制度

为了达到提高旅游团接待工作效率和服务质量的目的，旅行社应建立总结制度，要求每一名接待人员在接待工作完成后对接待过程中发生的各种问题和事故、处理的方法及其结果、旅游者的反映等进行认真总结，必要时应写出书面总结报告，交给接待部门负责人。接待部门负责人应认真仔细地阅读这些总结报告，将其中的成功经验加以宣传，使其他接待人员能够学习借鉴，并将接待中出现的失误加以总结，提醒其他人员在今后的接待工作中避免犯同样的错误。通过总结，达到教育员工、提高接待水平的目的。

2. 丰富总结方式

接待部门负责人还可以采用其他方式对旅游团接待过程进行总结。例如，旅行社接待部门负责人可以采用听取接待人员当面汇报，要求接待人员就接待过程中发生的重大事故写出书面总结报告，抽查接待人员填写的陪同日志、全陪日志、领队日志等接待记录等方式。通过这些总结方式，旅行社接待部门负责人能够更好地了解旅游者接待情况和相关服务部门的协作情况，及时发现问题，采取补救措施。总之，旅行社接待部门负责人通过总结旅游团接待情况，不断积累和推广经验，以便进一步改进产品、提高导游人员业务水平和完善协作网络。

3. 处理旅游者的表扬和投诉

处理旅游者对导游员接待工作的表扬和投诉是总结阶段中旅行社接待管理的另一项重要内容。一方面，旅行社通过对优秀工作人员及其事迹的宣扬，可以在接待人员中树立良好的榜样，激励旅行社接待人员不断提高自身素质。另一方面，接待部门负责人通过对旅游者提出针对导游员接待工作投诉的处理，既教育了受批评的导游员本人，也对其他接待人员进行了警示，使大家在今后的接待工作中不再犯类似的错误。

四、团体旅游接待的行李业务

行李运送和托运工作是团队接待工作的一个重要组成部分，是指旅行社在旅游团乘坐飞机、火车、轮船等长途交通工具进行城市间旅行时，代其办理行李托运手续的业务。行李运送和托运中某一个环节的疏忽，如行李丢失、损坏或未及时送达，都会影响旅游者的情绪，并最终影响团队接待质量，因此必须重视对行李业务的管理。

（一）行李的托运

1. 民航部门行李托运

旅游团在境内或境外旅行时经常选择飞机作为交通工具，其行李也同时交给有关的民航部门承运。旅行社行李员应熟悉民航部门就旅客行李托运按照国内航线或国际航线做出的不同规定，及时为旅游团办理行李托运手续。

2. 铁路部门行李托运

旅游团乘坐火车进行城市间旅行时，一般将行李随身带上所乘坐的车厢，按照铁路部门的规定整齐地放在车厢内的行李架上。有时候，由于所带的行李过多或过重，旅行社行李员应提供代办行李托运手续的服务，由铁路部门按照规定将旅游团交运的行李放到其所乘列车的行李车上随旅游团一同运往目的地。办理列车行李托运手续时，旅行社行李员应将旅游团交运的行李提前运到火车站，并持旅游团火车票到行李托运处办理行李托运手续。其主要步骤为：

（1）向火车站行李托运处的有关人员出示旅游团的火车票，并提出托运行李的申请；

（2）经同意后，将交运的行李交行李托运处人员过磅；

（3）按照交运行李的重量向行李托运处交纳托运费；

（4）向行李托运处有关人员索取行李托运票。

（二）行李的交接程序

交接行李是旅行社行李员同旅游团的领队、全程导游员和地方导游员之间运送和清点旅游团行李方面的一项重要工作。旅游团行李交接的程序分为接受行李和运送行李两个部分。

1. 接受行李程序

旅行社行李员按照旅游活动日程的安排，准时到达旅游团即将抵达的飞机场（火车站或码头），主动与接待该旅游团的导游员进行联系，准备接受行李。接受航空行李程序分为接受乘坐国际航班入境的旅游团行李和接受乘坐国内航班的旅游团行李两种程序。

（1）接受入境旅游团行李。旅行社行李员在接受乘坐国际航班入境的旅游团行李时，应等旅游者将行李领出集中后，与领队、全程陪同导游员和地方导游员一起清点行李件数。地方导游员在行李卡上签字后，由行李员将行李装上行李车，及时送到旅游团下榻的饭店或旅馆。

（2）接受国内航班旅游团行李。在接受乘坐国内航班抵达的旅游团行李时，旅行社行李员应主动向该旅游团的领队或全程陪同导游员索要行李卡，并持行李卡向机场行李处领取行李。领出行李后，行李员应对照行李卡认真清点行李。清点无误后，行李员应将行李全部装上行李车，并及时运送到旅游团下榻的饭店或旅馆。旅行社行李员在将旅游团行李送到饭店或旅馆后，必须与饭店、旅馆的行李员办理行李清点和交接手续。

2. 运送行李程序

旅游团离开本地前往外地或境外旅行时，负责接待的旅行社应提供运送行李的服务。运送行李的程序包括下列内容：

（1）旅行社行李员到接待部或计调部领取工作任务单；

（2）行李员按照任务单上规定的时间准时乘行李车到达旅游团下榻的饭店或旅馆；

（3）旅行社行李员同饭店或旅馆的行李员或总服务台有关人员办理行李交接手续，并在行李清点无误后，在行李卡上签名；

（4）旅行社行李员将行李全部装上行李车，运往飞机场（火车站或码头）；

（5）如果运送乘坐国内航班旅行的旅游团行李，行李员应在飞机预定起飞时间前一个半小时将行李运到飞机场，办理行李托运手续；

（6）如果运送乘坐国际航班旅行的旅游团行李，行李员应在飞机预定起飞时间前两个小时将行李运到飞机场，并协助旅游者办理行李托运和过磅事宜。

五、特殊团队的接待

特殊团队是指有别于一般旅游、观光团队，具有显著特点的旅游团队。旅行社在作业安排时，不能等同于一般观光团的操作，应根据他们的自身特点，有针对性地组织操作和接待。

（一）会议旅游团

会议旅游是利用召开各种会议的机会，在会前、会中或会后组织与会者参加的一种旅游考察活动。

1. 会议旅游的特点

（1）消费较大。会议参加者为了学术交流或某些业务目的而来，旅行的开支多由公司或集体负担，因而他们对住宿、饮食的要求高、花费大。

（2）时间较长。参加会议旅游的人，既要参加会议，又要旅游，所以比一般旅游者所逗留的时间要长。

（3）计划性强。每次会议旅游需要多少房间、交通工具、服务力量等，均需事先做出切实的计划和安排，以提高各种服务的效率，保证会议旅游的接待质量。

（4）补充淡季客源。会议旅游多在旅游淡季举行，因而这种旅游能弥补淡、旺季的收入差异，提高经济效益。

2. 旅行社提供会议旅游的业务范围

旅行社能为会议旅游提供的服务一般是：

（1）代订会场、住房、餐饮、酒会、风味品尝、文娱演出等；

（2）提供机场、车站、码头接送及会议期间的用车；

（3）在饭店和机场设服务台，为参会者提供报到、会议和旅游咨询服务；

（4）组织会议期间代表们的观光游览；

（5）为外国代表确认回程机票；

（6）编印各类通知、文件、画册及论文集等；

（7）安排路线不同、时间长短相间的会前会后旅游；

（8）根据会议主题或与会者的要求安排专业参观。

（二）海外旅游商或新闻记者邀请团

旅行社为了对外推销旅游线路，特别是新的旅游产品，常常会邀请海外旅游商或新闻记者前来考察，使他们通过实地观察了解本地区旅游业的情况，并产生组团来本地区旅游的愿望。这种邀请考察团的组织接待情况，将直接影响到旅行社是否能够开辟海外或外地旅游客源市场。因此，旅行社应该注意以下一些方面：

（1）邀请对象要有针对性。要根据推出线路的目标市场，选择目标市场实力强、潜力大、信誉好并有合作意愿的海外旅游商。新闻记者则要选择目标市场上对旅游者有较强影响力的电视、杂志和报纸的文字记者和摄影记者，以便得到理想的推广效果。为了旅行社组织接待和考察人员活动的便利，考察团规模一般以20~30人为宜。

（2）精心设计最佳的旅游线路，还要派专人预先按路线具体落实各地的准备工作。每个地方突出什么，活动、交通、住宿、膳食怎么安排，要反复检查确认。

（3）配备最佳导游员。能否选择好导游员，是邀请团活动成功与否的关键。要选择有经验而又学识丰富的导游，讲解既要深入浅出，又要妙趣横生，给旅游商或记者留下深刻的印象。

（4）邀请团在考察过程中的活动，尤其是交通、住宿、参观游览、文娱活动等的安排，应与将来旅行社组团的活动基本一致。

（三）修学旅游团

修学旅游是通过旅游活动接受教育、学习语言、增加对不同国家文化的了解的一种旅游活动。修学旅游团成员人数众多，一般在300～500人之间，但人员构成比较单一，多由教师和学生构成，平均年龄较小。他们停留时间一般较长，在一个星期以上。因此，基于修学旅游团人数多、时间长、活动范围大、内容多的特点，在接待的具体操作上、安排上必须谨慎、细心，从宏观调控到微观调节一步不漏。为此，安排、接待修学旅游团这样的大型团队，必须注意以下一些问题：

1．*制订完整的书面计划书*

书面计划书一般由以下几部分组成：

（1）接待体制图，包括一般事故对策与紧急事故对策；

（2）与各有关接待单位的联络事项、要求、时间，以及配合细则；

（3）团队的详细信息；

（4）团队的行程示意图；

（5）团队每日的活动内容，包括参观游览活动、与当地大中小学生的联谊活动、晚上的文娱活动等；

（6）目的地的概况，包括风俗、气候、交通、饮食、住宿、特产、节庆活动及注意事项等。

2．*召开动员会*

团队到达前，应召开参加本次接待工作人员的动员会。会议内容包括：

（1）强调做好接待服务的重要性；

（2）要求每个导游员根据日程安排计划，事先准备有针对性的导游词；

（3）要求统一服装、标牌、胸卡，准备好导游旗、话筒、对讲机等途中用品；

（4）配备一名随团医生，准备好各种药品。

3．*在旅游团抵达前夕做好准备工作*

（1）仔细研究确认各游览点停留时间及各车辆如何调度；

（2）确定游客就餐时的桌号，重点游客和我方领导应放置桌签；

（3）与各有关单位再次确认活动日程和确切的时间；

（4）检查接待人员的精神准备和物质准备，通知每人的车号、游客数、房号；

（5）部门经理亲自到机场或码头查看迎接团队的场地、乐队站立的位置以及停车点；

（6）安排专人提前入住饭店，与客房部经理等共同检查房间内各种设施是否完好可用；

（7）与车队联系，安排好出车顺序，车上贴好醒目车号和标志。一个旅行社接待的组织能力和指挥能力是非常重要的，如果没有精心周密的设计和踏实的组织工作，将难以顺利、圆满地完成大型团的接待任务。

（四）专业交流团

专业交流团是指为了进行某项专业活动，如医疗保健、文化研习、商业考察、体育活动等，具有交流和旅游双重目的的旅游团队。专业旅游的特点是专业性强，旅游者往往是某一领域的专家。所以接待专业旅游团，除了提供一般性的服务外，还要有专业人员衔接好专业活动与一般性旅游活动，从而提高旅游接待的服务质量。

（五）残疾人旅游团

接待残疾人旅游团，最重要的是细心热忱。在生活服务方面，一定要细致周到，想方设法为他们提供方便，如安排随团医生、护士、按摩师等；在导游工作方面，应尽量满足他们的要求，如果团员中有聋哑人，导游员应能用手语解说；在日程安排方面，要考虑到残疾人的身体条件和特殊需要，时间应较为宽松，所去景点应便于残疾人行动。

项目 2　散客旅游接待

案例引入

“想自己出门自由自在地好好玩几天，但就是找不到合适的半自助游项目。”近日，准备休年假的市民王先生打算到南方城市旅行。为了更随意地支配时间，他选择了半自助游，但问了不少旅行社却发现，除了可供选择的线路较少外，出行的费用也比跟团贵很多。

王先生告诉记者，因为跟团出行线路和时间相对固定，有些想逛的地方逛不到，因此自己打算通过旅行社预订机票和宾馆。“现在出行主要考虑的问题就是交通和住宿，自己网上订购太麻烦，而且还可能因为不了解情况出现纠纷。如果能通过旅行社解决这些问题，就省去了上网搜索和比较的麻烦。”但在实际预订的过程中，王先生发现，多数旅行社对半自助游项目并不上心，不是线路单一，就是提供一些散客旅游服务。

10 月 14 日，记者对省城多家旅行社半自助游项目进行了调查。在千佛山路的一家旅行社，工作人员告诉记者，现在到南方只有两条前往云南和海南的半自助游线路，价格分别为 2 000 多元和 3 000 多元，都比相同线路跟团的价格贵。而在历山路附近的一家旅行社，工作人员表示现在还不能提供此项业务的专业服务，即使接待此项服务，价格也要比跟团的价格高。

历山路附近另一家旅行社则表示，可以提供多条线路的半自助游服务，但却没有明确的业务信息和服务标准。旅行社的一名工作人员告诉记者，这种半自助游的旅行团没有固定的价目表，游客需要自己规划出行的具体时间、出游天数，然后旅行社才能根据这些信息临时帮助订购机票、酒店。

（资料来源：任志方．齐鲁晚报，2011－10－24.）

提出问题

随着自驾游、生态游、乡村游、体验式项目等旅游业发展新亮点的出现，散客业务必将有一个迅猛的发展。但当今的旅行社为何对案例中半自助游甚至此类散客业务不感兴趣呢？现在旅游者大都是随团出行，旅行社可以介入的环节也较多，对于旅行社来说团体游项目的利润空间很可观，所以旅行社更愿意将主要精力投入到这方面。你认为分析得是否有道理？旅行社应如何满足散客的需求，将散客业务打造成新的利润增长点？

我们小组的回答是：____

____

____

相关知识

一、散客旅游的特点与业务内容

散客，相对于团体而言，是指根据自己的兴趣、爱好，进行独自旅行的旅游者。旅游者心理需求个性化、旅行经验日趋丰富和信息技术的推动等因素，促使近年来散客旅游迅速发展，许多旅行社也纷纷开始涉足散客旅游市场，经营散客旅游业务。

（一）散客旅游的特点

（1）批量小。散客旅游多为旅游者本人单独外出或与其家属亲友结伴而行。同团体旅游相比，散客旅游的批量一般比较小。

（2）批次多。散客旅游的批量虽然比较小，但是采用散客旅游形式的旅游者日趋增加，加上许多旅行社大力开展散客旅游业务，更促进了散客旅游的发展，因此散客的总人数在迅速增加。散客市场规模的日益扩大及其批量小的特征使得散客旅游形式呈现批次多的特点。

（3）预订期短。散客旅游的决定过程比较短，相应地使散客旅游形成了预订期短的特点。散客往往要求旅行社能够在较短的时间内为其安排好旅游线路并办妥各种旅行手续。

（4）要求多。散客当中有大量的商务、公务旅游者，他们的旅行费用多由所在企业、单位全部或部分承担。另外，他们在旅游过程中有很多交际应酬活动和商务、公务活动。因此，他们的旅游消费水平较高且对旅游服务的要求也较多。

（5）变化多。散客在旅行前往往缺少周密的安排，容易出现在旅行过程中临时变更旅行计划、提出各种新的要求或在旅行前突然由于某种原因而临时决定取消旅行计划的情况。

（二）散客旅游业务的内容

旅行社为散客提供的单项服务又称委托代办业务，其内容主要是为零散旅游者（散客）提供导游服务、交通集散地接送服务，代订交通票据和文娱票据，代订饭店客房及餐饮服务，代客联系参观游览项目，代办出国签证和入境签证，代办旅游保险等单项服务中的若干项。根据委托业务的性质不同，单项委托服务又可以分为受理散客来本地旅游的委托、办理散客赴外地旅游的委托和受理散客在本地旅游的委托。

二、旅行社散客接待的业务操作

（一）办理散客赴外地旅游的委托业务

旅行社散客业务人员在接到旅游者提出的委托申请后，必须耐心询问旅游者的旅游要求，认真检查旅游者的身份证件。如果旅游者委托他人代办委托手续，受托人必须在办理委托时出示委托人的委托信函及受托人的身份证件。多数旅行社规定，散客委托本

地旅行社办理赴外地旅游的申请手续，应提前 3 天到旅行社办理，而委托办理出境旅游业务，则需提前 2 个月办理。旅行社散客业务人员在为旅游者办理赴外地旅游委托手续时，应根据旅游者的具体要求，逐项填写委托代办支付券。填好后，散客业务人员将委托代办支付券的第一联和第二联交给旅游者，将第三联和第四联留下。

旅游者在旅行社办理旅游委托后又要求取消或变更旅游委托时，应至少在出发前一天到旅行社办理取消或变更手续，交纳加急长途通信费并承担可能由此造成的损失。对于取消旅游委托的旅游者，旅行社经办人员应收回委托代办支付券，并将其存档。

（二）受理散客来本地旅游的委托业务

旅游者委托所在地的旅行社办理前往旅游目的地旅游的业务，并要求旅游目的地的旅行社提供该旅游者在本地旅游活动的接待或其他旅游服务。旅行社散客业务人员应在接到外地旅行社的委托通知后，立即按照通知的要求办理旅游者所委托的有关服务项目。如果旅游者要求旅行社提供导游接待服务，旅行社应及时委派本部门的导游员或通知接待部委派导游员前往旅游者抵达的地点接站并提供相应的导游讲解服务和其他服务。如果旅行社认为无法提供旅游者所委托的服务项目，应在接到外地旅行社委托后 24 小时内发出不能接受委托的通知。

（三）受理散客在本地的单项旅游委托业务

有的时候，散客在到达本地前并未办理任何旅游委托手续，只是在到达旅游目的地后，由于某种需要到旅行社申请办理在当地的单项旅游委托手续。旅行社散客业务人员在接待这些旅游者时，应首先问清旅游者的委托要求，并讲明旅行社所能提供的各项旅游服务项目及其收费，然后根据旅游者的申请向其提供相应的服务。如果旅游者委托旅行社提供导游服务，旅行社应在旅游者办妥委托手续并交纳费用后，及时通知接待部门委派导游员或派遣本部门的导游员为旅游者服务。

（四）受理旅游咨询业务

1. 电话咨询服务

电话咨询服务是指旅行社散客业务人员通过电话回答旅游者关于旅行社产品及其他旅游服务方面的问题，并向其提供购买本旅行社有关产品的建议。散客业务人员在提供电话咨询服务时应做到以下两点：

（1）尊重顾客。旅行社散客业务人员在接到旅游者打来的咨询电话时，应该表现出对旅游者的尊重，要认真倾听他们提出的问题，并耐心地予以恰当的回答。回答时要友好和气，语言应礼貌规范。

（2）积极主动。旅行社散客业务人员在提供电话咨询服务时应积极主动，反应迅速。在圆满地回答旅游者问题的同时，应主动向旅游者提出各种合理的建议，抓住时机向他们推出本旅行社的各种产品。

2. 信函咨询服务

信函咨询服务是指旅行社散客业务人员以书信形式答复旅游者提出的关于旅游方面和旅行社产品方面的各种问题，并提供各种旅游建议的服务方式。目前，旅行社散客部的信函咨询服务主要利用传真设备进行。信函咨询的书面答复应做到语言明确、简练规范、字迹清楚。

3. 人员咨询服务

人员咨询服务是指旅行社散客业务人员接待前来旅行社门市进行咨询的旅游者，回答他们提出的有关旅游方面的问题，向他们介绍旅行社散客旅游产品，提供旅游建议。在提供人员咨询服务过程中，散客业务人员应做到以下两点：

（1）礼貌待客。旅行社散客业务人员必须坚持礼貌待客，给旅游者一种宾至如归的感觉。礼貌待客显示了旅行社人员的良好素质和对顾客的尊重，会给旅游者留下良好的第一印象。

（2）热情友好。在咨询过程中，旅行社散客业务人员应热情友好，面带微笑，主动进行自我介绍，仔细认真地倾听旅游者的询问，并耐心地进行回答。与此同时，还应该有条不紊地将旅游者的问题和要求记录下来。此外，还应向旅游者提供有关的产品宣传资料，让旅游者带回去阅读，以便加深旅游者对本旅行社及其产品的印象，为旅行社争取客源。

（五）办理选择性旅游

1. 选择性旅游的内容

选择性旅游是指由旅行社为散客所组织的短期旅游活动，如小包价旅游的可选择部分，散客的市内游览、晚间文娱活动、风味品尝，到近郊及邻近城市旅游景点的“一日游”、“半日游”、“多日游”等项目。根据国际旅游市场的发展趋势和我国实行双休日制度后出现的周末远足、旅游的热潮，不少旅行社已将目光转移到散客旅游这一大有潜力的新市场，纷纷推出各种各样的散客旅游产品，以增加旅行社的经济效益和社会效益，扩大知名度。我国有些地区甚至出现了专营散客旅游产品的旅行社。

2. 选择性旅游的销售

（1）建立销售代理网络。建立销售网络是旅行社销售选择性旅游产品的另一种途径。旅行社应与国内其他地方的旅行社建立相互代理关系，代销对方的选择性旅游产品。此外，旅行社还应设法与海外经营出境散客旅游业务的旅行社建立代理关系，使其为本旅行社代销选择性旅游产品。

（2）设计选择性旅游产品。旅行社应针对散客的特点设计和编制出各种适合散客需要的选择性旅游产品。这些产品中包括“半日游”、“一日游”、“数日游”等包价产品，游览某一景点、品尝地方风味、观赏文娱节目等单项服务产品，“购物游”等组合旅游产品。选择性旅游产品的价格应为“拼装式”，即每一个产品的构成部分均有各自的价格，包括产品的成本和旅行社的利润。旅行社将这些产品目录放在门市柜台或赠送给代销单位，供旅游者选择。

3. 选择性旅游的接待

（1）及时采购。由于选择性旅游产品的预订期极短，因此旅行社的采购工作应及时、迅速。旅行社应建立和健全包括饭店、餐馆、景点、文娱场所、交通部门等企业和单位的采购网络，确保旅游者预订的服务项目能够实现。此外，旅行社还应经常了解这些企业和单位的价格、优惠条件、预订政策、退订手续等情况及其变化，以便在保障旅游者的服务供应前提下，尽量降低产品价格，扩大采购选择余地，增加旅行社的经济效益。

（2）搞好接待。选择性旅游团队多由来自不同地方的散客临时组成，一般不设领队或全程陪同导游员。因此，与团体包价旅游团队的接待相比，选择性旅游团队的接待工作难度较大，需要配备经验比较丰富、独立工作能力较强的导游员。在接待过程中，导游员应组织安排好各项活动，随时注意旅游者的反应和要求，在不违反对旅游者承诺和不增加旅行社经济负担的前提下，对旅游活动内容做适当的调整和安排。

三、导游员接待散客旅游的服务过程

（一）接站服务

导游员在接到散客旅游接待任务后，首先要做好迎接的准备工作，落实好有关接待事宜。接待当日提前到达机场（车站、码头）迎接旅游者，帮助旅游者办理抵达后的有关手续和事宜，如出站手续、住店手续等。

（二）途中服务

导游员在接待散客时，应有高度的工作责任感，多倾听旅游者的意见，做好组织协调工作。尤其是散客小包价旅游团，团员们来自不同的国家和地区，有着不同的文化背景和生活习惯，游览中相互没有任何约束，集合非常困难。因此，导游员更应该尽心尽力，多做提醒工作，多提合理建议，努力使旅游者参观游览的过程安全、顺利。此外，采用散客旅游方式的旅游者大多文化层次较高，对旅游产品的文化内涵甚为重视，因此导游员在进行导游讲解时，应当格外重视导游词的艺术性、知识性和文化性。

（三）送站服务

旅游者在结束本地参观游览活动后，导游员应使旅游者安全、顺利、愉快地离站，要提前确认离站的准确时间和交通票证的落实情况，及时将旅游者送达机场（车站、码头），提醒和帮助旅游者带好行李与物品，协助办理有关出境手续。

四、旅行社对散客旅游接待的管理

（一）散客旅游接待的要求

1. 旅行社产品方面

散客的文化层次通常比较高，而且旅游经验一般比较丰富，他们对旅行社产品的深层内涵十分重视。旅行社在接待散客时应针对这一特点，多向他们提供那些具有丰富的文化内涵和浓郁的地方与民族特色的产品，增加产品的参与性，以满足他们追求个性化和多样化的消费心理。

2. 预订系统方面

散客的购买方式多为零星购买，随意性较大。因此，散客旅游对高效、便利、准确的预订系统有着强烈的要求。针对这一特点，旅行社应采用以计算机技术为基础的网络化预订系统，保证散客能够自由、便利地进行旅游活动。

3. 采购方面

散客多采取自助式的旅游方式，对于旅游目的地各类服务设施要求较高。旅行社应加强旅游服务的采购工作，建立起广泛、高效、优质的旅游服务供应网络，以满足旅游者的需要。

（二）散客旅游接待的管理

散客旅游的出现是旅游市场成熟的标志之一，说明旅游者的旅游消费观念日趋成熟。

散客对旅行社提供的接待服务的要求不同于团体旅游者，对于服务的效率和质量更为注重。为此，旅行社进行散客旅游接待管理应做好以下几方面的工作：

（1）在当地机场、车站、码头、各大旅游饭店及市中心区设立销售点或委托代理点为上门散客提供服务。

（2）和其他城市的旅行社、饭店建立相互代理关系，代销对方的服务项目，如订房、订车票等，互送客源。

（3）和海外经营出境散客旅游的旅行社建立代理关系，委托它们销售自己的服务并输送客源。

（4）和当地的交通部门、饭店、餐馆、文娱场所、保险公司等建立代理关系，代销它们的产品。

（5）建立以计算机技术和网络技术为基础的网络化预订系统，保证散客能够自由、便利地进行旅游预订和委托。

（6）备有充足数量的导游员对散客提供短期服务。

项目3　地接社的选择

案例引入

深圳的邹小姐在丽江泸沽湖旅游时，被当地男导游以走婚之名禁闭，险些遭到性侵。最近，邹小姐在接受媒体的采访时说，事情发生后，组团旅行社虽然对团队游客进行了一些赔偿，但是赔偿金实在是难以让人接受。

事发当天凌晨，邹小姐受到了当地男导游的非分之约，表示要与其同宿，并遭到禁闭。同行的十几名团友在营救邹小姐的过程当中，也因与男导游发生肢体冲突而受伤。

性侵未遂事件发生后，警方立即介入调查，这个20多人组成的旅行团所有行程也戛然而止。对此，旅行社方面对旅行团成员进行了赔偿。不过，邹小姐对赔偿金额并不满意。

邹小姐："我在团友的微博上看到，只赔偿了77块钱，是在丽江那天，玉龙雪山没有去的费用。""我们就希望退回团费以及所耽误我们行程的费用，因为回来的时候，我们订的票都已经作废了。自己又重新买了票，希望能退回这些费用。"

邹小姐表示，本次性侵未遂事件不仅给她的身体带来伤害，也造成了她严重的心理阴影。虽然事后涉事导游的家属出面道歉，但邹小姐希望旅行社方面也应该负起相应责任。

记者随后找到了邹小姐的组团社云南康辉旅行社，以及当地泸沽湖旅行社的相关负责人。云南康辉旅行社刘经理："我们组团社交给地接社，地接社给客人安排行程，客人在下面的事情，是由地接社给他们协商处理，这个情况，我们组团社之间没有干预。赔偿的问题我不清楚，你不要找我。"

（资料来源：云南电视台—云视网，2011－10－19.）

这起事件发生后，涉事导游已被警方刑拘，公安部门正在向3名女游客了解情况，案件正在处理中。旅行团其他游客已与旅行社就赔偿达成一致，双方已签调解协议。这起事件虽属个案，但组团旅行社对旅游目的地接待社的选择问题同样浮出水面，选好合作伙伴是实现双赢的必备前提。你认为组团旅行社对旅游目的地接待社的选择标准应有哪些？

我们小组的回答是：____

____

____

相关知识

一、组团社与地接社的关系

组团社经营的关键是对旅游目的地接待社的选择，只有经过深入考察，才能挑选到提供优质服务、信守合同的接待社，以保证旅游者顺利完成旅游。应该说团体旅游成功与否，在很大程度上取决于地接社。目前国内外一些大型旅行社，例如我国的中国国际旅行社总社、中国青年旅行社总社，日本的交通公社等，在选择地接社上都非常慎重，因为他们都清醒地认识到整个旅游过程最终要靠地接社来完成。现实中组团社与地接社的关系大致可以分为以下四类：

（一）隶属关系

旅游产品的生产者在向旅游者销售其产品过程中，不涉及任何中间环节的销售途径，这时组团社和地接社可能是同一家旅行社或一家旅行社及其分社。

（二）单一的合作关系

在一定时期、一定地区内只寻找一家旅游中间商作为自己的独家代理或总代理，团社和地接社由此结成的关系就是单一的合作关系。

（三）稳定的合作关系

旅行社在一定的市场中只选择少数几家接待社，并与之建立和维系一种较为稳定的合作关系，实现长期合作与共赢。

（四）松散的合作关系

通过旅游批发商把产品广泛分派到各个零售商处销售以满足旅游者的需要。这种情况下组团社和地接社之间的关系就比较松散。

二、地接社选择的标准

选择地接社最常用的方法就是先选定多家旅行社，然后进行全方位调查、考核、比较。被调查的旅行社的数量应该多于被选择的数量，以便组团社能从中选出几家作为自己的合作伙伴。

组团社要想找到理想的地接社作为长期稳定的合作伙伴，需要对其进行考核和评估，具体包含以下几个方面的内容：

（一）规模和经营管理模式

这方面的考核和评估内容具体包括核实地接社的注册资金及证件是否齐全，在当地或景区有无一定的出票及提供特殊服务能力，在职导游的数量和文化素质，有无外语导游等。尤其应当注意地接社的经营管理模式，其应当有明确的管理目标，在管理上实行负责制。对于一些暂时给予组团社较多好处的“野马”旅行社（即没有资质的旅行社）要坚决抵制。

（二）业务量

业务量是旅行社实力的体现，衡量业务量大小和稳定程度是本指标的重要方面。组团社应当根据自身的规模选择与自己相匹配的地接社，而不应盲目追求业务量大的地接社。虽然业务量大的地接社在资金、人才和管理等方面更有优势，旅游供给有更大、更成熟的网络，业务操作更先进、熟练，更有效率；但是，业务量小的地接社也有经营方式灵活，价格、线路、服务等回旋余地较大的优势。

（三）报价

产品价格关系到旅游者的切身利益，同时关系到组团社的收益。但是关注价格应当避免只关注总报价而忽略报价中包括的项目。不能将报价作为衡量的唯一标准，也并不是报价越低越好，前提是必须保证组团社的信誉不受损害。

（四）商业信誉

考虑地接社的商业信誉对于组团社而言十分重要。地接社应当有可靠的偿付能力和履行合同的信誉。这方面的情况一般可从有关的银行机构或通过特别调查进行了解，主要包括地接社的接团经验、对各线路的熟悉程度、服务质量、游客评价、奖惩情况、是否按照组团社拟订的接待标准和计划向旅游者提供服务、是否有良好信誉。

（五）依赖性

有些地接社专门以做某项业务为主，一般而言，这种地接社比较认真，同时也能以专业的操作为组团社完成接待任务。而当地接社经营多项业务时，则会按照自己获利的可能性安排组团社的发团排序，决定付出努力和成本的排序，从而因对某一组团社的依赖性有限而影响服务的积极性。

（六）合作意愿

在选择地接社时，所选取的对象应当具备与组团社合作的诚意。两者之间应当在追求长期的最大经济效益和双赢局面方面达成共识。对于开始时不能出色完成接待任务，但有合作诚意和发展潜力的地接社，也可以考虑培养其为合作伙伴。

三、地接社的调查与选择

（一）地接社调查的内容

对地接社主要调查以下几个方面：

（1）地接社的基本情况，包括人力资源、财力情况、接待能力等最基本的情况，还要进一步调查地接社成立的年限、发展史、等级、注册资金、周转资金、员工人数、管理层情况、业务人员情况、组织机构形式、上一年接待人次数、营业收入、利润总额、

人均创利及人均创收、员工收入水平、车辆配备和票务能力等内容。

（2）主要管理人员的情况，包括年龄、性别、学历、从事旅游工作的年限和经历、管理思想、有何建树、个人爱好等。

（3）导游员的情况，包括导游员的人数、学历、语种、接团经历、语言熟练程度等。

（4）操作人员的情况，包括紧急联络人员的能力，计调人员的操作能力，采购人员的采购能力，如订房、订票、订车、订餐等关键能力。

（二）地接社调查的方法

常用的调查方法有四种：发放相关调查表格、询价、上门考察和发团考察。

（1）发放表格前要根据想调查、想了解的内容精心设计出表格，将表格发放给被调查的地接社填写，然后及时收回，进行研究、比较、选择。

（2）组团社向地接社询问旅游价格的过程，也可以看作是对地接社业务及成本管理的一次考察。组团社询价时能够具体考察出地接社报价的速度、对价格构成项目的熟悉程度和价格的高低。这就要求地接社报价时速度要快，对相关业务非常熟悉，因为有时组团社询价即是有顾客在询价，组团社也想在第一时间给顾客报价；尽可能把行程报详细，如有可能，再把返程大交通的航班或车次列出，并注明时间；报价高低要切合当地和自身的实际情况，不要以为只有报低价组团社才会选择自己。

地接社报价的高低是一个敏感问题。在同等标准下，组团社一般是不会选择报价最低的，因为“羊毛出在羊身上”，这个道理双方都懂，不同报价的车、房、餐肯定有所不同。例如：房虽然都是挂牌三星，但可能是旧的或者位置不好的；车虽然都是同一品牌，但车况不一样，新旧程度也有所差异。当然，组团社在选择的时候，也不会选择报价最高的，成本太高，不好给顾客报价，容易丢团。所以地接社在报价时，一定要切合当地和自身的实际情况，同时也可多报几个价格，同等标准下，房、车都是有差异的，让组团社有个选择的范围。

（3）上门考察时，组织一些专业人员上门会见地接社主要领导、业务人员、导游人员，通过互相交谈，直接了解情况并实地调查地接社的规模、设备、办公场地、人员素质和操作规范。这样基本上可以获得较翔实的第一手资料。

（4）为了获得更为可信的第一手资料，还可以发一个小型团给地接社操作。这样，从开始作业、第一次电话、第一份传真就可以了解到对方人员的素质、业务能力和对业务的熟悉程度，还可以从全陪的反馈中得到关于地接社导游、餐饮及服务方面的第一手资料。有条件的还应直接访问该团的游客，听取情况，这样得到的情况就比较真实、全面。

（三）地接社的选择与调整

经过全面、实地的调查，获取可信程度较高的资料与情报后，对所有被调查的旅行社进行分析、比较、衡量，选定一至两家之后，正式签订合作协议书（协议书参见附录四），完成选择地接社这一环节。

选择了合作的地接社后，组团社要建立地接社档案库，就地接社的性质、业务范围、注册资金、规模、联系方式、接待能力、导游人员数量和语种、接团情况、近期业绩等内容进行长期记录和存档，并对不适合继续合作的地接社进行调整。

项目4　组团社发团

案例引入

“海南旅游黑在哪，不用从别的地方看，你从报价上看就知道了，三天两晚游、五天四晚游只收200元、300元，零团费、负团费为什么会这么普遍，因为这已经是个恶性循环了!”程灵（化名）在海南做了11年导游，由于一度担心记者保密工作不够而拒绝接受采访，但在记者一再承诺绝对保密之下，经过激烈思想斗争才打开话匣子，向记者叙述了海南旅游业内的“潜规则”。旅行社争相降低报价，成本利润都在游客兜中。

程灵说从自己还没从事旅游行业开始，海南的旅游产业便陷入了“零负团费”的泥潭之中，全国各地的组团社在所在地组织游客，然后再根据海南地接社的报价发团，由于一部分旅行社的恶意竞争，压低报价，导致目前海南的旅游业畸形发展。“为了吸引全国其他地方的组团社发团来海南，一些旅行社把报价压得很低，这就出现了零负团费的现象，如果你要问旅行社如何收回成本，如何盈利，那就要靠导游、景点和购物点了。”

据介绍，因为团费的恶意降低，各旅行社只能通过导游的“措施”收回成本、盈利：一、临时增加一些门票价格较高的景点；二、安排客人多进购物点，并游说客人选购特产。“如果你觉得这样根本赚不到什么钱，那就错了，这里面的利润不仅仅是几倍。”程灵说，在游客的旅游线路中，一些景点的门票价格在核定时收取30多元，实际上旅行社交给景点的价格仅为几元甚至几毛钱。此外，导游还会游说游客临时改变线路，前往一些门票价格更高的景点并收取费用。

“游客的海鲜餐、风味餐中也有很多猫腻，其中的利润都用来弥补团费的不足了。”程灵说，就因为团费的低廉，导致游客在旅游过程中不时被要求“费用自理”，因为其中不仅涉及旅行社的盈利，还关系到导游的收入，所以这些潜规则一环扣一环。

“一些游客愿意玩得尽兴，掏钱旅游息事宁人，一些游客认为不合理，海南旅游则屡遭投诉，一些导游也直接告诉游客，你们拿这么少的钱就想旅游好几天，根本不可能，一定要花钱的。”程灵说，现在全国各地的游客对海南旅游的情况也都清楚，而且海南景点门票价格畸高，与这些行业潜规则也不无关系。

（资料来源：关操. 人民网海南视窗，2009－12－29. 有改动）

提出问题

“海南拥有着极为丰富的旅游资源，海南可以也应该把旅游产业经营好，我们也希望趁着海南建设国际旅游岛的契机，配合相关部门把旅游行业驶向规范的方向。”确实，只要海南旅游市场整体转向健康的发展趋势，把旅游报价抬高并正常运营旅行团，这样全国各地的组团社也会正常发团给海南，整个产业链条也就能理顺。你认为发团去旅游目的地要考量哪些要素？

我们小组的回答是：____

____

____

相关知识

组团社发团业务流程

发团就是组团社把旅游团队或散客输送到经过选择的境外旅行社，通过他们去提供合同中规定的旅游者在食、住、行、游、购、娱等方面应得到的待遇，并完成旅游全过程。

(一) 预报计划

旅游团队经旅游者确认并交付团费后，组团社就开始发团作业。首先是向地接社以传真、电话等形式预报计划，具体内容包括团号、人数、行程、到达日期、离开日期、食宿要求（如过敏食物）、宗教信仰等，应特别标明抵离的交通工具、车次和航班等内容，请地接社确认行程及价格，并要求地接社迅速予以传真回复。组团社发团预报计划书见示例1。

示例1　组团社发团预报计划书

南京地接社×××旅行社：

感谢贵社的信任与支持！现我社组织KI788－7B230G团一行20＋1人，于2011年7月20日（星期三）8:02从广州出发，乘K528次列车赴南京，预计到达时间：7月21日（星期四）8:10，游览天数为3天，并请即预订7月23日上午去无锡的空调大巴车票。此团系我社重要顾客，请务必保证返程票及接待质量。

谢谢合作，祝贵社生意兴隆！

另：此团要求7月21、22日入住玄武酒店，请代订标间10间和全陪房1间。正式计划后发。

广东××旅行社
业务部 杨枫
2011年6月30日

(二) 书面确认

团队预报计划发出后，地接社应在最短的时间内给予书面答复，并对预报内容逐一确认，最重要的是机票、车票、住房的落实情况。若旅游团队情况发生变化，双方应不断以传真互通情况；发生紧急变化时，可先用电话通知，之后一定要补以传真确认。总之，所有预报、回复、变更都必须通过传真的方式来最终确认，以备查验。地接社接团协议确认书见示例2，地接社接团业务确认书见示例3。

示例2 地接社接团协议确认书

同行团队接待协议确认书

To：广东××旅行社　　　　　　　　　经理：××
Tel：136××××××××　　　　　　　Fax：025－66××××××
感谢您的信任与支持！现将贵社团队的行程报价确认给您（不详请来电）：

一、行程：7月20号晚上从广东出发，7月21日早上到南京，7月23日上午赴无锡

二、接待标准及成本分解：

A. 成人综合费 房费：______元/人/天（______星标准） 餐费：______元/人/天（______早______正） 车费：______元/人（______座______车） 门票：______元/人（　　　　　　） 区间交通：______元（　　　　　　） 导服：______元/人 全陪：______元（凭证免费） 报价未含：______________	B. 代办费用 12岁以下儿童（身高不超1.2米）不占床/硬卧 费用：__________（不含酒店早餐） 本团接待费用累计为：______元/人 已付费用：____________ 未结费用：____________ 合计：______________

三、结算价及付款方式约定：

我方将按双方拟定合约执行，即：

1. 出团前须付团款总额的70%，并将汇款单即时回传至我社，余款应当在团队离开前结清。
2. 散客出行前须结清全款，并将汇款单即时回传至我社。（本社提供接待发票，大交通票据复印留底）

＊本社全称：南京×××旅行社
开户行：中国××银行　　　　　　　　　　　　账号：
＊卡号户名：　　　　　　　　开户行：　　　　　　　　卡号：

四、友情提示和特别说明：

为能更好地为贵社提供优质服务，请贵社提供游客名单表并告之全陪姓名王榴，手机：136××××××××；

本次接待单位应急电话：025－63××××××，导游小李，手机：139××××××××，举“南京×××”字样旗；

- 一经双方盖章确认，我方将严格按照贵方的合理要求及行程标准执行；
- 若因组团社未将变更的内容及时通知我社而造成损失或引起投诉（或承诺的团款未及时到达我社账上），组团社将承担一切责任；
- 如遇人力不可抗拒因素所引起的游客滞留、无法完成正常行程，我方将按《旅行社管理条例》执行，并征得游客谅解、同意，所产生费用由双方协商解决；
- 凡双方盖章确认的行程单，均具有同等法律效力，不得无故退团、改期，望双方严格遵守接待协议；
- 接传真后如无异议请签字盖章回传确认，以便操作。

组团社（盖章）　　　　　　　　　　接待社（盖章）
经办人：　　　　　　　　　　　　　经办人：
日期：　　　　　　　　　　　　　　日期：

示例3 地接社接团业务确认书

广东××旅行社业务部杨枫先生：

贵社发来的KI788－7B230G团一行20＋1人预报收悉，已按计划预订7月23日（周六）上午赴无锡的空调大巴21张，并已订妥南京玄武酒店。

谢谢关照！

南京×××旅行社
计调部 王兰
2010年7月4日

如果确认的时间距离发团的日期较远，而中途有所变化，则必须及时发更正传真，以最后的那份传真内容为准。组团社团队计划取消通知书见示例4，更改通知书见示例5。

示例4 组团社团队计划取消通知书

广东××旅行社
团队计划取消通知书

To：南京×××旅行社　　　黄先生/小姐

电话：139××××××××　　传真：________　MSN：________

感谢贵社的信任与支持！现将我社计划团号为KI788－7B230G的团队取消内容传真于贵社，不便之处，还请见谅。

游览线路：	最终人数：	最终抵离日期：
日程标准		
变更		
提前或延期		
取消		

示例5 组团社团队计划更改通知书

南京×××旅行社计调部王兰：

您好！我社组织的KI788－7B230G团一行20＋1人原订2010年7月20日乘K528次列车赴南京，现因出票出现问题，名单上3号和4号两位客人及全陪改乘7月21日CZ49XX航班抵南京，预计10:25达南京机场，请派车及导游接机，并安排食宿。

给贵社带来麻烦，请原谅。谢谢合作！

广东××旅行社
业务部 杨枫
2011年7月8日

（三）发出正式计划

组团社应该在旅游团队到达第一站前5～10天内将正式计划传真给地接社。此时团队情况已基本稳定，组团社可以发出正式计划。正式计划是将来双方结算的凭证，所以必须以正式文件形式打印，盖章。每地寄出两份以上，并附计划回执，以便对方寄回，确认收到无误，同时也抄送本社有关各部，即票务、财务、接待、交通等部门。组团社团队计划确认书见示例6。

示例6　组团社团队计划确认书

南京×××旅行社及本社接待财务各部门：

我社组织的KI788－7B230G团一行20＋1（内宾）人计划发给贵社，请贵社接计划后按约以内宾标准团接待，订妥车船票，按计划内容安排游览。如有更改，请立即通知我社。团款已按约预汇70%，差额部分由全陪现付结清。

此团系重点团，请予以关照。谢谢，祝合作成功！

广东××旅行社
业务部　杨枫
2011年7月11日

附：日程、名单

（四）委派领队

领队的责任十分重大，旅游团境外旅游成功与否很大程度上要依赖领队的工作。实际上领队从接受任务、熟悉计划开始，就参与了发团作业。在境外一切计划内外所发生的事情都要靠领队来完成，所以一个好的领队应该具备良好的职业道德，熟悉领队业务，特别是相关的法律知识与客源国知识，同时还需要机智、沉着、公正，有良好的心理素质。若出境旅游团的领队委派合适，发团作业流程就会非常顺当。因此，委派领队应慎重对待。

（五）再确认

在旅游团队出发前24小时以内，具体负责发团作业的人员还应发传真进行再确认，以防地接社出现疏忽和遗漏，一旦发现问题必须及时补救。有时旅游团队在出发之前还会发生意想不到的特殊情况，如团员突发急病，或家中发生重大事情而不能如期旅游等意外，为此就要及时发紧急通知。组团社团队计划紧急通知见示例7。

示例7　组团社团队计划紧急通知

紧急通知

南京×××旅行社及本社接待财务各部门：

非常抱歉，我社组织的KI788－7B230G团名单中的7号和8号两位客人因单位有急事不能随团旅游，请取消这两位客人的一切车船票及住房。请各社关照，尽量减少损失，如产生必需之费用，由我社承担。

谢谢，不便之处请谅解。

广东××旅行社
业务部　杨枫
2010年7月18日

本模块小结

旅行社接待过程是旅行社的直接生产过程，也是旅行社实现价值转移和创造新财富的重要途径。本章介绍了团体旅游、散客旅游的导游服务流程和旅行社对接待业务的管理，并分析了组团社对地接社的选择，最后介绍组团社发团流程，列举了相关常用文件。

习题与实践

1. 课堂讨论题

（1）结合会议旅游的特点，探讨旅行社如何做好会议旅游业务的接待与管理。

（2）散客的接待业务应该抓好哪些具体措施？

2. 自测题

（1）团体旅游的类型有（　　）、（　　）和（　　）。

（2）除了一般意义上观光旅游的旅游团体外，现在涌现出越来越多的有特殊要求的旅游团体，如（　　）、（　　）和（　　）。

（3）散客旅游的特点是（　　）、（　　）、（　　）、（　　）和变化多。

（4）受理散客旅游咨询业务时要做到（　　）和（　　）。

（5）组团社发团业务流程包括（　　）、（　　）、（　　）、（　　）、（　　）。

3. 复习思考题

（1）团体旅游接待的特点是什么？

（2）组团社选择地接社时需要考核和评估哪几个方面的具体内容？

4. 综合实训题

（1）选择地接社的时候，组团社询价能够具体考察出地接社报价的速度、对价格构成项目的熟悉程度和价格的高低。熟悉所在地的某条旅游线路后，模拟询价过程，检验能否做到快速报价、熟知行程、报价的高低合理。

（2）每位（或每组）同学在所在市主要旅游景点分别观察和采访5个团队及10名散客，记录时间、地点、团队名称（人数）、散客及信息获取（如何获得旅游信息及行程安排、花费了多少时间做攻略、在攻略信息方面还有什么不足）、停留天数（共几天，当前是第几天），了解他们对该市旅游行程的感受，例如可以涵盖以下几方面。

①住宿：饭店名称、团费、散客预订价、网上查出该饭店的门市价，是否满意，为什么？

②饮食：最感兴趣的风味小吃是什么，有什么建议。

③交通：团队旅游车是否舒适。散客以什么交通工具为主，是否便利。有什么建议。

④游玩：是否有最感兴趣的旅游景点，是什么景点，为什么。是否有最不喜欢的旅游景点，是什么景点，为什么。本地的旅游景点存在什么问题。

⑤购物：是否有最喜欢的商品，购买了什么商品，性价比如何。新买什么纪念品。

⑥娱乐：是否有感兴趣的表演活动，是否看过景点的表演，感觉如何。

每人整理调查结果（共 15 份问卷统计记录）并分组总结评述，说明当前团队和散客旅游市场现状以及传统旅行社的市场空间。

知识拓展

江苏省首个《旅行社散客旅游服务规范》已于 2010 年 3 月 15 日由无锡市质量技术监督局发布，并于 2010 年 4 月 1 日起在无锡市开始实施。该规范对旅游中的吃、住、行、游、购、娱六要素作了标准化的规范。今后游客可参照此标准来监督旅行社，并以此依据进行投诉。

在该规范出台之前，无锡各旅行社只参照旅行社管理的有关条例执行，各旅行社提供的散客旅游服务都不统一，有的旅行社在服务过程中存在一些欠缺。游客一旦发现服务有问题，且服务又没在合同和行程单上体现，维权就比较困难。这份规范为旅行社的散客旅游服务提供了参考标准，也为游客提供了维权依据。散客服务中的广告用语、旅游合同、车辆安全、游览过程等都用各项标准进行了细化。如旅行社在广告用语上应清楚、明确，不得使用“豪华”“相当于”等含糊、不确定用语；签订合同应用统一的格式；在旅游中途，导游不能擅自增加购物点和次数；团队出发前，导游应提前 15 分钟到达集合地点；接机导游员应佩戴胸牌或导游证、携带预定的接机标志，提前至少 15 分钟到达出口处。

该规范对散客旅游的服务做了明确而有操作性的要求，并在附录中列出了散客旅游接待最常用的七个文件范本，对所有旅行社的散客接待都有一定的借鉴意义。

模块7 旅行社计调业务

任务目标

了解计调业务及其分类，熟悉计调人员的工作职责，掌握计调工作的流程，熟悉与不同的旅游服务企业合作的步骤及计调工作的具体操作。

项目1 计调业务与计调人员职责

案例引入

杭州××旅行社有限公司招聘旅游计调

招聘数量：若干
月薪范围：2 000～4 000元
性　　别：女
工作类型：全职
年龄范围：25岁以上，35岁以下
工作地点：余杭区
工作经验：2年以上
学　　历：大专以上
外语类别：不限
计算机水平：不限
职位要求：有导游证
岗位职责：
（1）负责完成旅游线路设计、行程编写、报价计算工作；
（2）熟练完成计调人员的主要任务："五定"（定房、定票、定车、定导游、定餐）；
（3）监督接待计划的实施，协助处理旅游团在途中遇到的各种问题；
（4）及时了解客户的反馈意见；
（5）及时掌握不断变化的新动态、新信息，提高工作水平和服务质量。

岗位要求：

（1）大学专科以上学历（旅游管理、旅行社管理等相关专业），从事旅行社或相关工作一年以上；

（2）形象气质好，服务意识强，具有较强的组织协调能力，工作认真负责，细心、耐心，计划性强，办事效率高，具有良好的语言沟通能力和谈判技巧；

（3）熟悉团队计划操作流程；

（4）具有开拓创新和团队合作精神，能承受较大的工作压力；

（5）熟练操作计算机及办公软件；

（6）熟悉旅游市场和国内旅游线路；

（7）有旅行社国内团队操作经验或相关工作经验者可优先考虑，有客户资源、特殊渠道及关系者优先录用。

提出问题

分析上述招聘广告，你认为一名计调人员应该具备哪些素质？计调人员在旅行社业务运作中主要承担哪些工作？

我们小组的回答是：____

____

____

相关知识

一、计调业务及其分类

旅行社通过外联人员招徕客源，而接待前的准备工作则由计调人员承担。计调（英文名称 operator，简称 OP）是计划与调度的结合称谓，是旅行社内部专职为旅行团、散客旅游业务的运行安排接待计划，统计与之相关的信息，并承担与接待相关的旅游服务采购和有关业务调度工作的一种职位类别。担任计划调度作业的人员，在岗位识别上被称为计调员、线控、团控、担当等，业内简而通称“计调”。

广义的旅行社计调业务是指为旅行社业务决策而进行的市场调研、信息提供、计划编制等参谋工作，以及为实现旅游计划目标而进行的统筹安排、协调联络、组织落实、协议签订、检查监督等业务工作。狭义的计调业务是指旅行社为旅游团安排各种旅游活动所进行的各项具体工作，包括按接待计划落实团队在食、住、行、游、购、娱等方面的具体事宜，旅游合作伙伴的选择，导游员的委派，以及旅游预算的编制等工作。

旅行社计调分类如表 7－1 所示。

表 7－1　旅行社计调分类

分类标准	类　别
业务范围	组团计调
	接待计调
	批发计调
	专项计调
职业技能与业务素养	规范型初级计调
	策划型高级计调
	全能型主管计调

二、计调工作的范围

地接计调和组团计调的工作范围是不同的。地接计调主要面对组团社，按照对方要求安排当地接待的用餐、用车、住宿、旅游路线、导游等工作；组团计调主要面对顾客，按照顾客要求设计出团线路、接待标准，安排全陪等，具体细节问题则由地接社计调完成。

计调的工作范围广泛，工作内容复杂，但最为主要的就是为顾客安排线路，再根据这条线路安排食宿、车辆、导游等一系列的内容。如上海组团的九寨沟之行，上海的组团计调要做的事情有：根据要求确定此行的行程，如几天、几飞、住宿是三星还是四星标准、用餐标准、旅游车标准等；待顾客签订出团合同之后，订机票，落实地接社、车（船）、餐、宿、地陪导游、全陪导游；住宿上要注意是否出现单男单女现象。这些全部安排好了，这一次组团的计调工作也就基本上完成了。四川的地接计调则要掌握当地的六大旅游要素中的价格、供给状况等因素，根据各要素的情况安排好行程，并把行程、价格传真至上海的组团计调（或业务人员）手中。上海的组团计调再将地接社的价格及行程安排告知顾客。

组团计调并不需要将所有要素都了解得十分清楚，但对各地行程的大体安排、景点的概况也要有简要的了解。另外，团费的收取与结算也在计调的工作范围之内。

三、计调工作的特点

（一）具体性

计调工作，无论是收集本地区的接待情况向其他旅行社预报，还是接受组团社的业务接待要约，编制接待计划，都是非常具体的事务性工作。因此，计调人员总是在解决和处理采购、联络、安排接待计划等具体工作中忙碌。

（二）复杂性

首先，计调业务的种类繁杂，涉及采购、接待、票务、交通，以及安排旅游者食宿等工作；其次，计调工作的程序繁杂，从接到组团社的预报计划到旅游团接待工作结束后的结算，无不与计调人员发生关系；最后，计调工作涉及的关系繁杂，几乎与所有的旅游接待部门都有业务上的联系，协调处理这些关系贯穿于计调工作的全过程。

（三）多变性

计调业务的多变性，是由旅游团人数和旅行社计划的多变性决定的。旅游团的人数一旦发生变化，几乎影响到计调人员的所有工作，可谓“牵一发而动全身”。此外，交通和住宿供给可能发生的变故，也给计调工作带来许多的不确定性。

（四）灵活性

计调工作的灵活性表现在旅游线路变更的灵活性。如计调人员在旅游旺季或者春运期间，因火车票或其他交通票据紧张而不得不改变行程线路；有时候为了与其他旅行社竞争而灵活变更旅游线路；有时候则为了满足顾客的需求，灵活变换所乘交通工具。

四、计调人员的职责

（一）信息资料员

计调人员充当信息资料员的职责主要是：

（1）收集、整理来自旅游业的各种信息；

（2）将汇编的信息资料下发给有关部门，并存档及使用；

（3）向旅行社的决策层提供所需信息及资料分析报告；

（4）收集旅游团的反馈信息并制作列表。

（二）统计员

计调人员充当统计员的职责主要是：

（1）统计全社旅游业务月、季报表，编写接待人数月、季报告；

（2）承接并向有关部门及人员分发旅游团的接待计划；

（3）承接并安排各地旅行社的接待计划；

（4）向旅行社的决策部门、财务部门提供旅游团（者）流量、住房、交通等方面的业务统计及分析报告；

（5）编写全社年度业务计划。

（三）值班联络员

计调人员充当值班联络员的职责主要是：

（1）做好昼夜值班记录和电话记录，并正确无误地进行转达与传递；

（2）对全社的接待计划了如指掌，并在登记表上及时标出接待团的编号、人数、服务等级、订房情况、抵离日期、下一站城市、航班或车（船）次时间等；

（3）掌握旅游团取消、变更情况，并及时通知有关人员做好接待调整。

（四）订房业务员

计调人员充当订房业务员的主要职责是：

（1）与饭店洽谈房价，签订协议书；

（2）根据接待计划为游客及导游预订住房；

（3）认真负责地做好预订房的变更或取消工作；

（4）制作旅行社住房流量表及其单项统计；

（5）协同财务部做好旅游团（者）用房的财务核算工作。

（五）内勤业务员

计调人员充当内勤业务员的职责主要是：

（1）与餐馆、车队进行洽谈，签订协议书；

（2）根据接待计划，为旅游团订餐、订车，做好有关变更或取消的工作；

（3）为旅游团预订文艺节目票，负责落实专场演出等；

（4）负责安排特殊要求的参观、访问、拜会等。

五、计调人员的素质要求

（一）有敬业精神和责任心

计调工作应该说是很枯燥的，由无数琐碎的工作环节组成，没有敬业乐业的精神，是无法把这份工作做好的。旅游是项一环紧扣一环的活动，而负责将这些环节紧扣在一起的工作便由计调人员去完成。如果没有认真负责的工作态度，票务、用车、接送团队、用餐、住宿等其中一环没扣好或没扣上，就会出现一招不慎、满盘皆乱的失控局面。

（二）业务熟练

计调人员必须对整个旅游环节非常熟悉，业务熟练。一般来说，计调人员多数是做过几年导游的，有着较丰富的带团实践经验，对计调业务轻车熟路。

（三）良好的人际关系和谈判技巧

计调人员在与外界的协作中，要善于配合，谦虚谨慎，广交朋友，还要掌握讨价还价的谈判技巧，既要与合作单位建立友好关系，又要学会灵活处事，从而为旅行社带来比较丰厚的利润。

（四）严格的组织纪律观念

计调人员对有关重大问题，必须多向领导请示汇报，批准后再进行处理，千万不可擅自决定，否则后果不堪设想。

（五）具有风险和法律意识

计调人员对旅游相关法规要了如指掌，严格遵守财务制度，懂得相关的法律知识，必须在不违反国家法律法规的前提下操作团队。

（六）具有市场意识

在线路的制定、新产品的开发及采购上要求计调人员必须具备强烈的市场意识。计调人员要对旅游市场、各旅游目的地的变化、各地接待单位实力的情况等有所了解，按季节及时掌握各条旅游线路的成本及报价，确保对外报价的可靠性、可行性及准确性。

（七）有不断学习、创新的能力

旅游市场千变万化，计调人员必须要懂得不断学习的重要性，不断向经验丰富的导游人员和计调人员学习，认真了解旅游市场、各旅游目的地的变化、各地接待单位实力的消长情况等，还要根据学习的收获，不断对工作进行创新，跟上时代潮流的发展。

（八）有一定的地理、历史知识及文案写作和计算能力

（九）熟悉使用电脑、地图册、列车时刻表、航班时刻表等

项目2 计调工作流程

案例引入

河北省承德市北方旅行社有限公司成立于1996年，是具有独立法人资格、足额交纳质量保证金的股份制旅游企业。十几年来努力开拓市场，在努力做好承德旅游接待业务的同时，开辟了赴全国各地多条旅游线路，与各地同行建立了良好的合作关系，同时，对社内各个岗位工作流程进行规范。其中对计调工作的流程要求如下：

（1）掌握价格。掌握门票、住宿、用餐、用车、导游价格。

（2）接电话。客气、礼貌，一定要说“您好，承德北方”，并做好团队记录。

（3）做报价单。填写旅行社名称、传真、电话、联系人，旅游人数、旅游线路、住宿标准、用餐标准、旅游目的地交通和用车情况、导游、保险等内容。

（4）发送报价单。10分钟到1小时之内将报价单发给对方，并确认是否收到。

（5）电话沟通单。团队定下来后，沟通落实人数、用房数、是否有自然单间、小孩是否占床；看看游客中是否有少数民族或宗教信徒，饮食上有无特殊要求；如人数有增减，要及时进行车辆调换、酒店房间数和往返程票的更改。

（6）盖章确认。和对方约定结账方式，以及全陪的联系方式、带团导游的联系方式，在确认件上注清楚，并盖章确认。

（7）做到“五定”。及时将团队的接待计划安排好，做到“五定”：定房、定票、定车、定导游、定餐。

（8）登录信息。把要求登录的信息及时在网上登录，以备相关部门查看。

（9）团走款清。按照传真件上约定的情况及时催收团款，在团走之前必须结清所有团款，不得以任何理由拖欠。

（10）跟踪电话。团队返回后，及时打服务跟踪电话，做到团团满意，团团心中有数。

（11）整理备档。操作完团队之后，将对方社的资料整理、备档（包括团队确认单、派单、导游的交账单等）。

（资料来源：计调吧）

提出问题

承德市北方旅行社以优秀的导游队伍、经验丰富的旅游经营管理人员、现代化的办公设备及业内良好的口碑为依托，始终坚持“想到细处、价到明处、落到实处”的服务宗旨，全面满足游客求知、求新、求实、求乐、求异的旅行生活。你认为该旅行社的计调工作是否已经做到了科学化、规范化？有没有需要改进的地方？

我们小组的回答是：____

____

____

相关知识

一、计调工作的工具与手段

（一）计调工作的工具

（1）电话机。包括固定电话、移动电话、本地通电话等。计调电话最忌变换，如遇动迁，应千方百计保留原号码。另外，强调话机功能，如呼叫转移、来电显示、电话录音、语音信箱等功能。

（2）传真机。普通传真机（热敏纸）即可，尽量不使用普通纸传真机；视业务量大小，最好设两台传真机（收发各一）。

（3）E-mail、QQ、MSN 等网络沟通平台和工具。此为旅行社通信升级的台阶，同时有利于降低通信成本。

（4）地图。包括全国地图、分省图、公路客运图、网上地图等。

（5）时刻表。包括铁路、航空、公路、航运时刻表等。特别注意淡旺季、年度的新版时刻表。

（6）字典。包括汉语字典、地名手册等。

（7）景点手册。各省主要旅游景点介绍。

（8）采购协议。按组团社、接团社、房、餐、车、景点、购物分类建档。

（9）各地报价（分类）。最好按区域列出目录，分类列置。

（10）常用（应急）电话。按组接团（经理、计调），酒店（销售部、前台），餐厅（经理、订餐），车队（调度、驾驶员），导游等分类列出，放置于显眼处并随身携带。

（二）计调工作的手段

（1）通过旅游文书的拟定进行采购。如询价单、报价单、确认单、更改单等。

（2）通过常规表单的应用进行运作。例如概算单、结算单、团队费用报销单等。

（3）通过常规统计进行管理。如团队动态台账、营业额、团队核算台账、往来（应收应付）台账、毛利、人数、到款率等。

二、计调工作的流程

（一）接受计划和预报，编制预报表

（1）接受与本旅行社有业务往来的各组团社以及本旅行社销售部门发来的计划及预报。

（2）理清旅游团队的基本情况和旅游者的要求。

（3）对旅游团队资料进行标号、分类、整理、登记。

（4）编制接待任务预报表。

（5）将各旅游团队的团名、人数、抵离日期、航班、车次、住宿饭店、国名或地区、

要求语种及其他特殊要求等记录入册，提前半个月左右打印，并发送至民航、铁路、车船公司、饭店以及本旅行社接待部、票务部等有关单位和部门，以便这些单位和部门能及时了解下个月的接待计划，做好充分的接待准备工作。

（二）制订接待计划

接待计划是旅游团旅游活动的文字凭证，是接待单位了解该旅游团基本情况和安排日程的主要依据。

1. 接待计划的制订

（1）认真查阅原始资料以确认项目。对旅游团的往来传真、电传、函件、电话记录等仔细查阅，充分了解各项要求，尽量将之反映在计划之中。

（2）落实各地的交通。从销售部人员对外报价、确认到制订旅游团的计划，往往相隔数月，甚至更长时间。在此期间，航空公司、铁路等交通部门的航班、车次以及使用的机型或许会有变化，因此在制订计划时，要查阅、核对有关资料，如果航班、车次、时间与本旅行社销售时对顾客的承诺有出入，应及时通知顾客。

（3）落实各地接待项目。在制订计划时，应再一次向各地接社通报旅游团的人数和特殊要求等情况，并落实各地的住宿、参观游览项目和文艺活动等。尤其要重视重点团队，应提前亲临现场检查各项工作的安排是否妥当，以确保重点团队不出差错，能按计划顺利进行。

（4）与顾客落实计划。在制订计划时，应再次与顾客落实最后的人数、名单、各地的住房要求及航班与抵离时间。

2. 接待计划的内容

接待计划的内容一般必须包括三部分：旅游团的基本情况和要求、日程安排及成员名单。

（1）旅游团的基本情况和要求。

①团名、团号、组团社或公司的名称；

②旅游团人数，须注明男、女、儿童人数；

③团队的类别：考察团、观光团、疗养团、专业团、会议团等；

④团队要求的服务等级：豪华团、标准团、经济团；

⑤旅游路线及所访问的城市；

⑥顾客自订或组团社订的饭店名称，若组团社委托地接社代订饭店则要求注明住宿的饭店名称及星级标准、用房数量及单人间、双人间、三人间等要求，用餐要求，特别注明是否有素食者或其他用餐的特殊要求；

⑦对导游员语种的要求，或者对导游员的业务水平、性格等方面的特殊要求；

⑧团队费用结算的方式；

⑨接待各方联系人的姓名、电话，紧急情况或夜间联系人及联络方式。

（2）日程安排。

①航班号、日期、时间、车次、船次等，抵离时所乘交通工具；

②各城市间的交通工具、航班号、车次、船次及抵离时间；

③在各地所安排的主要参观游览项目、风味品尝、文娱活动及其他特殊要求。

(3) 成员名单。

成员名单要有旅游者的姓名、性别、年龄、职业，若是重点团队还应注明旅游者身份，接待方联系人的姓名、电话。

3. 接待计划的变更

计调部的接待计划一般都是在旅游团出发前一个月到一个半月就制订、下发了，在此期间，顾客有时会对某些方面的要求进行修改。计调部在收到顾客要求变更的传真时应及时修改原接待计划，调整后的有关内容要及时通知有关部门。一般变更有以下几种情形：

(1) 人数的增加或减少；

(2) 抵离航班、时间的更改；

(3) 在日程中增加某个城市或减少某个城市；

(4) 两团合并。

更改通知是对原接待计划的修正，若联系不当则会导致混乱，造成失误，从而影响接待质量。

(三) 落实接待计划

为了确保接待计划的顺利实施，减少各种责任事故的发生，计调部还要与本旅行社其他部门或其他旅行社相互配合，落实接待计划。

(1) 详细核对旅游团的准确人数、国籍、地区、语种、抵离时间、接待标准、住宿标准、餐饮标准、用车要求、交通要求、各地参观景点要求、陪同要求及其他特殊要求。

(2) 安排住房。委托代订房要在接待计划中注明旅游团要求住哪家酒店，由地接社向该酒店订房，组团社要以书面形式确认。自订房要与酒店核实抵达时间，核实用房数，如几个单间、几个双间、有无陪同床，要书面确认。

(3) 落实用餐。通知各餐厅旅游团抵达的时间、人数、餐标，是否有素食者，是否有穆斯林，是否有风味餐及其餐标，是否有其他特殊要求。

(4) 与票务部落实旅游者的返程票据。若是自组团，必须与各站落实各段的票据是否订妥，并要求书面回复。

(5) 与交通部门落实旅游团用车、行李用车，并与司机、行李车司机及行李员落实旅游团的抵离航班（车次）、时间以及住宿的饭店。

(6) 落实对旅游团游览日程、购物的安排。

(7) 与接待部落实导游员的委派。如果旅游团对导游员有特殊要求，计调部要与接待部核实。例如指名某一位曾合作过且很满意的导游，或指名优秀导游，要求男导游或女导游。若非无理要求，可视情况尽量满足组团社的要求，认真挑选最适合该旅游团的导游。

(8) 与销售部及财务部落实付款方式及付款时间。所有旅游团的付款结算单必须在旅游团抵达前由双方财务审核并确认好，以免旅游团抵达时发生纠纷。

★ **特别提示**

为了保证旅游团接待质量，需要确认付款方式与付款时间。目前一般支付团款的方式有：

①内宾团队一般出游前已将团款付清。

②海外团队一般在团队抵达时由国内地接社的财务人员与销售部的人员一起收款。收款时除了认真清点数额之外，最好使用伪钞识别机，以免发生意外，给收款者及旅行社带来损失。

③电汇、信汇。二者都是由组团社将款项汇入地接社的账户的付款方式。电汇较快，信汇较慢。电汇是目前最常用的支付团款方式。一般由地接社做好团队结算单后传真给组团社，再由组团社的财务、销售部共同核实无误后，由组团社汇款给地接社。地接社收到汇款单复印件时，财务必须仔细核查并确认有无汇款的银行公章。关键是汇款的时间问题，地接社是团款越早收到越好，而组团社则怕有更改，一般都要等客人实际抵达后才同意汇款。

④信用卡。使用信用卡消费时，银行会扣出一部分手续费，因此只有当团队临时发生行程更改需增加费用，不得不使用信用卡时才用信用卡支付。

（四）接待计划的控制

接待计划落实好后，一旦发生计划更改，计调一定要在计划单上注明更改记录，并将更改内容及时通知有关部门和单位。

计调还要与上、下站旅行社互通旅游团信息，随时掌握旅游团的行程情况，及时处理突发问题。

（五）做好统计工作，建立业务档案

1. 做好统计工作

旅行社要适应市场的变化，及时调整经营方针与经营策略，就必须对各项经营活动进行认真全面的统计，并进行科学的分析，这样才能使新的决策具有科学性，才能适应旅游市场的变化，在日益激烈的市场竞争中立于不败之地。因此，计调部的统计是否准确、及时、全面、系统，就显得举足轻重。

影响旅行社经营情况的一切数量关系均是计调部统计工作的内容，主要包括两方面：

（1）客源统计。客源统计分析是计调部统计工作最主要的一环。旅行社一年以及各月份接待的人数、天数，各个客源国（地区）客源数量、客源流向，淡旺季的分布等，都应有详细的统计资料。对本期统计数据与上一年同期数据进行对比，从中发现问题，有利于旅行社决策部门开拓市场。一般做法是通过图或表把旅游现象数量方面的资料形象清晰地反映出来。

（2）合作单位情况统计。旅行社与民航、铁路、饭店、汽车公司、旅游景点、餐厅、定点商店等方面都建立了合作关系，有必要对合作单位进行全面统计和分析，看看本旅行社在一定时期内向这些地方输送了多少客源，为能争取到更为优惠的价格提供依据。

2. 建立业务档案

从计调部的工作内容来看，计调部工作量非常大，而且纷繁复杂。对外不但要与交通部门、饭店、旅游景点、定点商店联络合作，还要与其他旅行社合作；对内要与有关

部门搞好交接工作。每天往来的传真、电报、电话记录等非常多，这就需要建立起一套科学有效的业务档案管理制度，将原始件妥善保存起来，以便查阅。

（1）建立计划档案。根据收到的预报计划，按旅游团抵达本地的年、月、日进行编号登记，涉及各个旅游团队的行程、活动，更改的所有传真、电报、电话记录经处理后，加以整理，归入各团的卷宗之中。一旦某个旅游团出了问题，只要在接待计划一览表中查到其抵离时间，立即就可以找到有关该旅游团的各种原始资料。

（2）建立合同档案。与民航、铁路、饭店、汽车公司、旅游景点、餐厅、定点商店等相关部门所签订的合同或协议书，应分门别类整理入档。同时要注意，合同均应由旅行社总经理（法人代表）签字或盖章，或者由法人代表指定的代理人签字，否则合同无效。

（3）建立统计图表档案。统计图表反映了某一时期的经营情况，是重要资料，有必要将其分类整理，妥善保存。

三、组团计调工作流程

（1）策划产品；

（2）向协作单位询价；

（3）核价，包装产品；

（4）编制团号，制订出团计划；

（5）根据销售确定出团人数，落实交通；

（6）向地接社发传真确认最终行程及结算方式；

（7）等待地接社回传确认；

（8）向全陪、旅游团派发出团通知书；

（9）跟踪团队；

（10）审核报账单据；

（11）交主管审核签字，交财务报账；

（12）团队结束归档，跟踪询访。

四、接待计调工作流程

（1）制订接团计划。

根据组团社发来的预报计划传真，向协作单位核实并达成协议。

（2）向组团社报价。

根据组团社询价编排线路，以报价单形式提供相应价格信息（报价）。

（3）计划登录。

接到组团社书面预报计划后，将团号、人数、国籍、抵离航班（车次）、时间等相关信息登录在当月团队动态表中。如遇对方口头预报，请求对方以书面方式补发计划，或在己方确认书上加盖对方业务专用章并由经手人签名，回传作为确认件。

（4）编制团队动态表。

编制接待计划，将人数、陪同数、抵离航班（车次）、时间、住宿酒店、餐厅、参观景点、地接社、接团时间及地点、其他特殊要求等逐一登记在团队动态表中。

（5）计划发送。

向各有关单位发送计划书，逐一落实。

①用房。根据团队人数、要求，以传真方式向协议酒店或指定酒店发送订房计划书并要求对方书面确认。如遇人数变更，及时做出更改件，以传真方式向协议酒店或指定酒店发送，并要求对方书面确认；如遇酒店无法接待，应及时通知组团社，经同意后调整至同级酒店。

②用车。根据团队人数、要求安排用车，以传真方式向协议车队发送订车计划书，并要求对方书面确认。如遇变更，及时做出更改件，以传真方式向协议车队发送，并要求对方书面确认。

③用餐。根据团队人数、要求，以传真方式或电话通知向协议餐厅发送订餐计划书。如遇变更，及时做出更改件，以传真方式向协议餐厅发送，并要求对方书面确认。

④返程交通。仔细落实并核对计划，向票务人员下达订票通知单，注明团号、人数、航班（车次）、用票时间、票别、票量，并由经手人签字。如遇变更，及时通知票务人员。

（6）计划确认。

逐一落实完毕后（或同时），编制接待确认书，加盖确认章，以传真方式发送至组团社并确认组团社收到。

（7）编制概算。

编制团队概算单，注明现付费用、用途；送财务部经理审核后，填写借款单，与概算单一并交部门经理审核签字；报总经理签字后，凭概算单、接待计划、借款单向财务部领取借款。

（8）下达计划。

编制接待计划及附件，由计调人员签字并加盖团队计划专用章。通知导游员取计划及附件。附件包括名单表、向协议单位提供的加盖作业章的公司结算单、导游员填写的陪同报告书、游客（全陪）填写的质量反馈单、需要现付的现金等，票款当面点清并由导游人员签收。

（9）编制结算。

填制团队结算单，经审核后加盖公司财务专用章，并于团队抵达前将结算单传真至组团社，催收团款。

（10）全程跟踪。

同导游员、组团社计调保持密切联系，随时关注团队行程，遇到问题及时沟通解决。

（11）结清账目，团队归档。

团队行程结束，通知导游员凭接待计划、陪同报告书、质量反馈单、原始票据等及时向计调人员报账。计调人员详细审核导游员填写的陪同报告书，以此为据填制该团费用小结单及决算单，交部门经理审核签字后，交财务部并由财务部经理审核签字，报总经理签字后，向财务部报账。最后将团队资料归档存放。

项目3　计调业务操作

案例引入

专线计调和门市接待是完全不一样的，下面用国内的线路来做解释。

（1）既然做专线，就肯定要熟悉你操作的那条线路。你必须知道旅游目的地的门票、观光车、索道的价格是多少，景区内是不是还有小门票，需要提前多少天预订，找谁预订，团队价和挂牌价有没有区别，学生、老人的门票是否有优惠。

（2）掌握目的地酒店的名称、房间数量、销售部联系方式等。比如操作30个人的团队，一般都需要预订16个房间，多余的1个房间为了保证临时增加客人能有房间住。还有就是当人数是25个人的时候，单房差如何计算；小孩占床如何收费，不占床如何收费。

（3）团队餐。一般的酒店都包含了早餐，我们所谓的正餐就是指团队餐里面包含的午餐和晚餐。小孩一般都算半餐。要掌握每顿餐的餐费标准是多少。

（4）导游。掌握公司内部所有导游的名字和联系方式，以方便派团。

（5）交通。作为一名计调，需要调配团队的车辆。一般都有固定的合作车队，计调需要掌握车的大小和座位数，进行合理安排。车的大小不一样，运输的费用也不一样。比如20个人的团队，却派一辆39座的车，无形当中就增加了团队的操作成本，这是不合理的。

（6）出团前给每位客人购买旅游意外保险，这个是必须的。

（7）接下来就是填写团队运行计划表交给导游，以便他了解团队的所有情况。

当然最重要的一点就是细心了。

（资料来源：http://tieba.baidu.com/p/1226796151）

提出问题

从上述计调员的工作体会中，你受到哪些启示？

我们小组的回答是：____

____

____

相关知识

计调业务操作常用的方法有两种：流水操作法和专人负责法。

流水操作法是由几个计调员每人负责一项工作。其操作流程是：接待计划（A计调员签收）—订票（B计调员负责）—订房（C计调员负责）—订餐（D计调员负责）—市内交通（E 计调员负责）—安排游览活动（F 计调员负责）—订娱乐节目（G 计调员负责）—向接待部下接团通知（H 计调员负责）。流水操作法适合大的旅行社。

专人负责法是将有关的旅行社（客户）分成几块，每个计调员负责一块。从客户发来接待计划起，到客户向本旅行社接待部发来接待通知为止，均由一个计调员负责完成。专人负责法适合小旅行社。

一、计调的对外采购业务

（一）交通服务的采购

1. *定期航班机票的采购*

（1）机票的预订。了解乘坐飞机的旅游者信息和航空公司的信息。旅游者方面的信息包括姓名、性别、国籍、联系电话、身份证号码（或护照号码）、有无儿童随行、乘机日期和时间、特殊要求等。航空公司方面的信息包括机型、机票价格、航班延误的处理方法等。

（2）机票的购买。预订时，旅行社采购人员将“飞机票预订单”按航空公司规定的时间送至航空公司售票处。

购票时，旅行社采购人员应持现金或支票及乘机人的有效身份证件或旅行社出具的带有乘机人身份证号码（或护照号码）的乘机人员名单。

取票时，旅行社采购人员应认真核对机票上乘机人的姓名、航班、起飞时间、前往目的地等内容。

（3）机票的确认。在国内旅行中，旅客持有订妥座位的联程或来回程客票，如果在该联程或回程地点停留 72 小时以上，须在联程或回程航班离站前两天中午 12 点以前办理座位再证实手续，否则原订座位不予保留。在国际旅行中，已订妥续程或回程国际、地区航班座位的旅客，如果在上机地点停留 72 小时以上，应最迟在航班起飞前 72 小时对所订座位进行再证实，否则所订座位将自动取消。

（4）机票的退订。旅客（团体旅客另行规定）在客票上列明的航班规定离站时间 24 小时以前要求退票（含不定期客票）时，退票手续费由承运人规定：在航班规定时间 24 小时以内至 2 小时前要求退票，收取票价 10% 的退票费；在航班规定离站时间前 2 小时以内要求退票，收取票价 20% 的退票费。

（5）机票的变更。旅行社在购买机票后，因旅行计划变更而要求变更航班、日期、舱位等级时，应在原指定航班离站前 48 小时提出变更申请，承运人根据实际可能和运输条件给予办理。每张客票只能免费变更一次。

★ 特别提示

①客票有效期：自旅客开始旅行之日起，一年内运输有效。如客票全部未使用，则从客票填开之日起，一年内运输有效。特种票价的客票按照承运人规定的该特种票价的有效期计算。

②少年儿童票价：未满 2 周岁的婴儿按成人全票价的 10% 购买婴儿票，不提供座位，如需要单独占用座位，应购买儿童票。已满 2 周岁未满 12 周岁的儿童按成人全票价的 50% 购买儿童票。每一成人携带婴儿超过一名时，超过的人数应购买儿童票。年满

12周岁的少年，应购买成人票。

③客票遗失：旅客遗失客票，应以书面形式向承运人或其销售代理人申请挂失，并提供原购票的日期、地点、有效身份证件、遗失地公安部门的证明以及足以证实客票遗失的其他证明。在申请挂失前，客票如已被冒用或冒退，承运人不承担责任。

2. 旅游包机的采购

旅游包机是旅行社无法满足旅游者乘坐正常航班抵达目的地时所采取的一种弥补措施。以下四种情况可申请旅游包机：

（1）团队人数达到飞机座位数80%以上时可申请单独包机；

（2）由多家旅行社组织旅游者前往同一目的地且总人数接近飞机座位数时可采用联合包机；

（3）对贵宾团、商务团、会议团等可实施特殊团队包机；

（4）出现突发事件时采取应急包机。

旅游包机的采购程序是：

（1）旅行社采购人员提出包机申请；

（2）同承运人（航空公司）签订包机协议；

（3）从航空公司开出包机机票；

（4）支付租赁费用；

（5）通知接待部和导游。

3. 汽车服务的采购

一些旅行社有自己的车队，可以直接调配，但很多时候则要与有关交通运输单位达成协议，在出团前预订好车辆，经双方确认方可。旅行社用车预订单见示例8。

示例8　旅行社用车预订单

<table>
<tr><td>汽车公司：</td><td>联系人：</td><td>电话：</td><td>传真：</td></tr>
<tr><td>团号：</td><td>联系人：</td><td>电话：</td><td>传真：</td></tr>
<tr><td>车型：</td><td>客座数：</td><td>司机姓名：</td><td>电话：</td></tr>
<tr><td>车牌号：</td><td colspan="3">用车时间：</td></tr>
<tr><td colspan="4">行程路线及景点：</td></tr>
<tr><td colspan="4">备注：1. 派出车辆____辆。（______元/天）
2. 派出车辆车况必须良好，车内环境卫生须使游客满意。
3. 司机驾驶技术过硬，服务态度良好。
4. 请确认后回传，谢谢。
年　　月　　日</td></tr>
</table>

4．铁路交通服务的采购

和铁路部门关系好的旅行社或者大批量团购的旅行社，可以享受20免1或者是30免1的车票，这就是旅行团的票中会有零票价票的原因。如果是大旅行社租的旅游专列，票价就由旅行社和铁路协商而定。

（二）住宿服务的采购

1．选择住宿服务设施

旅行社采购人员可从以下方面考察住宿服务设施：

（1）酒店坐落地点和周边环境；

（2）酒店的设施设备情况；

（3）酒店服务类型和服务水平；

（4）酒店有无配套的停车场地。

2．选择预订渠道

旅行社采购人员通常通过四种渠道进行预订：

（1）组团社通过传真、信函等直接向酒店提出预订；

（2）委托酒店预订中心预订（注意：通过预订中心预订后，旅行社仍然要与将要下榻的酒店联系，掌握客房预订状况及了解预交定金手续等）；

（3）委托酒店销售代表预订；

（4）委托地接社预订。

3．确定酒店客房租住价格

酒店客房租住价格通常有三种：门市价格、团体价格、协商价格。

4．预订酒店

（1）旅行社在充分了解旅行者的需求后，填写预订单，提前一星期左右将预订单发给酒店。酒店会向旅行社发出确认函。旅行社酒店预订单见示例9。

示例9　旅行社酒店预订单

饭店名称		联系人		电话		传真	
团号		联系人		电话		传真	
到店时间		房间数		离店时间		用房标准	
付款方式		是否含早餐					
备注：1．请安排司机、陪同床____张。（免费或按____元/天） 2．设施完备、无损害，服务质量高。 3．请确认后回传，谢谢！ 年　月　日							

（2）交纳预订金。旅行社收到酒店发来的预订确认函后，要在协商时间内向酒店交

纳预订金，确保酒店为旅行社保留所预订的客房。

(3) 办理入住手续。凭酒店确认函在酒店前厅接待处办理入住手续。要注意的是，尽管有预订和酒店确认函，计调人员仍要在团队入住前两天进行再确认。

(三) 餐饮服务的采购

旅行社采购人员在采购餐饮服务时，通常采用定点采购的方法。其程序是：

(1) 考察和筛选餐饮点。

(2) 同被选择的餐馆进行谈判。

(3) 签订合作协议（主要就用餐标准、价格、折扣、退订细则、付款方式等做出规定）。

(4) 提前预订并同已预订的餐馆协调，确定用餐标准、用餐地点、用餐时间，确保用餐的数量与质量。

(四) 旅游景点服务的采购

旅行社采购人员与参观游览景点合作的步骤：

(1) 熟悉本地区重要的景区景点。

(2) 对新开发的景区景点进行考察和比较。

(3) 向选择的景区景点提出合作意向。

(4) 同景区景点进行谈判协商，就门票价格折扣、付款方式、停车地点等进行洽谈。

(5) 签订合作协议。

(五) 旅游购物服务的采购

旅行社采购人员应选择信誉良好、特色鲜明、价格公道、商品质量优、售后服务有保证的旅游定点商店，经洽谈后签订协议，明确双方权利、义务，以防止商店向旅游者出售假冒伪劣商品。

(六) 娱乐服务的采购

采购娱乐服务时，旅行社采购人员要同娱乐公司就预订票、演出内容、演出时间、票价、折扣、付款方式等进行谈判并达成协议。

(七) 旅游保险服务的采购

旅行社应为旅游者提供规定的旅游保险。旅行社采购人员应选择信誉良好、经济实力强的保险公司作为合作对象，按要求为旅游者购买各种保险。

二、组团社与地接社的合作

地接社的计调部要协调好与组团社的关系，正确对待每一个旅游团，确保其服务质量。

组团社的计调部也要协调好与地接社的关系，不要盲目自大。组团社与地接社之间可以说是“唇齿相依”的关系。与各地接社建立良好关系，关系到向每一个旅游团提供的服务质量。

三、计调业务操作过程

(一) 制订出团计划

计调人员制订的出团计划格式见示例10。

示例 10　××旅行社出团计划

团号			旅游路线						
起讫日期									
人数		领队		电话					
接团									
送团									
用车	派车单位		车牌号						
	司机姓名		联系方式						
用餐	用餐标准	早餐	用餐地点	联系人	电话	正餐	用餐地点	联系人	电话
用房	酒店名称		联系人						
	电话		用房标准						
	用房间数		付款方式		是否含早餐				
游览景点									
团队计调		联系电话		传真					
团队导游		联系电话		身份证号码					
预借团款									
计调签名：		导游签名：		计调经理签名：					
地接社联系方式	名称		联系人		联系电话				
	导游		联系电话						
备注：									
紧急联系电话									

（二）调整出团计划

对已制订好的出团计划，如遇特殊情况不得不进行调整时，按下列原则进行：

（1）变更最小的原则。

（2）宾客至上的原则。

（3）同级变通的原则。

（三）团队账目结算

计调是一个团队操作的总控，处于全盘操作的中心地位。计调操作中对地接社的安排、订房、订票、订餐、订车、签证、保险等项目的结算方式可分为现金结算、按月结算、季度结算和年度结算，一般情况下都是现金结算。

（四）导游管理

旅行社导游有专职和兼职两种，计调人员根据所接待团队或游客的性质、需要来安排导游带团。一般在旅行社专职导游不够或者旅游者有特殊要求（如语种要求、民族需求）的情况下，旅行社安排兼职导游带团。导游服务费一般都是现金结算。

本模块小结

本模块从了解计调业务及其分类开始，介绍了计调业务的工作范围、计调的工作特点，对计调人员的工作职责及其素质要求进行了详细说明，对计调工作所需的工具、计调工作的流程与内容进行了重点阐述，最后对计调的对外采购业务做了系统性说明。

习题与实践

1. 课堂讨论题

(1) 旅行社计调业务在旅行社业务中的作用。

(2) 计调人员应该具备哪些素质?

2. 自测题

(1) 计调工作具有（　　）、（　　）、（　　）和（　　）的特点。

(2) 计调业务从业务范围划分，可分为（　　）计调、（　　）计调、（　　）计调和（　　）计调。

(3) 计调要及时将团队的接待计划安排好，做到“五定”：（　　）、（　　）、（　　）、（　　）、（　　）。

(4) 购买机票时，已满 2 周岁未满 12 周岁的儿童按成人全票价的（　　）% 购买儿童票。

3. 复习思考题

(1) 对已制订好的出团计划，如遇特殊情况不得不进行调整时，应遵照哪些原则进行调整?

(2) 组团计调的工作流程是怎样的?

4. 综合实训题

(1) 分组扮演组团社计调、地接社计调、住宿服务供应商、交通服务供应商、餐饮服务供应商、景区景点、购物商店及保险公司，模拟计调业务操作过程。

(2) 模拟制订一份旅行社出团计划。

知识拓展

计调人员提高工作效率、避免差错应注意的问题

在旅行社中，计调无疑首先成为其形象代表。它是旅行社完成地接、落实发团计划的总调度、总指挥、总设计。“事无巨细，大权在握”，计调具有较强的专业性、自主性、灵活性。如果说外联是辛勤的采购员，那么计调就是“烹饪大师”，经他们的巧手要把“酸、甜、苦、麻、辣、咸”的不同滋味调制出来，以满足不同团队的“口味”，

确实需要一定的技巧。

1. 人性化

计调人员在讲话和接电话时应客气、礼貌、谦虚、简洁、利索、大方，善解人意，体贴对方，养成使用“请多关照”、“马上办”、“请放心”、“多合作”等“谦词”的习惯，以给人亲密无间、春风拂面之感。每个电话、每项确认、每项报价、每个说明，都要充满感情，以体现出合作的诚意，表达出作业的信心，显示出具备的实力。书写信函、公文要规范化，字面要干净利落，清楚漂亮，简明扼要，准确鲜明，以赢得对方的好感，换取对方的信任与合作。一个优秀的计调人员，一定是这个旅行社多彩“窗口”的展示。

2. 条理化

计调人员一定要细致地阅读对方发来的接待计划，重点关注具体时间、人数、用房数、是否单双间、小孩是否占床、抵达的准确时间和抵达机场（车站、码头），核查中发现问题应及时通知对方，迅速进行更改。此外，还要看看团队成员中有无少数民族或宗教信徒，饮食上有无特殊要求，以便提前通知餐厅。如果发现有在本地过生日的游客，记得要送他一个生日蛋糕，以表庆贺。如人数有增减，要及时进行车辆、床位等的调整。条理化是规范化的核心，是标准化的前奏曲，是程序化的基础。

3. 周到化

“五定”（定房、定票、定车、定导游、定餐）是计调人员的主要任务。尽管事务繁杂，但计调人员头脑必须时刻保持清醒，逐项落实。俗话说：“好记性不如烂笔头。”要做到耐心周到，还要特别注意两个字：一是“快”。答复对方问题不可超过24小时，能解决的马上解决，解决问题的速度往往代表旅行社的作业水平。一定要争分夺秒，快速行动。二是“准”，即准确无误，一板一眼，说到做到，“不放空炮”，不变化无常。回答对方的询问时，要用肯定词语，行还是不行，行怎么办，不行怎么办，不能模棱两可，似是而非。

4. 多样化

组一个团不容易，要做到价格低、质量好，计调人员在其中发挥了很大的作用。因此，计调人员要对地接线路多备几套不同的价格方案，以适应不同游客的需求，同时留下取得合理利润的空间。同客户“讨价还价”是计调人员的家常便饭。不能固定“一个打法”，有多种手段，方案多、细、全，计调人员才可“兵来将挡，水来土掩”，在“变数”中求得成功。

5. 知识化

计调人员既要具有正常作业的常规手段，还要善于学习，肯于钻研，及时掌握不断变化的新动态、新信息，肯下工夫学习新的工作方法，不断进行“自我充电”，以提高作业水平，做到更快、更准、更强。如要掌握宾馆、饭店上下浮动的价位，海陆空价格的调整，航班的变化，本地新景点新线路的情况等，不能靠“听人家说”，也不能靠打电话问，应注重实地考察，只有掌握详细、准确的一手材料，才能沉着应战，对答如流，保证作业迅速流畅。

计调人员不仅要“埋头拉车”，也要“抬头看路”，要先学一步、快学一步、早学一步，以丰富的知识武装自己，以最快的速度从各种渠道获得最新的资讯，并付诸研究运用，才可以“春江水暖鸭先知”。虚心苦学、知识化运作其实是最大的窍门。

模块8　旅行社外联业务

任务目标

了解旅行社外联业务的特点，熟悉外联人员的职责，掌握外联业务洽谈的方式与技巧，掌握旅行社客户管理的方法，熟悉旅行社外联函电的处理过程。

项目1　外联业务概述

案例引入

旅行社产品是以服务为主的产品，产品的质量便是服务的质量，产品的品牌便是服务的品牌。那么，旅行社外联的服务在哪里呢？成都某旅行社经过认真总结，竭力提高外联的服务水平，通过优秀的外联服务工作，不断赢得顾客，扩大销售。

第一，树立了“顾客至上，服务第一”的外联工作准则，对外联人员进行了认真培训，使他们具有良好的素质、一流的品质、绝佳的促销口才、精湛的业务技能。第二，不做任何虚假宣传和与实际不符的承诺，严格遵守双方签订的旅游合同，坚持诚信、公开、公平的交易原则。第三，认真进行市场调查，定期回访老顾客，听取收集消费者意见，积极改进工作。第四，在所进行的营业推广中，严格履行各项诺言，如赠送、优惠、奖励等。第五，在公关营销中，做好每一次活动，绝不能只是虚伪的表演和做作等。总之，真诚、守信、热情、友好、周到、准确、快捷是每个外联人员的服务宗旨，通过不懈的努力，该旅行社扩大了促销，赢得了良好信誉和知名度。

（资料来源：杨晨晖．外联部操作实务．北京：旅游教育出版社，2006.）

提出问题

外联业务是旅行社最重要的经营业务之一，旅行社的外联部门承担着双重任务，既要把旅行社的旅游产品推向市场，又要为旅行社招徕大量的旅游者。外联人员往往是第一个跟消费者接触的形象大使，其一言一行都关系着旅行社的社会形象。长期以来，很多旅行社只重视接待服务质量，而忽略了外联服务质量。上述成都某旅行社将外联服务放在首位，抓住了旅行社发展的根本。而事实也正是如此，外联工作出色与否，往往在很大程度上决定了一家旅行社在行业内的地位。那么，外联业务具有哪些特点，其具体工作内容是什么？外联人员又需要具备哪些基本素质和要求呢？

我们小组的回答是：____

____

____

相关知识

外联部是旅行社中最重要的经营部门，也称市场营销部，主要负责旅行社与旅游客户（包括旅游者、旅游中间商和其他旅行社）之间的联络，并进行旅行社产品的直接销售，包括业务联系、信息提供、业务洽谈、达成意向或协议、出售旅游产品等过程，其职能在于将各种旅游信息资料有机地组成旅行社产品，出售给旅游部。

一、外联业务的特点

（一）综合性

旅行社外联业务的综合性主要体现在工作内容和工作对象上。外联人员的工作涉及许多方面的内容，包括收集资料、设计产品、对外报价、业务洽谈、销售产品、草拟协议书和意向书、维护和管理客户关系等，这些具体的业务都有不同的要求。从其工作对象来看，外联人员既要与旅行社内部的计调部、财务部、接待部保持密切合作，又要对外与旅游中间商、其他旅行社以及旅游者进行接洽。因此，外联业务是一项综合性强的业务。

（二）超前性

外联业务是旅行社其他业务的基础，因此外联人员的每项工作都必须有一定的超前性。例如，为销售更多的旅游产品，招徕更多的客源，必须事先进行市场调查，收集信息，了解市场需求，并根据市场情况提出相应的对策；在旅游产品的设计方面，要根据市场的需求，预先设计出适销对路的产品，并采取适当的宣传和促销手段；为保证产品质量，还必须做好旅游团队的计划预报和落实工作。外联人员如果没有超前的理念和意识，是难以做好旅游产品销售工作的。

（三）经济性

外联部主要是组织和提供客源，其业务的每一个环节都会影响旅行社的收益。因此，外联部在设计旅游产品时，必须切实考虑市场需求，产品价格的制定必须合理，既要保证效益又要有竞争力；在业务洽谈时，报价必须仔细，稍有疏忽，就会造成较大的经济损失；在与客户达成意向签订合同时必须认真，各项条款都要仔细斟酌，避免主客双方的权益受到损害。

（四）复杂性

旅行社外联工作的着眼点在于市场，影响旅游活动的可变因素又比较多，因而使外联业务变得更为复杂：一是旅游需求的多变性容易造成外联人员的判断失误，增加外联业务的操作难度；二是旅游市场供求关系的变动使得外联人员对旅游产品价格和质量的把握难度加大，加上构成旅游产品的餐饮、交通、住宿等因素受时间和空间的影响比较大，经常会发生不可预见的事件，使得外联部的计划编制和落实工作变得复杂；三是旅游者的行为方式的不稳定，也容易使外联人员的工作受到干扰。

（五）创造性

旅游产品必须独特新颖，才能够吸引旅游者和旅游中间商。只有采用富有创意的促销方式和手段，才能不断扩大市场，而这些都取决于外联工作的创造性程度。在旅行社行业竞争日益激烈的情况下，外联部必须突破传统的思维定势，创造性地设计出“人无我有、人有我优”的旅游产品，开展独特新颖的促销活动，才能真正吸引旅游客户，扩大市场占有率，提高旅行社在行业中的地位。

二、外联业务的主要内容

（一）收集内外信息

外联人员要广泛地收集来自旅行社内部和外部的各种信息。具体来说，内部信息主要包括：来自旅行社决策部门的信息，如经营管理部门的各种决策、计划、指挥、控制情况；来自旅行社接待部门的情况，如客户对旅游产品质量的满意程度和意见反馈；来自旅行社计调部门的信息，如各旅游协作单位及合作旅行社的信息；来自旅行社财务部门的信息，如产品成本、价格及收益等。

外联人员同时要做好旅游市场调查工作，掌握大量来自旅行社外部的信息，包括国内外旅游市场的发展动态，关于竞争对手、旅游中间商、旅游者的各类信息，调查和掌握关于产品质量、客户情况、旅游需求及其变化、旅游市场发展趋势等各方面的资料，以便为旅行社的决策提供依据。

（二）制订工作计划

外联人员要根据旅行社发展的总体战略目标，结合收集到的资料以及对市场进行分析研究，制订部门工作计划，作为外联人员进行市场开发、组织客源和销售产品的行动指南。外联部的工作计划由服务采购计划、市场销售计划、接待服务计划、作业控制计划、质量监督计划等内容构成。

1．服务采购计划

服务采购，一般是指旅行社为组合旅游产品而以一定的价格向其他旅游企业或与旅游业相关的其他服务行业和部门购买相关服务项目的市场经营行为。服务采购工作是旅行社计调部门的一项重要业务，但是，计调部门的服务采购计划往往全面涉及旅游六大要素。外联部为了突出产品特色，加强产品销售能力，完成市场销售计划，应该有所侧重地制订相应的服务采购计划。通常情况下，根据工作计划的需要，外联部服务采购计划主要包括包机计划、旅游专列计划、广告宣传计划等对销售影响较大的内容。

2．市场销售计划

市场销售计划是为了开发市场、组织客源和销售产品，是旅行社接待服务活动的基础。销售计划的主要内容包括各种旅游产品和服务项目，在确定销售价格的基础上，通过各种渠道确定销售对象，预测销售及所需费用、销售收入和销售利润。其作用是规定计划期间内的经营目标，把握所需耗费的资金，确定具体销售策略，为旅行社的接待安排提供可靠的依据。

3．接待服务计划

旅行社的接待服务计划包括地方接待服务计划和组团接待服务计划。外联部作为出游服务中心，主要制订的是组团服务计划。外联部要从接待人员的安排、餐厅用餐、饭店住宿、景点游览、行程交通、安全对策等方面进行设计，并通过出团通知书的形式表现出来。

4．作业控制计划

这是对旅行社各部门、各工种工作人员在贯彻执行业务计划的过程中，进行执行性、操作性控制的计划，主要是针对门市销售人员、外联业务员、客户档案管理员的操作控制计划。

5．质量监督计划

旅行社的质量包含三个方面：一是旅行社产品设计质量，即要求旅行社设计出能满足不同层次旅游者需求的线路和节目，食、住、行、游、购、娱等项目供应标准要质价相符；二是旅行社人员的实际接待服务质量，即旅行社的门市工作人员和导游员要通过热情周到、谦和礼貌、舒适方便和迅速及时的服务，使旅游者得到物质和精神方面的满足；三是旅行社的环境质量，即旅行社的业务、采购、接待和财务部门，以及景点、饭店、餐厅和车队等协作单位的工作质量。外联部的质量监督计划必须涉及旅行社质量的全部内容，体现旅行社全面质量管理思想，对游前、游中、游后三个阶段以及部门全体员工工作态度、工作语言、工作技术、工作项目等内容进行质量监督。

（三）设计旅游产品

旅行社产品是一种特殊的服务产品，是为满足旅游者在旅游过程中的所有需要而提供的各种有偿服务。外联部的一个很重要的工作就是根据旅游者的需求，把各种旅游资源巧妙地组合成可供旅游者选择的旅游产品。由于与市场联系紧密，因此外联部能够在掌握大量市场信息的基础上，分析和研究旅游者的需求，把握旅游者的旅游动机和消费心理，从而设计出适销对路、有吸引力的产品，同时，还要根据市场需求的变化及时更新和完善旅游产品。

（四）销售旅游产品

开发市场、招徕顾客、组织客源和销售产品是旅行社外联部最重要的工作职责。外联人员要详细了解旅行社的营销计划，充分了解客户需求，采取多样化的联系方式，运用灵活的谈判技巧同旅游客户进行业务洽谈，推销旅游产品，最终达成合作意向，签订旅游合同，还要负责承办国内外旅游团体或旅游中间商的委托代办业务，并且积极地参加旅游促销活动，做好旅游宣传工作，树立良好形象，招徕更多的客源。

三、外联部人员的岗位职责

（一）外联部经理的岗位职责

外联部经理直属旅行社总经理领导，全面负责外联部的工作。具体来说，其岗位职责包括：

（1）负责本部门全面管理工作，制定本部门各岗位职责章程；

（2）负责旅游专线供应商引进，旅游产品策划、组织；

（3）负责与旅游景区、其他旅行社的沟通协调；

（4）负责旅游产品策划部门的管理；

（5）负责组织市场调研、信息分析工作；

（6）负责组织市场策略制定和相关计划的编制工作；

（7）负责组织开展品牌管理工作；

（8）负责营销渠道的管理工作；

（9）负责组织开展客户关系管理工作；

（10）负责业务范围内的供应商管理、客户管理、品牌推广等工作，提高公司品牌的价值等。

（二）外联人员的岗位职责

外联业务分为市场、销售、计划三大板块，每一块配置若干业务员。市场组负责信息收集、市场调查、客流动态预测工作，为产品制作和市场销售提供依据。销售组主要负责设计和制作旅游产品，对外推销、洽谈和报价以及承接旅游业务。计划组则负责统计各种资料，编制各种业务计划。各岗位的具体职责如下：

（1）市场调研员。研究国内外旅游市场的发展动态，做好市场调查工作，及时向旅行社经营决策者提供通过调查和预测得出的结论，如产品质量、客户情况、市场需求、发展趋势等方面的信息，以便于决策者做出正确的经营决策。

（2）设计销售员。主要负责设计旅游产品，组织和策划各类旅游促销活动，并采取各种不同的通信方式与旅游客户联系，进行业务洽谈，运用灵活多样的销售技巧，达成合作意向，签订旅游合同，最终将旅游产品销售出去。

（3）计划统计员。主要负责收集各种市场销售信息和当地最新的旅游市场信息，编制各种业务计划，统计旅行团的各种资料，并做好包括客户档案等各种档案的管理工作。

四、外联人员的素质要求

（一）仪表端庄

外联人员代表着旅行社的形象，因此在身高、长相上应有所要求。但这并不是最主要的，外联人员最重要的是要对自己的仪容、仪表严格要求。如果一个人长相还可以，但不修边幅，则更容易让客户感到不舒服。

（二）性格开朗，善于与人沟通

外联人员其实就是旅行社的销售人员，性格开朗、活泼的销售人员往往能够在举手投足间感染顾客，让顾客产生购买欲望。而善于与人沟通更是对外联人员的一项基本要求，如果一个外联人员总是无法有效地向客人传达自己的意见与看法，这样的外联注定是一个一无所成的外联。

（三）良好的市场拓展能力和团队合作精神

外联人员往往是旅行社开拓市场的先锋，所以必须具备良好的市场拓展能力和团队合作精神。首先，外联人员要具备创新的精神、敢为天下先的精神。初到一个新市场，没有前人的经验可循，没有总社的指令可依，一切都要靠自己揣摩、自己判断，有时得自己拿主意，这就需要外联人员拿出开拓市场的魄力来。

其次，在开拓市场时，外联人员要具备很强的团队精神，每个人都怀有强烈的事业心和责任感，相互之间默契合作，群攻群守，能起到事半功倍的效果。

（四）博闻强记，熟悉业务

优秀的外联人员应该对旅游基础知识、旅游目的地接待条件、景点内容、线路特点、当地人文历史等知识博闻强记，对自己的业务烂熟于胸。努力做到有问必答，让顾客产生信任与依赖感。

项目2　业务洽谈与合同签订

案例引入

某学院的一个系每年都组织教师外出旅游。有一年3月份，该系准备组织教师参加小浪底—王屋山两日游。经营同一条旅游线路的旅行社有很多家，这次他们决定在与多家旅行社洽谈的基础上选定一家，那么谁将赢得这个由60多人组成的大团呢?

A旅行社派去的业务员手里拿了一沓各旅行社的价目表，一再强调A旅行社的定价是同行中最低的，比其他旅行社的定价低10～20元/人。而当系领导问及详细的服务标准，如坐什么车、乘什么船、派什么导游时，业务员却无法明确答复。这使得系领导和教师们对A旅行社的服务质量产生了怀疑。

B旅行社派去的业务员显然是一个生手，他似乎没有料到系领导会问那么多、那么细的问题。例如，几点到达那里？在哪里吃饭最合适？年轻人爬山需花多长时间？年纪大的人又需要多长时间？等等。业务员对一些细节问题不甚明了，所带的资料也很不充分，不得不一趟又一趟地返回旅行社准备资料。经过几个来回的折腾，总算以其诚恳、热情的态度打动了系领导和教师们。正准备签订合同时，系领导问了最后一个问题：“你们会为我们派一个什么样的导游?”业务员不假思索地回答：“谁负责联系的团队，谁就当导游。”于是，在这最后的关口，B旅行社败下阵来。

第三个去洽谈的是C旅行社的业务员，他似乎对该系可能问及的所有问题都早有准备。在准确流利地解答了系领导和教师们所关注的问题之后，他补充道：“你们是高等院校的教师，又是这么大的一个团队，我们将派出我社资历最深的优秀导游来为你们带队……”最后，该系选中了C旅行社。

（资料来源：李幼龙. 旅行社业务与管理. 北京：中国纺织出版社，2009.）

提出问题

业务洽谈成功与否，取决于业务人员的准备工作做得是否充分、洽谈过程中是否能抓住客户的需求、是否能正确运用灵活的洽谈技巧。那么，外联人员究竟应该做哪些准备工作，又该如何与客户进行洽谈，最终与客户签订合作意向呢?

我们小组的回答是：____

____

____

相关知识

业务洽谈与合同签订是旅行社外联业务的主要内容之一，是旅行社外联人员与旅游客户进行业务联系、商讨交易条件、最终达成令双方都能满意的协议的过程。为了拓展市场，争取更多的客源，旅行社会定期或不定期派出外联人员寻找新的客户（旅行社或新的旅游消费群体）进行拜访，通过沟通建立新的业务关系；也会派出业务人员定期拜访重要的客户，维系与老客户的关系；还会就产品销售过程中的一些特殊安排与客户进行洽谈。

一、业务洽谈的形式

一般情况下，外联人员与客户的业务洽谈有两种形式：一种是面对面的洽谈，称为当面洽谈；另一种是通过通信工具进行洽谈，称为通信洽谈，包括电话洽谈和函件及信件洽谈。

（一）当面洽谈

当面洽谈是指旅行社外联人员与旅游客户进行直接的、面对面的业务洽谈。双方通过认真的谈判，最终建立业务关系或达成购买意向。当面洽谈要求外联人员首先注意保持良好的个人形象，掌握必要的面谈礼仪，热情有礼，张弛有度，善于察言观色，透过客户的言行举止把握其心理动态，了解其需求和动机，及时而灵活地运用适当的洽谈技巧，促成交易。

（二）通信洽谈

通信洽谈是指外联人员与旅游客户借助通信工具进行的业务洽谈，主要包括函件、信件洽谈及电话洽谈。通信洽谈要求外联人员掌握公文行文规范和电话礼仪。函件、信件等洽谈方式要注意格式规范、用词准确、回复及时；电话洽谈要把握好通话时间，通话内容，通话时的语音、语气及语速，注意使用礼貌用语和谈判技巧。

二、业务洽谈的流程

旅行社外联业务洽谈的基本流程如表 8－1 所示。

表 8－1　旅行社外联业务洽谈的基本流程

组团社	客户
（1）宣传推销旅游产品。 ①将编制好的旅游产品及价格向客户作介绍。 ②根据对方提供的线路、日程安排及要求报价。 ③根据顾客的修改、补充意见修改产品，并重新报价。 以上过程应将日程安排、报价、详细标明所包含内容及不包含内容告知对方	（1）购买旅游产品。 ①根据对方的产品及价格提出购买意向。 ②主动提出参观游览的线路及日程安排，请对方报价。 ③对对方的推销线路提出修改、补充意见。 以上三种做法要把旅游日期、人数、服务等级和游客的特殊要求告知对方

续上表

组　团　社	客　　户
（2）确认报价及付款方式。 ①收到对方的确认报价函后向对方提出付款条件。 ②收到确认付款条件函后，致电表示谢意	（2）接受报价。 ①收到对方报价认为价格和日程均可接受后，对方提出付款条件，发确认函给对方。 ②根据对方的付款条件，双方协商好付款方式，表示谢意。并发函确认
（3）编写、下发接待计划。 旅游产品交易确认后，立即按线路日程、服务等级、旅游团人数及团队要求编写接待计划，下发给旅行社相关部门着手采购和准备接待	（3）汇款。 按照与对方达成的协议汇款

具体来说，旅行社外联业务洽谈包括以下几个环节：

（一）洽谈准备

旅行社外联人员与旅游客户的业务洽谈往往关系重大。为了尽可能取得实际的成果，在进行面谈之前，外联人员需要做好充分的准备工作。

1．形象准备

外联人员应具备良好的个人形象，以便给客户留下良好的第一印象。首先应有适宜的穿着，要求大方得体，体现出专业人员的气质，可穿着制服、西装。女士应化淡妆，以显示对客户的尊重，但不可浓妆艳抹，衣着不可过于光鲜华丽或太过于个性化。其次要注意个人卫生。在业务洽谈之前，外联人员应及时检查个人卫生状况，例如是否有口气、头发是否清洗干净、是否有头屑、指甲是否过长、身体是否有异味等，以免在洽谈过程中给客户留下不好的印象。

2．心理准备

良好的心理素质是外联人员业务洽谈成功的前提和基础。外联人员在与客户洽谈的过程中，难免会遇到一些难以预料的问题和困难，因此，外联人员必须做好必要的心理准备，迎接可能遭受到的拒绝和失败。只有做好了充分的心理准备，才能做到临危不乱，在洽谈过程中不断地进行自我调节，并运用灵活的技巧与方法很好地解决客户的疑问，影响客户的情绪，在整个洽谈过程中占据主动地位，成功引导客户与旅行社达成协议。

3．知识准备

充分的知识准备是外联人员业务洽谈成功的保证。作为外联销售人员，只有具备了丰富的业务知识，才能准确解答客户的各种疑问，把旅游产品推销出去。具体来说，知识准备包括以下几个方面的内容：

（1）本旅行社的情况。外联人员首先要熟悉自己旅行社的基本情况，包括旅行社的定位、实力、人员构成等，以便在洽谈时进行宣传，提升旅行社企业的知名度。

（2）旅游产品知识。外联人员只有充分了解产品，才能流畅地向客户进行介绍和推荐。产品知识包括旅游产品的构成、价格、特色、能给客户带来的利益、售后服务以及与其他竞争对手相比所具备的优缺点等。

（3）客户的情况。知己知彼，才能百战百胜。只有全面地了解客户的情况，抓住其需求和动机，才能更好地将产品推销出去。因此，外联人员在与客户见面洽谈之前，要对客户的学历、经历、籍贯、年龄、收入、兴趣、专业、家庭状况、交友关系、家族背景等情况有较为全面的了解。如果是公司客户，则要对公司的发展状况、在行业中的地位、营业状况、员工情况、财务状况等做全面的了解。这样在面谈时既不会感到生疏和紧张，又能让客户感觉到旅行社对他的重视，还能据此分析出客户的需求和动机，避免走弯路。

（4）业务知识和销售技巧。除了旅行社产品之外，外联人员应掌握必要的业务知识，如国家的法律和政策、旅游商品知识、旅游市场知识、时事知识、服务礼仪、旅游心理学等，此外还要掌握推销的理论、方法和技巧，这样才能有效地为客户提供实用的信息，并能适时灵活地运用销售技巧，从而达到推销成功的目的。

（5）竞争对手的情况。了解竞争对手的目的是为了找出客户对于本企业和其他企业的认知差异，以便取长补短。客户在选购旅游产品时往往面临多种选择，再加上旅游产品的不可试用性，造成了客户一定程度的不安全感。因此外联人员在推销本旅行社的旅游产品时，不但要介绍本旅行社产品的优势，还要在洽谈时注意与其他旅行社产品进行比较，客观地分析自身产品的优缺点，并提出在未来发展中将做出的改进。

4. 资料准备

外联人员在与客户进行业务洽谈时还要准备相应的资料，主要是旅游产品和服务介绍方面的资料，包括旅游景点图片、宣传册，各种观光资料、图片、幻灯片、VCD以及广告宣传资料等，必要时还要带上能显示旅行社及外联人员自身能力的证明材料，如旅行社优秀从业人员或优秀旅行社的证明材料。此外还需准备好必要的用具如签字笔、名片、笔记本等。

（二）拜访客户

1. 提前预约

在做好洽谈准备后，外联人员拜访客户前一定要提前预约，贸然拜访会让客户产生抵触心理。

（1）要约好拜访的时间。以选择客户空闲的时间为宜，但拜访的时间因访问对象的不同而不同，因此，要根据客户的实际情况提前预约。

（2）要约好拜访的地点。地点的选择原则上要尊重客户的意见，可以是客户选择的地方或是旅游产品的展示间，若要登门拜访则应有技巧地征得客户的同意。

2. 正式拜访

正式拜访的流程如下：

（1）问好。根据拜访时间向客户问好，注意要正确地称呼客户。如："王经理，早上好。"

（2）自我介绍。进行自我介绍的同时要一并送上名片，态度要热情、诚恳。

（3）说明来意。用简短的话语直接将此次拜访的目的向对方说明，因事前有预约，可稍作提醒。

（4）介绍产品。介绍产品时要运用一定的技巧和方法，预先设计好具有专业水准的开场白，争取在30秒内吸引客户的注意力，可同时展示随身携带的相关宣传资料以供客户参考。介绍过程中要注意倾听，了解客户的观点，学会察言观色，投其所好，找准客户的兴趣点，并注意宣传产品的优势。

（5）业务谈判。在介绍完产品之后，双方应就旅游产品的细节、价格、购买和付款方式等具体问题做进一步的商讨。取得客户认可后，与客户再次进行确认。

（6）结束拜访。无论业务洽谈成功与否，都要注意善始善终，点头或鞠躬向客户道谢并道别。要注意离开时关门的细节，退至门口后，用手关门，关门之前再次向客户致谢，感谢客户抽出时间接待。

（三）业务谈判

在谈判过程中，旅行社外联人员应根据事先拟定的谈判方案，在互惠互利的前提下，通过友好、坦诚、认真的协商，争取达成产品购买协议。这一过程中需要运用灵活的方式和技巧。

1. 谈判行为技巧

（1）有自信。业务谈判不仅是实力的较量，同时也是心理的抗衡，自信是谈判成功的关键因素。外联人员在业务谈判过程中首先应有自信心理，给客户以可信赖的感觉。只有心理素质过硬，才能冷静地控制自己，分析形势，把握时机，并应用各种谈判技巧达到目的。

（2）认真观察分析。外联人员要积极倾听对方的发言，做到主动耐心，察言观色，并能注意到细节，及时反馈，同时要充分理解对方的要求和意愿，有针对性地予以答复。

（3）等待和沉默。随着谈判的深入，对方的经验、风格等会逐渐明晰，外联人员可有针对性地调整谈判策略。在一定的时候，等待与沉默也是洽谈心理抗衡的一种表现。当对方承受不住时，就会妥协。当然外职人员也要运用一定的技巧和礼仪，主动打破僵局以掌握谈判的主动权。

（4）机智与风度。在业务谈判过程中，外联人员要时刻注意冷静地控制自己的情绪，尤其要尽量避免表现出愤怒的神情或严厉指责对方的行为。机智、冷静、风趣、不失风度永远是谈判制胜的法宝。

2. 谈判语言技巧

谈判语言应当以协商性语气为主，适当运用礼貌用语以求达到风趣、得体的效果，具体表现就是提问、应答和拒绝的技巧。

（1）提问的技巧。首先要注意提问的时机，可选择在对方话语间隙与结束之后，或是在自己发言的前后，提问前应先取得对方的同意。当要提出一些敏感性问题时，应先说明提问的理由，以示对对方的尊重。其次，提问时要注意运用适当的方式、语气、语调，要表现得彬彬有礼，温文尔雅，避免使用威胁性、讽刺性、盘问式或审问式的话语。

（2）应答的技巧。在谈判过程中难免出现冷场、对抗的情况，这就需要运用一些风趣幽默的语言使大家摆脱窘境，或灵活应答，适时转换话题，以保持融洽的谈判气氛。还应先弄清对方的真正意思，如果遇到难以作答的问题，可以顾左右而言他，或用一些行得通的借口做解释。

（3）拒绝的技巧。谈判过程中免不了拒绝，应根据不同对象、不同要求做出不同方式的拒绝。如当对方提出过分的要求时，可采取提问拒绝法；当面对过去合作愉快，但现在纠缠不休的客户时，可用借口拒绝法；当对方的要求有一定的合理性，但自己仍不能全部接受时，可用赞赏拒绝法。要注意拒绝时不能使用教训、挖苦、嘲弄的语气，并尽量不使用带批判性的词语，更不能勃然大怒。

（四）达成意向

外联人员与旅游客户经过业务谈判后，双方有了建立业务关系的诚意，并就共同关心的问题，如合作拓展市场，打开销路，旅游产品的内容、价格、付款方式和优惠条件等问题达成一致意见后，便可以签订合作意向书、合同书或委托书等书面协议，明确双方的关系，从而在此基础上进行等价、平等、有偿的业务合作。

1．意向书

意向书是指旅行社与旅游客户（主要是海外中间商）在进行了初步业务洽谈之后，未达成实质性交易之前，就某项旅游业务有意愿进行合作所签署的一种备忘录形式的书面协议。其意向旨在等双方进一步了解后，或者时机成熟时，就所涉及项目继续合作。意向书一般没有法律约束力，不涉及权利、义务问题，但它对双方在道义上有一定的约束力。例如，某一海外旅游商来华与我国某一旅行社就某合作项目进行试探性商谈。项目所涉及的关键问题，尤其是经济问题，需以签署意向书的形式来明确两点：一是已经与有关人士就有关事项进行了洽谈；二是双方都已经具有合作意向。因此，这种意向书往往被视为双方签订合同的前奏。示例 11 是一份两家旅行社代表初次洽谈旅游业务后的意向书实例。

示例 11　旅游业务意向书

中国_____旅行社代表与美国_____旅行社代表于____年____月____日在_____初次会面并商谈了双方在中国旅游业务合作方面的有关事宜。商谈后双方达成如下意向：

为发展旅游业务和扩大旅游销售，中国_____旅行社有意委托美国_____旅行社在美国及加拿大为其推销中国的旅游产品并代其洽谈有关来华旅游业务。

美国_____旅行社信任并欣赏中国_____旅行社优质服务的能力，愿意接受此委托并和它建立长期稳定的旅游业务关系。有关双方合作的具体事宜，待双方代表在做好进一步准备后另择时间洽谈。双方坚信在互利互助的基础上通过共同的努力与密切协作，将会获得圆满成功。

美国_____旅行社代表	中国_____旅行社代表
签字：	签字：
____年____月____日	____年____月____日

此意向书一式两份，双方代表各持一份备案。

2．合同书

合同书是当事人之间为了实现一定的经济目的，明确相互权利和义务关系的契约，是用来调整经济关系的一种法律形式，具有法律约束力。因此，在签订合同时，一切需按法律程序办理，对签约应当谨慎行事，除需要详细了解对方以外，还必须了解相关的法律法规，避免出现与其冲突的条款；如一方对有的条款无法给予完全保证，则应在条款中加以声明，避免到时因为不能履行而负法律责任。国家旅游局在广泛征求多家旅行社意见的基础上，起草了旅行社合同范本，供旅行社参照使用。各地旅行社可以根据实际情况，增加附加条款，进一步明确双方的权利与义务。具体合同书有《中外旅行社组团合同范本》、《国内旅游组团标准合同》及《出国旅游组团标准合同》等。

3. 委托书

这里的委托书是指旅行社与旅游客户（主要是旅游中间商）之间的“委托代理”或“意向代理”关系，即旅游客户（受托人）依照旅行社（委托人）的委托行使代理权的代理行为。

这种委托代理是双方的法律行为，通常采用签订委托合同的形式，即旅行社与旅游客户之间签订委托书。双方经过有诚意的业务洽谈后，相互之间有了一定程度的了解和信任。在此基础上，为了扩大业务，发展客户，争取市场和客源，旅行社签发给旅游客户旅游业务委托书，委托其在某市场为旅行社做宣传并争取客源。委托书要有委托权限、任务和期限。委托书要加盖公司公章方才有效。旅游委托书见示例12。

示例12 旅游委托书

委 托 书

中国______旅游公司是中国政府批准成立的民营性质的旅游企业，属于国际旅行社，对外具有外联权和签证通知权，对内可组织全国范围内的旅游业务。敝公司自开业以来，奉行顾客至上、质量第一的宗旨，礼貌待客，讲究信誉。承蒙海内外同仁企业的惠顾和关照，为扩大业务，发展客户，兹委托______先生（女士）为______国家（地区）的宣传、推销、业务咨询代理。持此函前往联系业务时，敬请拔冗洽谈，不胜感激。

（本委托书自签署之日起______年内有效）

公司营业执照号码：

公司地址：

电话：

传真：

电传：中国______旅游公司

总经理签字：

年 月 日

项目3　客户管理

案例引入

某旅行社3名员工在未办理任何离职手续的情况下，擅自离开旅行社，高薪受聘到同一城市另一家名为“欣荣”的旅行社工作。与此同时，这3名员工还带走了其在原旅行社工作时使用、保管的客户档案若干份。档案中有一些旅行团体的名单、地址和旅行的时间、路线等资料。欣荣旅行社在得到这些档案后，即沿用这些档案经营，致使原旅行社在一个月之内有6个旅游团体取消了原定于“五一”期间外出旅行的计划，损失达3万余元。

提出问题

客户是旅行社重要的经营基础和生产资源。客户档案是指旅行社在经营过程中与供应商、分销商、旅游者、其他相关部门或企业发生各种业务关系的历史记录，科学的客户管理程序是旅行社实现经营目的的保障。如案例中所述，客户档案的泄露导致客户的严重流失，给旅行社带来不可弥补的损失。那么，旅行社该如何做好客户档案的管理呢？

我们小组的回答是：____

____

____

相关知识

旅行社的客户有广义和狭义之分。广义的客户是指与旅行社有经济和业务往来的供应商、其他服务机构、代理商和旅游者。狭义的客户是指旅行社的客源，即旅游者。外联部承担着旅行社对外活动的重要职能，寻找客户、建立客户档案、维护和巩固客户关系以及适时评估和调整客户都是外联部的业务工作。

一、寻找客户

寻找客户必须掌握两项原则：随时随地寻找客户和妥善运用所有的人脉。其中人脉关系包括亲戚关系、朋友关系、同学及校友关系、同事关系、邻居关系、所在社团的关系以及其他一些商务关系。

寻找客户时常用到以下一些方法：

（1）寻找潜在客户。潜在客户就是可能有意购买旅游产品的客户。外联人员的重要任务之一就是把潜在客户变成现实的客户，可以采用以下方法：将准备好的各种资料如本旅行社概况、本地旅游资源、本旅行社组团线路报价等资料寄往一个或数个地区的可能进行合作、提供客源的旅行社；抓住本地举行的重大旅游节日或活动的时机发放资料，之后再进行跟踪访问。

（2）直接访问。直接访问是新入行的外联人员常用的方法之一。具体来说，直接访问可采取以下几种方式：挨家挨户直接拜访可能购买旅游产品或服务的客户；打电话给陌生人以获取访问的机会；寄推销函给陌生人，再用电话追踪以获得拜访的机会。由于直接访问的对象基本上是毫无关系的陌生人，因此被拒绝的可能性较大。

（3）利用老客户介绍。对于外联人员来说，老客户是寻找新客户最好的来源。老客户认同旅行社的产品，认可旅行社的服务，不但自己会重复购买，还可能介绍很多新客户购买，而且老客户介绍比外联人员推荐的效果好得多。因此旅行社应该珍惜每一次对客服务的机会，用优质的服务留住每一位客户，使他们愿意重复购买，并乐意介绍新客户。

（4）参加各种旅游展示会。举办和参加旅游展示会与博览会也是获得新客户的好方法。前来参观的人，大多是对旅游产品有兴趣的，也就是外联人员渴求的客户。外联人员应尽可能留下参观者的姓名和联系方式，以便日后联系和拜访，并抓住机会做好旅游产品的宣传，如递送介绍资料、纪念品等。

（5）利用各单位代表的协助。外联人员要与有业务关系的单位代表培养良好的人际关系，鼓励他们随时随地留意购买信息，并及时通知外联人员。这样由"点"至"线"，再推广至"面"，形成外联人员广泛的关系网，以便开展营销。当然，通过这种方式达成交易之后，外联部应支付固定的佣金或非金钱酬谢给相关单位代表，如免费让其参加旅游活动、馈赠礼品等。

二、建立客户档案

建立客户档案，就是本着科学、系统、延续、客观的原则，将与旅行社经营有密切联系的企业或者个人的基本情况及其与旅行社所发生的业务关系情况，采用一定的方法加以记录并整理的过程。通过客户档案的建立，旅行社可以分析客户特征，从中选择稳定的合作伙伴，建立独特的合作模式，还可以分析出市场发展趋势和旅游者消费兴趣的变化情况，从而及时、有效地调整经营策略，规避经营风险，降低经营成本。

（一）客户档案的内容

客户档案应包括以下内容：

（1）个人客户的姓名、年龄、职业、婚姻状况、家庭成员、联系方式等；

（2）企业客户的公司全称、历史发展、注册资金、经营方式、信誉情况等；

（3）与旅行社的旅游合作从何时开始，曾与哪些旅行社有过业务联系，信誉如何；

（4）每年的旅游频率、等级、特点、目的等。

（二）客户档案的建立方法

1. 分门别类地建立客户档案

与旅行社经营业务发生关系的客户有很多，如景区景点、宾馆、酒店等是为旅行社提供产品基本要素的供应商，广告公司、新闻媒体则是对市场营销构成重要影响的传播途径，机关、企事业单位、社区，甚至个人是重要的客源市场。不同类型的客户对旅行社经营起着不同的作用，对客户进行分类是建立客户档案的基础。

建立客户档案要遵循准确界定合作性质和一户一册的原则。具体方法可以按照供应商、分销商、传媒、消费者来进行分类从而建立客户档案，也可以用按照旅游产品生产的工艺流程建立上游企业、水平合作伙伴、下游企业或消费者的方式来建立客户档案。

2. 按照一定的顺序排列客户档案

随着经营的持续，与旅行社发生业务关系的企事业单位会越来越多，客户档案的规模会越来越大，记录内容会越来越多，查阅起来会越来越有难度。这就要求在建立客户档案的初期就充分预见到这一情况，按照一定顺序科学排列客户档案，以便查找。可以采用客户名称开头的英文字母排列顺序，第一位字母相同的则选择第二位字母进行排列，以此类推；也可以先分区，即根据客户类型先划分大类，再细分。无论采取哪种方式，在排列的同时建立一个快捷查寻客户档案的目录都是必要的。

3. 选择重要客户建立 VIP 客户档案

与旅行社发生业务关系的企事业单位有很多，如果逐一建立客户档案，既费时费力又给查阅带来很大的困难，而其中很多客户可能是一次性客户，为其建立客户档案意义不大又使得管理成本上升，因此选择重要客户建立客户档案是十分关键的。应对客户进行区别对待，选择那些对旅行社经营构成重大影响的客户作为重要客户（一般以其对旅行社经营利润的影响比例来确定，对年度经营利润影响达到 5%~15% 的为一般重要客户，超过 15% 的为重要客户），如为信誉度高、规模较大的供应商，具有丰富的旅游新产品宣传经验的传媒，有稳定支付能力、热爱旅游的旅游者和企事业单位建立 VIP 客户档案。这类档案要尽可能详细并及时更新，以确保与其合作的针对性和高效性。

三、维护和巩固客户关系

维护和巩固客户关系是旅行社获得稳定客源的保障，良好的客户关系可以使旅行社与客户之间的联系越来越紧密，甚至形成良好的战略合作伙伴关系。

（一）客户关系的维护

（1）定期研究客户消费情况的变化。可以通过定期询问获得客户满意度的变化情况，同时掌握市场动态，及时对自身经营做出调整。这样可以及时解决双方合作中的矛盾，消除隔阂，巩固合作基础。

（2）分析变化的主客观原因。客户情况的变化来自主、客观两方面。主观方面，有客户自身原因如组织内部的变化、身体原因等；客观方面，有消费潮流的变化、其他旅行社的竞争、相关群体的影响等。外联人员了解到原因后应提出相应的解决方案。

（3）对流失客户再分析。上升的流失率通常表明顾客数的下降，应充分引起重视。外联人员应对那些停止与旅行社合作而转向与竞争对手合作的客户进行访谈，了解是因为价格还是服务，或是产品没有适应客户需求的变化。对流失的客户除采取挽留措施外，还应记录在案，包括流失原因、采取的手段和效果等，以便改进客户计划。

（4）培育重要客户。重要客户是指知名度高，对旅行社有特殊贡献以及多次购买旅行社产品的回头客。这些客户是旅行社的宝贵财富，除了要给予价格上的优惠外，还可以提供一些特殊优待，对他们的建议和要求应充分重视，可定期进行回访，或举办一些联谊活动；或是对经常性消费客户或大量购买产品的客户给予优惠性奖励，如累计优惠和数量优惠，或是免收部分费用、免费提供通信设备等，通过这些方式与重要客户建立稳定的联系。

（二）客户关系的巩固

（1）及时回访。关系的巩固是建立在密切的联系和沟通基础上的。外联人员要与客户多进行沟通，多听取他们的意见和建议，可采取电话问候、上门拜访、邀请座谈等形式，及时向客户提供关于旅行社的新信息，如新产品及其价格、促销活动，同时了解客户的一些新动态，如近期是否有旅游打算等。回访一定要把握适当的时机和保持一定的频率，以免影响到客户的正常工作和生活，引起客户的反感。可选择在一些重大的节日进行联系，或每隔一至两个月与客户联系一次，还要注意每一次联系都应该有个简单的主题。

（2）组织联谊会或答谢会。旅行社外联部在一定时间内选择一些 VIP 客户组织联谊会或答谢会。举行联谊会或答谢会要事先对客户进行认真分析，制订完善的活动方案，可采取一些轻松的活动方式，如鸡尾酒会，期间安排文艺节目及抽奖活动，以便联络感情、巩固客户关系，同时也能了解客户需求的变化，以便使旅行社能够有针对性地提供适当的旅游产品。

（3）邮寄印刷品。旅行社的产品会随着市场需求的变化而不断地更新和变化，但客户不一定都能及时地了解。因此，可以印刷新产品说明，并在第一时间邮寄给客户，使客户能够及时了解产品开发情况，也可以使客户意识到旅行社对他的重视和关注。

（4）设立年度奖励积分。对于在一年内为旅行社提供服务的供应商和购买旅行社产品达到一定金额的旅游者提供年度奖励，也是巩固客户关系的有效方式。奖励的方式有使其在一定时间内免费享受一定数量的特色旅游产品，或者向其提供较大幅度的优惠。

四、评估和调整客户

对客户的评估可以帮助旅行社客观分析客户的变化情况，进而决定客户关系的发展方向。随着旅行社业务的发展，旅行社与客户的关系也会发生变化和调整，与旅行社协调一致、共同发展的客户会被保留下来，其他的客户可能会被终止客户关系。因此，旅行社应当适时对客户进行评估，并根据评估的结果对客户关系进行适当的调整，有选择地淘汰一些客户，并根据旅行社的发展需要开拓新的客户群。

客户评估是建立在旅行社经营业务需要的基础上的，主要评价某位客户（包括个人和单位）对旅行社经营利润的现在和潜在影响程度，特别要关注那些对旅行社经营业绩构成重要影响的客户。对客户的评估要由专业人士进行，设立统一的标准，采用量化的形式，可采取项目评分法进行评估，参考历史资料和客户档案数据，尽可能做到客观、真实、准确。

客户评估的结果又是客户调整的依据，要根据客户评估的结果对现有的客户关系进行分析，并做出适当的调整，保留和继续培育已经对旅行社经营业绩做出重大贡献和以后可能带来重大影响的客户，淘汰掉部分以前有过联系但业务量逐渐降低甚至没有业务往来的客户，然后根据旅行社的发展战略，制订新的客户拓展计划，发现和寻找新的客户。

项目4　外联函电处理

案例引入

应对客户的询问是外联业务中的日常工作。每当电话铃响，应有人立即接听，在耐心周到的同时，还应做到快且准。

快，就是回复对方的询问和报价时要凭借熟练的业务水平迅速答复，即使不能立即答复，也不可超过24小时，速度往往代表着旅行社的作业水平，一定要争分夺秒。

有这样一则例子：北京一家旅行社与客户商定到云南的旅行计划，但细节方面（景点情况、住宿、餐饮及价格）吃不准，于是立即打电话给云南合作的地接社询问，但接电话的业务员一时不能给北京方面准确回答。之后，该业务员仍不能及时回复，北京方面只好另打电话给云南别家旅行社，并将地接任务交给了这家旅行社。这样的事在旅行社业务工作中屡见不鲜。因为每一个客户能与之合作的旅行社不止一家，谁动作慢，谁的客户就将丧失。

准，就是回复客户准确无误，不虚报，不放空，不变化无常。回答客户的询问，不能模棱两可，似是而非。如“大概”、“可能”、“差不多”、“也许”等词语，只会让客户对你失去信心。另外，承诺的事不能随便改变。例如：一个日本豪华团将启程前往中国扬州，日方旅行社将该团用餐等细节与扬州地接社进行了商定，并提出一系列要求，如第一餐为扬州菜，第二餐为鲁菜，第三餐为川菜，第四餐为安徽菜，第五餐为湘菜，最后告别餐为沪菜。对这样的要求，扬州接团社外联经理不敢肯定答复，只说尽量满足，而日方坚持必须按其要求办。事后该外联部经理也未督促落实，弄得该旅游团怨声载道。对此，日本方面组团社决定今后再也不跟扬州这家接团社合作，好端端的客户竟如此失去。

（资料来源：杨晨晖. 外联部操作实务. 北京：旅游教育出版社，2006.）

提出问题

外联部工作人员需要借助各种通信工具，采取各种通信方式与客户保持联系，洽谈业务。如案例所述，外联函电处理得及时、准确、恰当，就能够抓住产品销售的最佳时机，并赢得客户的信赖和满意。在外联部常用的函电中，主要有哪些类型？如何处理和管理外联函电？

我们小组的回答是：______________________________

____

____

相关知识

一、外联函电的类型

旅行社外联人员需要利用通信工具与各种通信手段与国内外客户进行业务洽谈和信息交流与沟通。在旅行社的通讯洽谈中，经常使用的工具主要有电话、传真、电子邮件等。

（一）电话

电话是旅行社外联人员与客户联系最常用、最广泛的一种方式。它具有快速、方便的特点，便于与客户的沟通，能使客户及时了解旅行社的产品和服务，方便其购买。在使用电话与客户联系时，外联人员一定要正确运用电话礼仪，使用礼貌语言，注意不能让客户久等，要做好相应的知识准备，特别是要熟悉本旅行社的各种旅游产品，回答客户的问题时要做到简单明了、口齿清楚、回答准确。但是电话联系无法留下书面凭证，所谈的内容容易发生漏记、错记，引起不必要的麻烦。因此电话只能作为一般业务联系和口头洽谈之用，最后达成的协议要用传真、函件或者电传等方式确认。

（二）传真

传真是通过传真机传递文字图像的通信方式，具有快速、准确、可靠的特点，且可以作为原始凭证归档保存，以备查询。运用传真方式，外联人员可以将相关旅游产品的资料快速、准确地传送给客户，同时也可以将客户的要求原封不动地保存下来，不容易出现差错。目前传真已成为旅行社外联业务中使用最广泛的通信方式，也是确认旅游交易协议的主要手段。

（三）电子邮件

随着信息技术的广泛应用，网络通信与旅游业的结合越来越紧密。网络通信具有较电话和传真更强的时效性和更低的价格，因此在旅行社外联函电中的应用也日益普遍。外联人员可以通过电子邮件、腾讯 QQ、MSN 等方式与客户进行一对一的沟通，既有针对性，又具有亲和力，而且更为迅速和及时，并有记录可以保存和查询。

二、外联函电的处理

（一）外联函电的处理要求

（1）及时处理。收到函电后应根据函电中的要求及时处理。

（2）明确答复。对于函电要求处理的事项一般须在 8 小时内明确答复对方。

（二）外联函电的处理方法

1. 认真阅读

收到外来函电时，首先要认真阅读，并着重了解以下内容：函电来自单位、客户名称及姓名、发电日期及时间、函电的具体内容。

2. 及时处理

根据函电内容及时进行实际处理，处理的步骤如下：

（1）询价函电的处理。

①排。按函电中提出的服务标准、线路、档次以及其他一些特殊要求排出旅游日

程表。

②算。计算综合服务费、交通费、附加费等。

③报。将上述旅游日程表及每位旅游者购买该产品的价格报给客户。

④填。得到确认后，根据确认的旅游日程表、服务等级以及旅游者的特殊要求填写接待任务通知书，交给经办部门，以便做接待准备。

(2) 零星业务委托函电的处理

①算。根据委托业务项目函电计算出委托代办费用。

②报。将计算出的委托代办费用报给委托方，让其确认。

③填。得到确认后，根据函电内容填写任务通知书，一式两份，一份留存备查，一份同原件一起交给经办部门。

④回复。将经办的情况及时回复委托方。

三、外联函电的管理

函电管理是指根据函电的内容将之归类，建立档案。

(一) 函电管理的目的

做好函电管理工作，将函电进行归档，一是为了备案，函电往往是旅行社与旅游客户及合作单位间的书面协议，是协议双方监督责、权、利的依据，将函电归档整理，便于将来发生问题时供外联人员查寻参考。二是为了积累资料，函电也是市场信息资料的一部分，通过对各类函电的分析可以对旅游市场状况进行预测。

(二) 函电管理的办法

1. 整体函电存档

整体函电存档一般有以下三种方法：

(1) 按客户建档。将函电按客户名称建档存放，档案封面标明客户名称、地址和联系电话。这种方法有利于随时掌握各个客户的情况。

(2) 按旅游团建档。将函电按旅游团队建档存放。将已报价或已成团的团队发来的函电按团队名称建档，档案封面标有团队名称、编号以及月份。这种做法有利于外联人员及时安排各团队计划。

(3) 按确认与否建档。将所有函电按“已确认”和“未确认”分别存档，档案封面标明“已确认”或“未确认”。这种做法有利于外联人员把握与客户的联络程度。

2. 每一次函电存档

每一次函电存档，就是外联人员将每一次收到的客户函电及向对方所发函电的答复归类存档。主要有以下两种方法：

(1) 按日期编排。在每一次收发的函电右下角按函电收发的顺序注明收件或发件的日期及时间，书写收件日期、时间用一种颜色的笔，书写发件日期和时间用另一种颜色的笔，以便区分。书写完毕后，将同一日期、时间的收发件订在一起存档。

(2) 按序号编排。在每一次收发的函电右下角按函电收发顺序注明编号，如收 1、收 2 或发 1、发 2。收件、发件的编号书写用不同颜色，以便区分，并将同一序号的收件、发件订在一起存档。

本模块小结

外联业务主要承担旅行社的生产和销售职能，在旅行社各业务中居于龙头地位。外联部要时刻关注市场动态和旅游者消费结构的变化，及时更新和完善旅游产品，并借助客户关系网，采取适当的销售方式和技巧，将产品销售出去。由于旅游产品设计和销售有独立模块进行介绍，本模块主要介绍外联业务的特点、主要工作内容以及外联人员的素质要求，并重点介绍外联业务洽谈的基本程序、客户关系的管理以及外联函电的处理。

习题与实践

1. 课堂讨论题

（1）外联业务的主要内容有哪些？

（2）外联部如何寻找新客户？

（3）为什么要建立客户档案？

2. 自测题

（1）外联与客户的业务洽谈有两种形式：一种是（　　），另一种是（　　），包括电话洽谈和函件及信件洽谈。

（2）在做好洽谈准备后，拜访客户一定要提前预约，主要约好拜访的（　　）和（　　）。

（3）谈判语言应当以协商性语气为主，适当运用礼貌语以求达到风趣、得体的效果，具体表现在洽谈上就是（　　）、（　　）和（　　）的技巧。

（4）建立客户档案，要本着科学、（　　）、延续、（　　）的原则。

（5）在旅行社的通信洽谈中，经常使用的工具主要有（　　）、（　　）、（　　）等，外联函电的处理要求一是（　　），二是（　　）。

3. 复习思考题

（1）外联业务有哪些特点？

（2）业务洽谈前要做好哪些准备工作？

（3）外联人员如何巩固客户关系？

（4）如何建立客户档案？

4. 综合实训题

分成几组，设计情境，进行业务洽谈的实训，并形成书面的实训报告。

外联经理说外联

作为外联部经理，如何引导自己的团队做大做强旅行社销售业务呢？一位资深外联经理给出了这样的答案：

第一，勤字为先。

这里说的“勤”是多方面的，即勤学习、勤思考、勤张口、勤动手、勤跑腿。勤学习是首要的，必须掌握市场学原理、市场销售、广告策划、社会心理学、公共关系学、计算机应用、行业动态；了解财会学、保险、礼仪、金融、价格等知识；熟悉旅游政策法规、合同法、消费者权益保护法，熟知历史地理、时事新闻，努力使自己成为一个“万事通”。勤思考是必须的，尤其是面临当今瞬息万变的市场环境，不动脑思考，一味地学死书，死读书，不融会贯通，不运用到实际中，不结合实际情况恰当地运用，那充其量是个书呆子，像马谡失街亭、赵括纸上谈兵，最终也只会一事无成。勤张口是基本的，也就是说要勤于张口请教，千万不要把自己真当“万事通”，要知道诸葛亮也曾向姜维、马谡请教过战略战术。要学会不耻下问，要知道“学”和“问”两个单字构成了“学问”。勤动手是重要的，好记性不如烂笔头。勤跑腿是关键的，作为一个外联经理，主要体现在一个“外”字上，市场是跑出来的，不是等出来的。要熟悉各地的旅游资源，要了解市场信息，要掌握市场的需求，要设计出新颖的独特的旅游产品。要想得到源源不断的客户群体，旅行社的效益和利润取决于外联的跑，这是一个正比关系。

第二，善结人缘。

外联，最多的是与人交往，那么在交往中要恰当地注意一举手一投足、一言一行。彬彬有礼、从容自如，表现出良好的素质与修养，既可以取得别人的尊重，又可以赢得客户的信任。这不但显示的是个人的魅力，更彰显的是旅行社的精神面貌。要广结善缘，构筑良好的人际关系圈。旅游界有句话：“人际圈子有多大，生意圈子就有多大”。作为一个外联人员，要多参加政府组织的公益活动、企业的庆典、开业庆典、朋友聚会、同学聚会、行业聚会等社会活动，在各种聚会中寻找机会、抓住机会，适度地展现自己，恰当地自我推销，让人们认识你，知道你是一个具有专业水准的旅游工作者。在交谈中，要举止大方、自然真诚、自信而不张扬地介绍你的旅游心得，进而适时简捷地推荐旅游产品，给参与交流者留下成熟谦虚、真诚可靠、德才兼备的好印象，为日后招徕生意打下基础。在这些活动中最重要的是时刻保持一个淡泊镇定的心态，要适可而止，切忌肆意张扬。

第三，贵在坚持。

外联不可能次次成功，失败是不可避免的。在旅游市场的竞争中不可能是一帆风顺的，挫折、失败是难免的，要理性地对待挫折和失败。在当今社会中，一次次挫折或是不成功的业务，其原因是多方面的、复杂的，它不只是旅游产品问题、你的业务能力问题，有些是有特殊原因的。一个善于搞外联的人，不要因一时一事的失败而气馁，也不要怨天尤人，更重要的是，不要因你的付出没有得到相应的回报而带有抵触埋怨的情绪。要冷静地面对失败，表现得绅士一些，保持一颗平常心，该放手时懂得放手，但是绝不能够抛弃。对曾经使你失败、遭受过挫折的人、地方、单位、团体等仍要采取多种方式定时、不定时地回访。如发上一条真心问候的短信，寄上一张真诚祝福的贺卡，邀请他参加一场欢乐的聚会，参加他们的庆典活动时送上你真诚的祝贺等。只要你不懈地努力，机会总是留给有心人的。

模块 9　旅行社门市经营业务

任务目标

熟悉旅行社门市工作人员职责，了解旅行社门市选址的依据，掌握旅行社门市室内布局的方法，熟悉旅行社门市对客服务流程。

项目 1　旅行社门市基本知识

案例引入

亚运前夕，广州旅游业全面进入“临战”状态，各项旅游接待服务随之升级。为了提供更好的亚运服务体验，广东中旅海珠广场旗舰店暨巴士旅游集散中心于 2010 年 7 月全新开业。该旗舰店位于华厦大酒店首层最佳位置，包含旅游咨询区、旅游风情展示区、特色礼品展览区、多功能休息区、VIP 洽谈室和园林休闲区六大功能区，面积约 1 000 平方米，是广东省内当时最大的旅行社营业部。该旗舰店同时具备巴士旅游集散中心功能，能有效连接广东中旅集团旗下的酒店、汽车和景区业务。

提出问题

旅行社为何如此重视门市的设立？旅行社门市对于旅行社的品牌展示和经营起着什么样的作用？旅行社门市如何设立？门市接待人员应该具备什么样的素质？

我们小组的回答是：______________________________

____

____

相关知识

旅行社门市作为旅行社的前台服务部门，是旅行社对外营业的窗口和形象。旅游者对旅行社的第一印象往往来自于旅行社门市，旅行社门市接待人员的服务直接影响到旅游者对旅行社接待服务质量的评价。随着旅游业的发展，旅行社门市已成为许多旅行社经营出境团体旅游业务、国内团体旅游业务、散客旅游业务的重要销售渠道。旅行社门市经营和管理的好坏对旅行社业务发展起着至关重要的作用。

旅行社门市是指旅行社在注册地的市、县行政区域以内设立的不具备法人资格，为设立社招徕旅游者并提供旅游咨询、宣传等服务以及销售旅行社产品的收客网点。

一、门市的设立

根据《旅行社条例实施细则》（2009 年），旅行社设立作为服务网点的门市部应遵循以下几点：

（1）服务网点是指旅行社设立的，为旅行社招徕旅游者，并以旅行社的名义与旅游者签订旅游合同的门市部等机构。设立服务网点的区域范围，应当在设立社所在地的设区的市的行政区划内；不得在前款规定的区域范围外设立服务网点。

（2）服务网点不具有法人资格，以设立服务网点的旅行社的名义从事《旅行社条例》规定的经营活动，其经营活动的责任和后果，由设立社承担。

（3）服务网点应当设在方便旅游者认识和出入的公众场所。

（4）服务网点的名称、标牌应当包括设立社名称、服务网点所在地地名等，不得含有使消费者误解为是旅行社或者分社的内容，也不得作易使消费者误解的简称。服务网点应当在设立社的经营范围内，招徕旅游者、提供旅游咨询服务。

（5）设立社向服务网点所在地工商行政管理部门办理服务网点设立登记后，应当在 3 个工作日内，持下列文件向服务网点所在地与工商登记同级的旅游行政管理部门备案：

①设立社的旅行社业务经营许可证副本和企业法人营业执照副本；

②服务网点的营业执照；

③服务网点经理的履历表和身份证明。

没有同级的旅游行政管理部门的，向上一级旅游行政管理部门备案。

（6）服务网点备案后，受理备案的旅游行政管理部门应当向旅行社颁发《旅行社分社备案登记证明》或者《旅行社服务网点备案登记证明》。

（7）设立社应当与服务网点的员工订立劳动合同。设立社应当加强对服务网点的管理，对服务网点实行统一管理、统一财务、统一招徕和统一咨询服务规范。

二、门市的作用

（一）门市是旅行社的形象、窗口和广告

在多数情况下，旅游者对旅行社的了解和认知首先来自于旅行社门市。门市一般位于显眼处，通过门市的店面设计和装潢等形象展示，使旅游者对旅行社产生一定的印象，激发旅游者走进旅行社门店的兴趣，通过咨询旅游信息与门市服务人员进行第一次面对面的接触，进而了解旅行社的旅游产品及其他。因此，门市是旅行社的形象，是旅游者了解旅行社的窗口。门市设计装潢新颖别致，门市工作人员热情有礼、训练有素，无疑可以提升旅游者对旅行社的信赖程度，吸引旅游者前往购买旅游产品。同时门市也是一种无形的宣传和广告载体，可以提高旅行社的知名度和美誉度。旅游者自从跨进门市的那一刻起，他所接受的服务和体验到的一切，都成为其评价旅行社最充分的依据。

（二）门市服务直接影响旅行社产品的销售

门市服务直接影响到旅行社产品的销售，优质的门市服务不但可以吸引新顾客，而

且可以留住老顾客。通过门市的宣传和服务能有效地使旅游者了解并认同旅行社的旅游产品，激发旅游者的购买欲望，提高旅行社产品的销售量。同时，优质的门市服务还可以降低旅行社的营销成本。抓好门市工作人员的服务质量，使旅行者对旅行社产生良好的第一印象，这本身就是最为有效的营销手段，有利于提高旅游者对旅行社产品的认同度，并培养旅游者成为旅行社的忠实消费者。通过旅游者的宣传还可以扩大潜在目标客户，进而为旅行社节约经营成本。

（三）门市服务影响旅游者对旅游产品价值的感知

旅游产品作为一种服务产品，其特点之一是缺乏所有权，因此市场上同类产品比比皆是。而旅行社要对大同小异的旅游产品进行增值，形成与别的旅行社不同的差异产品，主要有两次机会：一是门市工作人员与旅游者的面对面沟通；二是在旅游者购买旅游产品之后，在旅游过程中由导游员提供的导游服务。这两次机会又是有联系的，如果门市工作人员提供了优质的服务，给旅游者留下了深刻的印象，那么旅游者就会带着对旅行社的这种好印象开始其旅游活动，并将这种好感延伸到导游员身上，使导游员的工作变得轻松，反之，则会给导游员的工作带来很多困难。

（四）门市服务可以提升旅行社核心竞争力

目前国内旅游市场有三个特点：产品同质化、市场同源化、竞争价格化。旅行社要在竞争中取胜，关键在于提高旅游服务质量。旅行社能直接为旅游者提供的服务主要体现于门市服务和导游服务。导游服务质量在旅游者购买了旅游产品之后，开始了旅游活动才能体现。影响旅游者购买行为的除了优质的产品组合之外，门市服务常常成为影响旅游者决策的重要因素。一家旅行社的门市由于占地面积有限，在硬件建设方面的投入也是有限的，只有提供优质的服务才能招徕旅游者，留住旅游者，也只有优质的门市服务才能使旅行社与竞争者区别开来，形成自己的竞争优势。

三、门市的经营业务

（一）提供旅游咨询服务

门市提供的旅游咨询服务主要指工作人员当面或通过电话、信函等方式解答旅游者提出的有关旅游方面的问题，向旅游者介绍旅行社的旅游产品，提供旅游建议等。提供旅游咨询服务应做到热情有礼、细致解答、引导销售。

（二）宣传旅行社产品

门市的宣传活动主要包括通过各类宣传资料及人员促销等方式宣传旅行社产品，特别是要加强对旅游目的地的宣传，强化潜在旅游者对目的地的感知印象，增加潜在旅游者的出游愿望，进而影响其决策。同时通过门店展示工作人员的服务质量，宣传旅行社的形象和品牌。

（三）招徕和接待旅游者

一是通过门市的宣传活动及形象吸引和招徕旅游者；二是为上门的旅游者提供接待服务。门市接待服务一般是选择性旅游接待服务，主要包括受理散客来本地旅游的委托、代办散客赴外地旅游的委托、受理散客在本地旅游的委托。

（四）销售旅游产品，并保存相关文件

旅行社门市设立的最终目的就是为了销售旅行社产品，通过门市工作人员热情的服

务、合理的建议、专业的安排、规范的操作，增加旅游者的心理安全感，最终引导旅游者购买，促成旅游合同协议的签署，收取费用达成交易。在完成销售工作之后，门市工作人员还要认真做好有关信息的处理工作，并交有关人员存档，及时转发门市团队和散客的接待计划。

四、门市工作人员的素质要求

（一）良好的职业道德

门市工作人员首先应具备良好的职业道德，热爱祖国，爱岗敬业，深刻认识旅游服务工作的意义和价值，对自己所从事的职业有崇高的职业荣誉感，有立足本岗位为祖国、为人民做贡献的崇高理想，树立高尚的职业理想，在工作中积极进取，好学善问，力求精益求精，不断提高自身的专业素质、文化修养和业务技能，同时，对待顾客能一视同仁，不以貌取人，充分尊重每一位顾客。

（二）优雅大方的形象

门市是旅行社的形象，门市工作人员是旅行社的形象代表。在对客服务过程中，门市工作人员的外在形象、言谈举止事实上都代表着旅行社的整体形象。这就要求门市工作人员仪态大方，形象端庄，保持积极的工作态度和饱满的工作热情，具备良好的礼貌修养，热情主动地接待每一位顾客，特别要有亲和力，能够给顾客留下美好的心理感受，有效地缩短门市工作人员与顾客之间的心理距离，从而形成融洽的交流氛围。

（三）卓越的沟通能力

门市是一个对客沟通部门，面对顾客的旅游咨询、沟通谈判、事故投诉、客户回访等各个方面的业务工作，工作人员都应表现出良好的沟通能力和沟通技巧，将各项问题和业务处理得恰到好处，赢得顾客的信任。门市还需要与旅行社的其他部门进行沟通协调，建立团结一致、密切配合的工作关系。其中最重要的是语言表达能力，门市工作人员的口语技巧、语言风格以及应变和表达能力都直接影响到门市的利益。

（四）丰富的专业知识

作为一名优秀的门市接待人员，一是要精通本旅行社产品的构成、特点、与本地区同类旅游产品的差异等，要熟悉各种常规旅游线路和报价，做到即问即答，准确无误；二是要了解旅游行程及景区，能够对顾客进行详细的说明，并能绘声绘色，打动顾客的心；三是必须掌握一些与旅游业相关的政策、法律、法规知识，如《旅行社条例》、《旅行社条例实施细则》等；四是要知识面广，广泛涉猎历史、地理、民族、宗教、文学、艺术等多方面的知识，并能将这些知识与旅游景点及旅游项目有机地联系起来。

（五）优秀的销售能力

门市工作人员要具备优秀的销售能力，才能给予顾客合理的建议，最终达成协议。这就要求门市工作人员首先要有敏锐的市场意识，能够清晰地判断目标客源市场旅游者的需求，并能及时获取各单项旅游产品和服务的供应商的新信息，掌握市场走向；其次要掌握服务心理学、市场营销学等知识，分析和了解顾客心理和购买意图，能够根据顾客的需要选择适合的旅游产品；最后是要充分掌握多种销售技巧，利用各种技巧将旅游消费者的注意力转移到旅游产品上来，再灵活运作各种推销策略和谈判技巧，站在顾客的角度提出旅游活动的意见和建议，最终促成交易。

项目2　门市的选址和设计

案例引入

某市某旅行社的一个门市2010年8月初开张营业，地处一条新建的特色商业街的中间位置。该旅行社门市的设计和装潢非常新颖、有个性，门市人员的服务也非常周到细致，但是旅游咨询者就是少，谈不成单子。到2011年2月底，近7个月，该门市做成的单子不到10个。

提出问题

旅行社门市是旅行社的门面，负责提供咨询、招徕旅游者，其销售业绩直接决定旅行社经营的好坏。而旅行社门市销售额的高低却直接受旅行社门市的位置及店面布局设计的影响。店址选择正确，店面设计合理，客流量大，门市咨询和报名的人就多。那么，旅行社门市的店址应如何选择呢？店面设计和装潢又该注意哪些问题呢？

我们小组的回答是：____

____

____

相关知识

旅行社门市是旅行社根据经营需要而设立的，门市的选址也由旅行社自我控制。一般而言，旅行社可考虑本企业是否拥有法律规定的营业场所来设立门市，也可考虑是否能以理想的租金租到理想的营业场所作为门市。

一、门市的选址

（一）门市选址的基本原则

（1）符合旅行社的经营战略。

（2）符合旅行社的市场定位。

（3）符合该门市业务的经营要求。

（4）经济性原则。

（5）便利性原则。

（二）门店选址要考虑的因素

1．目标市场

旅行社产品的目标市场是门市选址时首先要考虑的因素，门市应尽可能地设在其目标客源群体最集中的地方或其附近的地点。如以教师和学生为主要目标市场的旅行社，应选择在学校比较集中的地方设立门市；以商务旅游者为主要目标市场的旅行社则选择

在商务饭店内或商务场所集中地区设立门市；以当地居民为主要目标市场的旅行社，可以把门市建立在人口密集的居民区。总之，门市的地址应选在距离其目标市场所在地较近的地点。

2. 交通便利

交通和停车问题是旅行社门市选址必须考虑的因素之一。公交站、地铁站附近交通便利，特别是交通枢纽地带，商业价值更好。除考虑交通便利外，还需注意一些细节，如店址附近的停车设施，是否方便顾客停留；店址附近的交通状况，是否接近主要道路，可进入性如何；交通管理状况，是否单行道、人行横道或人行天桥是否距离较远等。

3. 客流量大

客流量的大小是一个旅行社门市成功与否的关键因素。客流量包括现有客流和潜在客流，通常旅行社门市地址总是力图选择潜在客流最多、最集中的“聚集”地点。不仅要考虑现有客流量的大小，还要结合客流目的、速度和滞留时间，确定潜在客流量的大小。事实上，门市选在人口密度大、商务场所集中的地区，能够顺应顾客的生活习惯，既省时又省力，顾客停留时间长，便于顾客就近购买和咨询旅游产品。

4. 竞争优势

旅行社门市的选址必须要分析周边的竞争形势，判断自身的竞争优势。一般而言，如果在开设地点附近竞争对手多而强大，会对自身不利。但如果本旅行社具有雄厚的经济实力和良好的品牌知名度及美誉度，选择在其他旅行社门市集中的地址，不仅能借鉴同行经验，还有可能从其他旅行社门市形成的客流中获得分享客流和派生客流，因为旅行社相对集中的地区本身就是吸引旅游者前来咨询和购买旅游产品的一个重要因素。

5. 效益最大化

旅行社门市选址要遵循效益最大化原则，门市的选址一定要有利于经营，才能保证取得最佳的经济效益。衡量门市选址优劣的最重要标准是门市经营能否取得好的经济效益。商业街、地铁站、公交枢纽等交通便利的地方客流量大，能使顾客享受到多种服务的便利，商业效益好，是门市选址的最佳地点。但这些地方往往寸土寸金，地价高，租金高，费用大，若非旅行社本身有强大的经济实力，选择这些地方会大大增加经营成本。

★ 特别提示

①选址建议：商业活动频度高的地区、人口密度高的地区、客流量大的街道或购物中心、交通便利的地区、一楼的临街门面。

②选址大忌：高速车道边、近期有可能拆迁的地区、高层楼房的高楼层或负层。

③就一个具体的旅行社门市而言，首先要考虑旅游消费者对旅游产品的需求，是设立小型旅行社门市，还是设立旗舰旅行社门市，两者对门市区域位置的选择有不同的要求。设立小型旅行社门市应最大限度地接近旅游消费者的居住地区，而设计旗舰旅行社门市则应设在客流集中的中心商业区或专业性的商业街道。

二、门市的设计和装潢

（一）门市的外观设计

一个门市要给顾客营造亲切、温馨的服务氛围，对顾客产生吸引力，让顾客情不自禁地走进门市，而且离开门店后还会留下深刻印象，就需要充分考虑自身的设计与装潢。

1. 门市设计

门市作为旅行社 CIS（企业形象识别系统）中的重要组成部分——VI（视觉识别系统），直接体现着旅行社的产品特色和经营理念，具有很强的直观性。为了更好地吸引潜在旅游者，门市设计构思要考虑以下几个要素：

（1）体现旅行社的企业文化；

（2）具有鲜明的特色；

（3）能为服务人员与旅游咨询者的沟通提供便利；

（4）能够唤起潜在旅游者的旅游动机。

2. 室内装修

门市的室内装修要注意以下几个环节：

（1）采光。门市的业务人员每天需要进行大量的文字工作并花费大量时间从事咨询和市场研究，若光线不足，容易产生视觉疲劳，造成工作效率下降和差错率上升。安装比较明亮的吸顶灯，可以改善采光条件，有助于消除视觉疲劳，提高工作效率和降低差错率。同时，能够给上门的顾客以明亮、温馨的感受。

（2）声音。当业务繁忙时，整个接待与咨询服务区会充满各种噪声，容易使旅游咨询者和工作人员感到烦躁，心情压抑。为了消除噪声，可以采取铺地毯、摆放木制家具和安装布幔等措施。另外，可以在等候区域播放怡人的轻音乐，既能使旅游者感到惬意，又能适当调节工作人员的情绪，使其从紧张乏味的工作中得到放松。

（3）色调。门市的设计要注意运用色彩学的相关知识，主色调最好选择乳白色、米黄色等中性色调，而避免使用浓重的色调。由于门市的面积一般不大，选用这类色调可以产生使其看上去比实际要大的效果。另外，这些颜色容易与家具和灯光色彩搭配，给人以亲切感。

（4）墙壁。门市的室内墙壁可以选用油画、大幅地图、布幔、彩色挂毯、异域风光图片进行装饰，起到美化环境的作用，还可以充当旅游者同工作人员谈话的话题。例如通过对这些装饰物的评价，可以在不知不觉中缩短双方的距离，增进相互之间的感情交流，有利于促进产品的销售。

（5）地面。门市的入口处应选用瓷砖装饰地面，既容易清扫，又比较耐磨损。门市的室内地面应铺设地毯。厚厚的地毯不仅给人以华贵的感觉，更重要的是能够吸收由于繁忙的业务而产生的大量噪声，使房间变得静谧、和谐。

（6）家具。门市在选配家具时要注意使其与房间的整体色调相匹配。一般来说，皮质家具显得档次较高，但不太适合门市的氛围。木制家具的色调比较好，但是价格较贵，不少旅行社采用金属制作的家具，配以玻璃台面，更显现代感和艺术感。

（7）绿化。门市除了上述室内装饰物外，还可以放置一些绿色植物、花草，以烘托房间气氛。

3. 门市物品陈列

门市陈列的物品主要包括图片及图册资料、影像资料、景观实物、模拟景观等，合理地陈列物品，可以起到展示产品、刺激销售、方便选择、节约空间、美化环境、增进

信任等作用。有规律、有目的地摆设和展示物品，以方便旅游者选择购买，是提高销售效率的重要宣传手段，也是门市旅游广告的主要形式。据统计，门市如能正确运用旅游产品的配置和陈列技术，销售额可以在原有基础上提高10%。物品陈列的形式要遵循分类科学、产品丰富、宣传真实、艺术性强等原则。门市物品陈列要根据占地面积和空间结构选择不同的且有艺术感的陈列方式（如橱窗陈列、看板陈列等），再根据不同的分类方法（如按照区域、价位、产品的内容及类型等标准）科学地将各类宣传资料及物品分类摆放，并将旅行社重点推出的产品放在最显眼的位置，以吸引旅游者的视线。陈列架上的各类产品要注意及时补充，摆放齐全，可以给旅游者留下产品丰富的印象。

4. 门市宣传张贴

门市宣传张贴是“不说话”的广告，其目的在于吸引潜在的旅游者走进门市，并激发潜在旅游者的旅游需求，还可根据旅行社的营销策略，力推“最想卖”的产品，适时影响现实旅游者的决策。这就要求门市宣传张贴具有鲜明的主题、精美的图片、新颖的文字、亮丽的色彩。具体来说，要注意以下几点：

（1）突出旅游产品的主题，符合旅行社的营销策略；

（2）要符合旅游者的偏好，有针对性；

（3）设计要符合美学原则，具有艺术性；

（4）要强调时令性，根据不同的季节、不同的假日等进行不同的主题宣传；

（5）既要有鲜明的个性，能区别于其他门市，又要与本门市装潢设计风格协调；

（6）要注意及时更新。

（二）门市的内部布局

1. 入口及等候区

门市入口及等候区是旅游者走进旅行社门市后所见到的第一个区域。这个区域应该让人看上去十分舒服，能够立即对旅游者产生强烈的吸引力。与此同时，这个区域又应该具有较强的实用性，保证门市进出通道畅通。

等候区是为那些因营业场所内的旅游咨询者人数较多，营业人员无法立刻接待的人提供的等候和休息的地方，一般不应设在顾客过往的通道上。这个区域通常摆放的设备有：沙发或椅子，小圆桌或茶几，小期刊架及一些旅游产品和信息的资料，废纸篓和烟灰缸等。

2. 接待与咨询服务区

接待与咨询服务区是旅行社门市的核心区域，必须让顾客看上去感到心情愉快，并且产生这里工作效率极高的印象。这个区域的布局应注意：

（1）工作人员的座位不能过于拥挤，否则无法保证较高的工作效率。应该给每一位接待员提供一块供其个人使用的工作区域，例如用隔断板或隔断玻璃进行间隔，以保证他们在工作时不会受到来自其他接待员的干扰。

（2）接待员的办公桌可以沿房间的墙壁摆放，使接待员面对门市部的门口，随时能够看到走进来的旅游者。办公桌的对面应摆放一两把椅子，供旅游者咨询时坐。

（3）区域内应整齐地摆放一些期刊架，上面摆放最近一期的旅游杂志、报纸、旅游目的地介绍、旅游宣传小册子等。

3. 后勤工作区

后勤工作区一般不对外开放，除了特殊情况外，不应让旅游者进入这个区域。后勤工作区一般由三部分构成：部门经理办公室、库房和卫生间。

项目3　门市的对客服务

案例引入

刘小姐走进某旅行社门市部，门市服务人员热情地招呼、问好，请刘小姐入座后，又为刘小姐泡了一杯绿茶，并微笑着说："喝绿茶美容。"

刘小姐被一种亲切、温馨的气氛感染，信任地问："你能帮我推荐一条有价值的登山旅游线路吗？"

门市服务人员说："没问题，我为美丽的您推荐一条'美丽'登山线路。"

刘小姐听后很诧异："还有美丽登山线路？去哪里啊？美容院啊？"

"'五岳归来不看山，黄山归来不看岳'，黄山每一步都是美丽的，每看一眼都是美景。"门市服务人员回答。

刘小姐打断了门市服务人员的话："黄山是太美了，有点当神仙的感觉，只是我已经去过了。"

"您对黄山的描述真精彩，那黄山的姊妹山——三清山，您去过了吗？"

"听说过三清山，但是没有去过。有索道吗？爬山累吗？"

"和黄山一样，三清山也有索道。您可以选择乘缆车上下，但是我建议您自己登三清山，然后乘缆车下山。上三清山，握手健康；我健康，我美丽啊！"

听了门市服务人员这样一番话语，刘小姐欣然报名去三清山旅游。

（资料来源：徐云松，左红丽. 门市操作实务. 北京：旅游教育出版社，2006.）

提出问题

从以上案例可以看出，旅行社门市对客服务质量的好坏直接决定旅游者的购买决策。那么旅行社门市的对客服务包括哪些具体环节？

我们小组的回答是：____

____

____

旅行社开设门市，一方面能够为旅行社招徕客源，另一方面能够更便捷地为顾客提供各项服务。因此，旅行社门市作为旅行社的服务窗口，承担着旅游咨询接待、产品推

介、手续办理及售后服务等对客服务的基本工作任务。

一、咨询接待

咨询服务是指门市工作人员为前来旅行社门市或通过电话进行咨询的旅游者解答有关旅游方面的问题，向旅游者介绍旅行社的旅游产品，提供旅游建议。主要有现场咨询、电话咨询、传真咨询以及网络咨询等几种方式。

（一）现场咨询

【事前提示】

作为门市工作人员，在接受旅游者现场咨询之前，要做好相应的准备工作。

①门市的环境整洁干净，工作人员的仪容仪表符合规范；

②门市工作人员面带微笑，热情有礼，随时准备为顾客提供服务；

③门市工作人员准确掌握关于旅行社主要旅游产品的情况；

④门市工作人员准确掌握关于旅游目的地的有关情况。

现场咨询接待的程序是：

（1）迎接顾客。顾客走进门市时，礼貌地招呼顾客；请顾客落座，更佳的服务可为顾客提供茶水。

（2）询问顾客需求。询问顾客的旅游需求，如问顾客是国内游还是国际游，去什么方向，去几天，几个人去，以及价格定位等。

（3）出示旅游产品。根据顾客需求，为顾客介绍旅游产品，并立即取出该产品的宣传资料给顾客。

（4）旅游产品说明。在出示旅游产品的同时，向顾客提供旅游产品的有用信息，要注意实事求是，突出亮点。

（5）提供宣传资料。主动、大方地向顾客提供相关旅游产品的宣传资料，让顾客带回去阅读。

（6）促成交易。告知顾客尽早报名的“好处”，促使顾客尽快决定并报名交费。若顾客暂未决定，应主动留存顾客联系方式，以便跟进销售。

（7）告别顾客。送客时要等顾客起身后再站起来相送，送客时要说“预祝旅途愉快”、“欢迎下次光临”等礼貌用语。

【事后提示】

门市工作人员要善于抓住主动接近顾客（与顾客攀谈）的时机，为顾客提供相应的咨询服务，而不是被动地等着顾客上前询问。主动接近顾客的时机包括：

①旅游咨询者较长时间凝视某条宣传线路时；

②旅游咨询者把头从青睐的线路上抬起来时；

③旅游咨询者临近资料架停步看某条线路的图片时；

④旅游咨询者拿起某条线路的资料时；

⑤旅游咨询者在资料架旁边寻找某条线路时；

⑥旅游咨询者把脸转向门市工作人员时。

2. 电话咨询

【事前提示】

电话咨询接待前，门市工作人员应做好准备工作：

①准确掌握关于旅行社产品和旅游目的地的信息；

②在接听电话前要面带微笑；

③接听电话时使用标准的专业文明用语及训练有素的语音、语速和语调；

④养成良好的工作习惯，随时准备纸和笔，记下每个电话中有价值的信息。

电话咨询接待的程序是：

（1）通话准备。在电话机旁边准备电话号码簿、电话记录本、记录用笔、计算器、客户资料等。

（2）及时问候。在电话铃响三声内用左手拿起电话（便于右手做记录），并报出单位名或部门。如："您好！这里是××旅行社门市部，请问有什么可以帮到您?"

（3）询问顾客需求。当得知顾客有参加旅游的意愿时，要问清顾客旅游的方向、姓名、时间、人数、是否有小孩随行、价格定位、随团还是自由行等旅游信息，以便合理地向顾客推介旅游产品。

（4）登记旅游信息。详细地将顾客的问题和要求记录下来，包括来电的时间、来电的公司及联系人、通话内容等，及时获取旅游信息，以方便为顾客推介产品。

（5）结束通话。要对顾客的来电表示感谢，同时等顾客挂断电话后才可以放下电话，而且动作要轻。

【事中提示】

电话咨询接待时，应注意：

①当得知顾客姓名后，要用顾客姓氏称呼对方。

②当要查询并需要顾客等候时，应对顾客说："请您稍等。"再次与顾客通话时，向顾客致歉："对不起，让您久等了。"

③要给顾客准确的答复，避免使用"可能"、"大概"、"也许"之类的话语。

④最好能全程服务，而不是将电话转来转去，或换人接听。

⑤顾客交代的事项，结束电话前必须复述一次，以确认顾客需求及避免错误。

（三）传真咨询

传真咨询多见于企事业单位团队旅游咨询，主要是用书面形式答复旅游者提出的关于旅游、旅行社产品方面的各种问题，并提供各种旅游建议的一种服务方式。

门市工作人员必须掌握传真机、复印机等现代办公设备的使用。而传真咨询的重要环节就是传真内容的拟定。传真内容应包括称呼、问候语、致谢语、正文、祝愿语等，并注明日期和页数，要注意内容简明扼要，正文部分对顾客咨询的内容要完整准确，并附上联系方式。

以一家旅行社回复某公司关于"北京双飞五日游"的传真资料为例（见示例13）。

示例 13　回复咨询传真

××公司：

您好！感谢您对××旅行社的信任！现将“北京双飞五日游”的旅游信息发给您商榷，确定后联系我们（联系人：××，联系电话：××××××××）。最后祝合作愉快！

××旅行社

2011 年 10 月 15 日

（四）网络咨询

网络咨询是指门市工作人员借助网络，利用电子邮件、腾讯 QQ、MSN 等方式，回答旅游者提出的有关旅游方面的问题，向旅游者介绍旅行社的旅游产品，并提供旅游建议。随着电子商务的日益普及，网络咨询方式应用也越来越广泛，其中电子邮件也是职业信件的一种。要认真撰写电子邮件中的每一句话，注意用词的准确性和邮件的时效性。

二、产品推介

作为门市工作人员，推介和销售旅行社的旅游产品是其工作的重要内容之一。产品推介的基本程序如图 9－1所示。

谈话询问，倾听需求
↓
预测顾客动机
↓
展示产品，提出方案
↓
修订产品，编制日程表
↓
核定产品价格，确认购买

图 9－1　产品推介流程图

（一）谈话询问，倾听需求

门市工作人员在产品推介过程中，首先要诚恳地与顾客进行交流，认真聆听顾客需求。若是企事业单位的团队旅游活动，一般单位已有明确的旅游意向，通过询问单位的联系人了解公司安排员工活动的想法，先了解大概的价格定位、区域安排；而针对散客推介旅游产品，则要学会察言观色，从散客的外表及言谈举止辨别顾客的需求。

（二）预测顾客动机

门市工作人员在推介产品时，要掌握科学的推销方法，以积极主动的心态、请求型的语气，询问并预测顾客的旅游动机，如单位的团队活动，根据其价格定位、成员构成可预测其是为了让员工旅游观光、度假休闲还是其他；而散客的旅游动机相对较为个性化。因此需要门市工作人员具备较强的观察和预测分析能力，准确把握顾客的动机。

（三）展示产品，提出方案

根据了解到的旅游动机，有针对性地为顾客提出备选方案，并提供相应资料展示线路。如某单位安排员工去旅游观光，以缓解工作压力，放松心情，可为其推荐风景优美的名山大川、海滩及名胜古迹等景点，并将相应的旅游线路行程安排介绍给顾客，以供其选择。而对于散客则要抓住旅游产品的亮点，运用各种策略，激发顾客的兴趣。

（四）修订产品，编制日程表

企事业单位联系人可能会根据单位团队的特点对旅行社推出的现有线路提出变更的

要求，这时门市工作人员可做出必要的修订，重新编制旅游日程表，以供其选择确认。而对于散客，一般在顾客选定某条旅游线路之后，可多提供几种不同价位的同一线路产品供其选择，如特价线路、贵宾线路、纯玩线路，散客一般不对旅行社的现有线路做大的修改。

（五）核定产品价格，确认购买

如果是团队包价旅游产品，常常包括综合服务费、房费、餐费、城市间交通费及专项附加费等多项费用，门市工作人员在进行旅游产品推介时需向顾客一一进行解释，并强调相关的注意事项，供顾客回单位确认。而散客可能常常会因为价格产生异议，这时门市工作人员要延缓价格的讨论，将价格谈判放到最后，多从产品的价值和服务以及旅行社的品牌等多方面进行包装，同时针对散客“再考虑考虑”的犹豫心态，明确产品数量的有限性和时间的期限性，促使顾客迅速做出决定。

三、手续办理

（一）委托代办手续

随着人们旅游观念的更新，散客旅游的人数越来越多，委托旅行社代办的情况也随之增加，其中以赴外地旅游的委托代办居多。门市工作人员为提供赴外地旅游的委托代办服务的步骤为：

（1）耐心询问旅游者的要求，认真检查旅游者的身份证件；

（2）根据散客旅游者的要求，认真填写“委托代办支付券”（见示例14）；

（3）根据旅游者的要求，逐项计价，向旅游者收取费用，并开具收据。

示例14　委托代办支付券

<table>
<tr><td rowspan="2">姓名</td><td rowspan="2"></td><td rowspan="2">性别</td><td rowspan="2"></td><td rowspan="2">国籍</td><td rowspan="2"></td><td rowspan="2">人数</td><td rowspan="2"></td><td>单男</td><td></td><td rowspan="2"></td><td rowspan="2">成人</td><td rowspan="2"></td><td rowspan="2">2～8岁儿童</td><td rowspan="2"></td><td colspan="2">备注</td></tr>
<tr><td>单女</td><td></td><td>金额</td><td>手续费</td></tr>
<tr><td rowspan="4">委托代办项目</td><td colspan="14">1. 预订　月　日　航班/火车/轮船　赴　省　（市）地　县　票　张</td><td></td><td></td></tr>
<tr><td colspan="14">2. 预订　月　日　省　（市）地　县　　星级饭店　间　夜</td><td></td><td></td></tr>
<tr><td colspan="14">3. 预订　　月　　日　　接/送　　机场/车站/码头</td><td></td><td></td></tr>
<tr><td colspan="14">4. 其他委托　　翻译　　陪同　　其他</td><td></td><td></td></tr>
<tr><td>合计</td><td colspan="16">人民币　　　万　　　仟　　　佰　　　拾　　　元</td></tr>
<tr><td>承办旅行社</td><td colspan="16">盖章　　　　　　　　　　经办人：　　　　　　　　　　电话：</td></tr>
<tr><td>委托人</td><td colspan="16">签字（盖章）：　　　　　　联系电话：　　　　　　　　地址：</td></tr>
</table>

（二）国内游的手续办理

1. 签订合同

旅行社门市应当依法与旅游者订立书面旅游合同，一般使用国家或省发布的合同示范文本，若自制旅游合同格式的，应事先报送当地工商行政管理部门审查。合同的条款主要包括：当事人的名称或姓名和住所、数量、标准、团款、旅行期限、地点和交通方式、违约责任及解决争议的方法。签订合同的同时要告知旅游者：合同签订以后，如果旅游者临时不能去旅游，应尽快通知旅行社取消。但依照合同约定，旅游者办理退团解约，应因解约时间不同而支付旅行社相应的费用，同时门市工作人员要向旅游者解释，旅行社收取的支付费用主要用于支付车、船、住宿及各地接待社等相关企业的解约违约金，以获取旅游者的理解。

2. 销售旅游者个人保险

旅行社门市工作人员在与旅游者订立旅游合同时，应当根据旅游者选择的旅游线路推荐其购买相关的旅游者个人保险，如短期健康险及旅游意外保险，并就保单中的有关责任、保险金额等事项为旅游者做出解释。

3. 收取费用

在与旅游者签订旅游合同后，门市工作人员应当按照合同规定收取相应费用，并为旅游者开好发票。收取费用时要做到“三唱一复”、“三唱”是指“唱价”（确认旅游者所购旅游产品的价格）、“唱收”（确认所收旅游者现款金额）、“唱付”（确认找给旅游者余款金额）；“一复”是指“复核”（确认所付旅游产品与收进费用相符）。根据收取的费用为旅游者开好发票，并交到旅游者手中，同时表示感谢。

4. 发送出团通知

采用短信、邮件、电话方式通知旅游者出团信息，并告诉旅游者一些旅游注意事项，包括出发时间与集合地点，旅游者是否已携带有效身份证件，特别是未取得身份证的少年儿童必须按规定携带有效身份证明，同时提醒旅游者出行前要注意健康状况，从而使旅游者体验到门市服务的真诚与全面。

（三）出境游的手续办理

出境游相对于国内游而言，手续办理比较烦琐，主要是申请护照和签证的办理需要较长时间。具体来说，办理出境游的手续通常要遵照以下几个步骤：

1. 签订出境游合同

出境游合同与国内游合同范本略有不同。

2. 申请护照

护照是一国主管机关发给本国公民出国或在国外居留的证件，证明其国籍和身份。护照分为外交护照、公务护照和普通护照。中华人民共和国护照的有效期一般为 10 年，可延期。我国公民出境旅游需办理由公安部门颁发的普通护照，旅游者自行到户口所在地办理护照的手续：

（1）准备本人身份证、户口本或其他户籍证明和大 1 寸半身正面免冠照片等；

（2）到户口所在地公安局申请；

（3）按要求填写表格和支付费用。

3. 申请签证

签证是一国主管机关在外国公民所持的护照或其他旅行证件上签注、盖章，表示准其出入本国国境或过境的手续。一国公民前往另一个国家，必须到前往国家驻所在国家的大使馆或领事馆申请对方国家的入境签证（给予免签政策的国家除外）。签证有一定的有效期限，持证人必须在规定的期限内进入或离开签证国。

出国旅游的旅游者在申请了护照之后，可委托旅行社统一申办签证。申办签证的程序因国而异，如赴东南亚国家旅游只需提交护照和 2 张照片，而赴欧洲旅游则需要提交护照、身份证、房产证、户口本甚至银行存款证明等。旅行社门市根据旅游目的地国家的要求，收齐旅游者相关证明材料后，填写相应国家签证申请表，再交由大使馆或领事馆审查批准，即发给签证。

我国旅游团在出境旅游时，通常持团体签证。持团体签证的团员们必须统一行动，不能离团，否则无法入境或离境。

四、售后服务

旅行社的售后服务是指旅行社在旅游者旅游活动结束之后，继续向旅游者提供的一系列服务，以主动解决旅游者遇到的问题，加强同旅游者的联系。旅行社的售后服务常常由旅行社门市工作人员具体实施，主要包括客户回访、投诉的处理等。常见的方式有电话问候、寄送意见征询单、赠送纪念品或明信片、召开招待会、举办旅行社开放日。

（一）客户回访

1. 客户回访的目的

（1）了解顾客对旅游活动的满意程度；

（2）建立顾客档案，延伸服务项目，增强顾客对企业的认知度和美誉度，提高顾客的忠诚度；

（3）与顾客建立情感关系。

2. 客户回访的步骤

（1）确定回访对象和回访计划；

（2）电话预约并上门回访客户；

（3）进行客户意见、建议的处理；

（4）记录回访情况和处理结果，并录入客户档案；

（5）撰写报告并呈报公司领导。

（二）投诉的处理

旅行社门市工作人员不可避免地会接到来自旅游者的投诉。对于旅游者的投诉，门市工作人员特别是管理人员务必要认真对待和处理。旅游者能够向门市进行投诉，事实上等于给了旅行社进行服务补救的机会。

（1）倾听投诉。在面对旅游者的投诉时，首先要保持冷静，无论旅游者态度如何激烈，都不能与其争辩，而要端正态度，真诚地致歉，给旅游者一种认真对待其投诉并愿意积极进行处理的感觉，安抚其情绪，并认真地引导旅游者将埋藏在内心的怨气和不满全部发泄出来，在这个过程中不应打断旅游者的叙述，而是要认真地倾听并做好相应的记录。

（2）询问情况。门市工作人员在倾听旅游者的投诉后，应再次向旅游者的遭遇表示同情和歉意，使旅游者得到心理上的安慰，同时，应就旅游者投诉过程中未讲清楚的关键情节进行询问，以便了解旅游者投诉的事实。门市工作人员还应就旅游者能够坦诚地向旅行社反映情况表示感谢，感谢其对旅行社的信任和给予补救的机会，并答应尽快对旅游者所提出投诉的事实进行调查和处理，并将处理结果反馈给旅游者。

（三）调查事实

由于旅行社的旅游产品构成较为复杂，旅游者所投诉的情况既可能与旅行社自身提供的服务有关，也可能涉及产品组合的其他合作单位，甚至可能是前来投诉的旅游者自身原因造成的。因此，旅行社应在旅游者投诉之后，立即着手对旅游者投诉所涉及的人员及事情经过进行调查核实。

（四）进行处理

旅行社管理者应在对旅游者投诉的事实调查清楚的基础上，根据具体情况对旅游投诉进行妥善处理。对于涉及旅行社员工的投诉，如经调查情况属实，应视情节轻重做出相应的处罚；如涉及其他合作单位，如地接社、旅游交通、旅游景点、饭店和餐馆等，应与合作单位进行沟通，要求其改正，以保证以后合作的服务质量；情节严重或屡次出现同类情况的，可考虑在旅游产品采购时减少直至停止与其合作；但对于旅游者的投诉，由旅行社出面道歉。

（五）答复处理结果

旅行社管理者在完成对旅游投诉的处理之后，应及时将处理结果以口头或书面形式通知旅游者。在答复时应诚恳地向旅游者表示歉意，希望能够得到谅解，并愿意继续为其提供优质服务。如果处理结果涉及经济赔偿，旅行社应征求旅游者的意见，以适当的渠道和方式进行赔偿。

（六）记录存档

旅行社应将旅游投诉的内容和处理经过做详细真实的记录，并存入档案，以备不时之需。

【事后提示】

①无论投诉问题是大是小，都要高度重视；
②在倾听和询问投诉过程中，切忌与旅游者发生争执；
③投诉处理越早越好；
④要善于运用投诉处理技巧，特别要注意语言技巧。

本模块小结

旅行社门市是旅行社的对外窗口，是旅行社的广告和形象，旅行社门市的选址、设计以及对客服务质量的好坏直接影响到旅行社旅游产品的销售。本模块主要介绍了旅行社门市的基本知识，并就旅行社门市的选址、设计与装潢以及对客服务进行了详细介绍。

习题与实践

1. 课堂讨论题

（1）旅行社为什么要特别重视门市的设立？

(2) 旅行社门市应如何进行设计和布局?

(3) 如何处理顾客的投诉?

2. 自测题

(1) (　　) 是旅行社门市选址时首先要考虑的因素。

(2) 旅行社的对客服务包括 (　　)、(　　)、(　　)、(　　) 四个方面。

(3) 旅行社门市服务人员在收取客人费用时要做到“三唱一复”。“三唱”是指 (　　)、(　　)、(　　),“一复”是指 (　　)。

(4) 中华人民共和国护照的有效期一般为 (　　) 年，可延期 (　　) 次，每次不超过 (　　) 年。

3. 复习思考题

(1) 旅行社门市选址要考虑哪些因素?

(2) 怎样为顾客办理出境游手续?

(3) 为什么要进行客户回访? 如何进行客户回访?

4. 综合实训题

(1) 考察2~3家旅行社门市部，并就其选址及门店装饰进行比较，总结其优缺点，并提出改进意见。

(2) 将班上同学分成几组，设计情境，进行现场咨询、产品推介、投诉处理的实训。

知识拓展

旅行社门市常见的价格异议及解决技巧

异议之一：太贵了

“太贵了”是最常见的顾客价格异议，针对该异议，门市工作人员可以采用“回飞棒”的技巧，结合沉默的压力来解决。

避免使用：“这个价格还嫌贵啊?”“我们旅行社是不打折的!”“那多少钱你才会买?”建议采用如下回答：“是的。但我要跟您说明，我们旅行社的这个产品价格贵是有原因的。首先是产品构成，我们和市场同类产品比较，多游览了4个点，而这4个非常具有游览价值的点其他旅行社都没有安排。其次是来回交通。我们也可以做一个比较，我们旅行社是直达目的地，中途没有转机的。但是，市面上的一些产品却要转机，这样就浪费了时间和精力。还有……另外，我们旅行社讲究服务和信誉。我的一个顾客已经在不到1年半的时间里，连续4次参加我们旅行社的旅游啦。”或者：“那么您觉得这条线路要多少钱才合理呢? 您觉得价格是您和您家人(您的员工)旅游(出国旅游)时唯一考虑的因素吗?”随后短时沉默并微笑地看着顾客。这种回答是巧用沉默的力量，把球踢给顾客，让顾客做出回答。

异议之二：我负担不起

门市工作人员遇到“我负担不起”的异议时，首先要判断是借口还是事实，然后再决定是否需要引荐其他低价的旅游线路给顾客，以免错过销售机会。

这里最重要的是做出正确的判断。一般来说，门市工作人员可以从顾客的着装、谈吐、职业类别等做综合判断。有时候可以向顾客要一张名片，它往往可以帮助我们做判断。和顾客聊天，让顾客多说话，也是一种非常有效的手段。

异议之三：手头上现金不足

门市工作人员面对“手头上现金不足”的价格异议，如果是事实的话，比较积极的做法是站在顾客的立场上，提供给顾客解决问题的方式，如保留优惠价格、预付订金、约定期限等。如果只是顾客希望降价的托词，门市工作人员就绝对不能放弃，可以通过赞美、强调旅游线路的有限数量或者期限来继续刺激顾客的购买欲望。否则，不但降价无效，还有可能因此完全失去这次交易。因为顾客会想，或许别的旅行社价格更低。

异议之四：价格比预期高

门市工作人员在处理“价格比预期高”的价格异议时，首先要判断顾客是否真的有购买意愿。其次是针对顾客的价格标准，分析旅游产品构成，刺激顾客的购买欲望。要避免类似“那不可能!”“那种价格的服务一定很差的!”的回答。正确的回答是：“您本来预期这条线路是多少钱呢？您原本预期价格的标准是怎样得来的呢？……请让我把事实的细节向您说明一下……”

门市工作人员的上述说法可以比较有效地避免对顾客的伤害，同时为自己创造了给顾客解释的机会，同时意味着创造了继续推介产品、刺激顾客购买欲望的机会。

模块 10　旅行社票务服务

任务目标

熟悉旅行社航空票务工作程序，了解其他票务的工作实操方法。

项目 1　票务服务概述

案例引入

李某一家四口报名参加了某国际旅行社组织的“海南双飞五日游”，双方签订了旅游合同，确定团费每人 2 100 元，共计 8 400 元。原定 1 月 7 日出团，但是到了 6 日，李某还未拿到机票。李某一家已为全家出去旅游做了很多准备，因此十分焦急。李某找到旅行社询问，旅行社负责人保证次日行程不会有问题。为了让李某放心，旅行社负责人又在合同中增加了违约条款“注：如取不出机票，按我方违约处理（同合同第八条）”。其合同第八条是这样约定的：“如因旅行社自身原因未达到协定的各项服务标准时，除退还客人未达到协定的服务标准差额外，再退赔差额的 20% 的违约金。”第二天，李某一家兴致勃勃地按时乘汽车前往机场集合，走到半路时却接到旅行社通知，因旅行社未能拿到机票，旅游行程被取消。

李某因旅行社违约，向旅行社提出索赔。李某认为，按照合同中的“注”和“第八条”，旅行社没有安排旅游者出游，就是各项服务标准都没有达标，其差额为零，旅行社应退还全部团款，并支付团款全额 20% 的违约金，共 10 080 元。旅行社则认为，这次合同的履行，只是提供单程机票一项服务没有达标，应退还团款及单程机票款 1 850 元的 20% 作为违约金，即 8 770 元。李某与旅行社不能达成一致，于是向旅游质量监管部门投诉。

提出问题

旅游者的旅游活动是旅行和游览的集合，“行”在旅游活动中起着关键性的作用。旅游团队能否成行，旅游活动能否顺利开展，首先要解决的问题就是航班、车、船的落

实工作。因此，旅行社票务在诸多业务中处于十分重要的地位。那么，具体来说，旅行社票务服务有何意义？旅行社票务包括哪些类别？如何成为航空票务销售代理人呢？

我们小组的回答是：______________________________

____

____

票务服务是指票务人员按照旅游团队的计划或旅游者的要求，通过一定的方式和程序，取得使用交通工具和进行旅游相关活动的权利（即票证），使旅游者顺利到达目的地并游览的业务。近年来，我国很多旅行社都建立起票务中心，成为航空公司的机票代售点、铁路客运部票务代理处、轮船公司或长途客运交通部门的指定代理点，一方面为旅行社内部解决本社旅游团队、散客旅游的交通票据问题。另一方面，随着旅行社散客业务的发展，对外代客订购交通票据已成为旅行社的一项重要业务，成为旅行社创收的一条重要途径。

一、旅行社票务的作用

（一）是旅游活动顺利进行的首要保证

旅游者的旅游活动往往由食、住、行、游、购、娱等方面构成。“行”是整个旅游活动的基础，贯穿于旅游活动的始终，甚至可以说，没有“行”就无所谓“旅游”。因此，旅行社票务工作是旅游活动顺利进行的首要保证。票务部门与社会交通部门通过协作与配合，共同解决旅游者“行”的问题。票务部门出票能力的强弱直接影响到旅游业务的开展。票务部门能出到票，旅游活动才能得以开展，否则即使是组好的旅游团也可能无法成行，已经出行的旅游团也可能因行程中的后续交通票证问题影响到旅游行程，给旅行社带来重大经济损失，并严重影响旅行社的声誉。

（二）能满足旅游者购票需求，服务于社会

随着交通运输业内部和旅游业内部的竞争发展，很多具有一定实力的旅行社已成为交通运输企业的代理商。一方面，旅行社对各类交通的线路、班次、价格比较熟悉；另一方面，旅行社与航空、铁路等交通运输部门建立了长期稳定的合作关系，往往在价格上享有一定程度的优惠，加上旅行社本身的信誉和服务，越来越多的人在出行时选择通过旅行社购置各种交通票证。旅行社票务工作已不再单纯为旅行社内部的旅游团队解决交通票据问题，它同时也成为旅行社提供的单项旅游产品，向整个社会服务。

（三）拓展了旅行社的业务范围，成为创收的一条重要途径

旅行社通过票务工作，既保证了本社组织的旅游者旅游活动的顺利进行，又能服务于整个社会，使之成为旅行社另一条创收渠道。旅行社在门市或其他地方设立票务代售点，向社会提供票务服务，使票务工作从传统的后台配套服务走向前台，直接对外营销，直接创收，从而为旅行社带来更多的经济效益。票务服务成为旅行社向社会提供的单项旅游产品，通过票务服务的“窗口”还能展现旅行社的良好形象。

二、旅行社票务的分类

旅行社的票务可分为航空票务、火车票务、轮船票务和汽车票务四大类，又以航空票务和火车票务为主。

航空票务，包括国内机票、国际机票、地区机票和包机机票等。飞机票的价格一般可分为航空公司零售价（如头等舱、经济舱、商务舱等）及团体优惠价、儿童优惠价、优惠折扣价、包机价等。随着出游人数的增加，旅游团队的流量有时会超过正常航班的运力，或者正常航班抵达下一站的时间与团队出行日期不相符，影响到旅游团队的行程，给旅游者带来不便。因此，旅行社常常会考虑申请旅游包机。

火车票务，主要指国内火车票和国际火车票。旅行社订购的火车票可分为普通客票（软座、硬座等）、卧铺票（软卧、硬卧等）以及加快票，现在很多城市之间开通了高铁或城际快车，这一类票旅行社也可以订购。如果旅行社本身组织的旅游团队人数较多或处于旅游旺季，一般申请加挂旅游车厢。

另外，旅行社还可以代理轮船票务，包括沿海航线、内河航线、地区航线、国际航线票务，特别是像黄河、长江、珠江、淮河以及江浙地区的大运河，水运交通比较发达，许多水域都具有运输和旅游双重功能。旅行社既能销售普通交通船票，还可以代售各种以游览为目的的旅游船票。

汽车票务在后文中有详述，此处不再说明。

三、旅行社航空票务销售代理人的设立

航空票务是旅行社的一项重要业务，遍布于各大旅游城市。航空公司的售票方式通常有两种：一种是航空公司通过自己的售票窗口或网站直接向顾客销售，另一种是通过代理人分销。旅行社利用自身的客源市场与航空公司建立合作关系，通过法定的申请程序成为航空票务的销售代理人，代理国内航线客票及国际航线客票。旅行社从航空公司获得一定比例的售票款作为佣金，航空公司也会根据旅行社的客票销售量，给予旅行社一定比例的票价优惠折扣。旅行社与航空公司的这种协作，在方便顾客的同时，也推动了航空公司的客票销售量，更成为旅行社创收的重要渠道。

（一）航空票务销售代理人的类型

我国航空票务代理分为一类航空票务代理和二类航空票务代理两种类型。

（1）一类航空票务代理，是指具有经营代理国际航线和国内航线飞机票业务资格的旅行社销售代理人。它有权代售国际航线航空客运飞机票，香港、澳门、台湾地区航线航空客运飞机票和其他国内航线航空客运飞机票。按照民航部的有关规定，一类航空票务代理代售国际航线客票可从经营该航线的航空公司获得票额9%的佣金，国内票可获得票额3%的佣金。

（2）二类航空票务代理，是指具有经营代售国内航空客票资格的旅行社销售代理人。它有权代理除香港、澳门、台湾地区航线以外的国内航线航空客运飞机票。按照民航部门的规定，二类航空票务代理代售国内航空客票可获得票额3%的销售佣金。

（二）设立航空票务销售代理人的条件

根据国家的有关规定，我国旅行社成为航空票务销售代理人必须具备以下条件：

（1）有健全的组织管理机构及与经营销售代理业务相符的资料。

（2）拥有3名以上熟悉机票销售业务的专职工作人员。他们必须经过民航管理部门或民航管理部门授权航空公司举办的专业培训，并取得航空运输代理业务岗位合格证书、销售代理人员证书或岗位培训证书。

（3）拥有固定独立的营业场所和必要的通信设备，如电话、传真机、计算机等。

（4）有一定的注册资金。一类航空票务中心注册资金不少于人民币150万元；二类航空票务中心注册资金不少于人民币50万元。

（三）设立航空票务销售代理人的程序

具有上述条件的旅行社可以申请设立航空票务销售代理人，其具体程序如下：

（1）申请设立一类航空票务代理资格的旅行社向中国民用航空局提出申请；申请设立二类航空票务代理资格的旅行社向中国民用航空地区管理局提出申请。

（2）申请人向国际航空运输协会提出加入申请，加入该组织，成为其会员。

（3）申请人加入国际航空运输协会后，按国家的有关规定，申请加入开账与结算计划（简称BSP）。

（4）申请人根据规定提交以下文件和资料：

①设立销售代理人的申请报告；

②企业章程；

③主要负责人的姓名、职称、简历及销售业务人员名册；

④用于经营航空票务代理业务的营业场所产权证明或租赁、通信器材的购买发票；

⑤有会计师事务所出具的注册资金的验资证明；

⑥经济担保证明；

⑦航空票务销售人员相应业务合格证书的复印件；

⑧民用航空运输企业出具的委托代理意向书；

⑨其他需要提交的文件和资料。

（5）民航行政主管部门或民航地区行政管理机构向符合条件的申请人核发相应的空运销售代理业务经营批准证书。

（6）销售代理人持民航管理部门颁发的经营批准证书，到当地工商行政管理部门办理登记手续，申领营业执照。

（7）到所在地银行开立账户。

（四）航空票务销售代理人加入BSP的程序

开账与结算计划（BSP），是国际航空运输协会（简称国际航协，IATA）根据协会会员航空公司的要求，为适应国际航空运输的迅速发展、扩大销售网络和规范销售代理人的行为而建立的一种供销售代理人使用中性客票销售和结算的系统。开账与结算计划是国际航空运输协会于1978年提出的用于规范民用航空公司销售航空客票程序的一个组织。目前，我国许多旅行社的票务中心加入了该组织。其主要特点是使用中性的标准运输凭证进行销售，按照世界统一标准的计算机程序制作销售报告，并由清算银行集中转账划款，从而简化了出票、报表和付款的过程，减少了航空客票的种类，使航空公司及其代理人节约开支并提高工作效率和服务质量。

旅行社申请加入开账与结算计划必须具备一定的条件并获得有关方面的审核批准。加入开账与结算计划的具体程序为：

1. 申请加入国际航空运输协会

申请加入开账与结算计划的旅行社，必须是国际航空运输协会的成员。只有加入国际航空运输协会，旅行社才有资格申请加入开账与结算计划及开设中性航空客票经营销售代理业务。因此，旅行社在申请加入开账与结算计划之前，应首先申请加入国际航空运输协会。旅行社申请加入国际航空运输协会的程序是：

（1）参加培训。根据国际航空运输协会的规定，凡申请加入该组织的旅行社，必须经过其指定机构进行的业务培训。在我国，国际航空运输协会委托中国国际航空公司、中国东方航空公司和中国南方航空公司对申请单位和人员进行业务培训。因此，我国境内旅行社可选择参加上述三家航空公司中的任何一家公司所举办的培训班或培训课程。培训合格后，由该公司颁发国际航空运输协会认可的国际客运代理人批准通知书和上岗资格证书。

另外，旅行社也可以选择参加由国际航空运输协会直接举办的业务培训，经考试合格后，获得由该组织颁发的培训结业证书。

（2）办理担保手续。根据国际航空运输协会的规定，申请加入该组织的旅行社，还须到其所在地的省、自治区、直辖市一级的中国建设银行办理担保手续，由该银行出具50 万元以上的“不可撤销的担保函”。

（3）提出申请。凡希望获得国际航空运输协会成员资格的旅行社，应首先向该组织的有关部门提出加入申请。在我国，旅行社应向国际航空运输协会驻中国办事处提出申请。在申请书中应注明旅行社的名称、类别、注册资金、营业地点、经营范围、法定代表人姓名等，说明申请加入国际航空协会的原因，并附有培训结业证书、上岗资格证书、代理人批准通知书、银行担保函等证明文件。国际航空运输协会对提出申请的旅行社进行审查，经审查合格，可批准该旅行社加入协会，成为其正式成员。

2. 申请加入开账与结算计划

旅行社经审查合格，被批准加入国际航空运输协会后，便可向开账与结算计划驻北京办事处提出加入该计划的申请。旅行社在申请时应呈交申请书、各种证明文件、国际航空运输协会批准证书和文件等材料。经审核批准后，旅行社便正式加入了开账与结算计划，并可向该组织领取代理航空客票销售业务专用的中性航空客票。该种客票上只有国际航空运输协会的标记，而无任何航空公司的标记。

3. 向航空公司申请售票代理

旅行社在取得国际航空运输协会成员资格并加入开账与结算计划之后，可直接同各有关航空公司接洽，申请成为它们的售票代理点。经批准后，旅行社从各有关航空公司处领取该公司的标记牌，用于销售其航空客票。

项目2 航空票务服务

案例引入

2011年8月11日，浙江金华三清国旅组织一个散拼团赴北京旅游。35名游客均来自市区，年纪最大的62岁，最小的7岁。按照行程，8月11日至8月15日，他们将参加三清国旅组织的双飞纯玩五日游。

8月11日中午11时50分，旅游团按计划准时从金华发团，下午2时多抵达萧山机场。

按照旅行社的计划，旅游团订的是当天下午4时50分的航班FM9151。可到杭州萧山机场后，航空票务公司突然告知，需改乘晚上8时50分的航班。旅行社得知这一情况后向游客道歉，并马上与航空票务公司交涉赔偿事宜。经交涉，航空票务公司同意“赔偿每位客人人民币500元损失费，合计人民币1.75万元”。导游准备将钱发给游客，遭游客拒绝。

游客在得知更改航班后都很气愤，与旅行社交涉，旅行社刚开始同意每人赔1 000元，后来说已咨询过律师每人赔500元。游客要求：晚上7时30分前，赔偿每位游客1 000元，上飞机前必须拿到现金，否则拒上飞机，“迟1分加200元”。

为了防止事态扩大，晚上7时03分，旅行社以每人1 000元的标准，将3.5万元打入带团导游的银行卡中。由于银行卡取款额度只有2万元，旅行社和游客商量，先每人发500元，其余的打欠条。游客断然拒绝，要求必须当场支付。

晚上9时多，在多次交涉无果后，35名游客集体拒上飞机，取消行程，自己包车回到金华。

次日凌晨，35名游客聚集要说法，后经一个多小时协商，在相关部门见证下，旅行社签署了“退一赔一”的协议。此次旅游团，每个成人团费3 080元，按“退一赔一”的协议，在全额退款的基础上，成人每人再赔3 080元，加上小孩的费用，共计现金19.98万元。这笔钱在第二天上午10时前全部付清。

（资料来源：金华新闻网，2011-08-17.）

提出问题

上述案例被称为“中国旅游2011第一大新闻”。虽然对于这样的处理结果业界至今仍存在较大异议，但不可否认的是，正是由于旅行社航空票务工作出现了失误，不但无法保证旅游者顺利出行，还给旅行社造成重大的经济损失，严重影响了旅行社的声誉。那么，应如何做好旅行社航空票务工作呢？

我们小组的回答是：____

____

____

旅行社票务部门主要经营和代理航空票务。

一、航空票务基本知识

根据国际航空运输协会的强制规定，从2006年10月16日起，停止向我国国内各大机票代理人发放BSP纸质客票，而到2007年年底在全世界实现BSP客票100%电子化。

（一）电子客票与电子客票行程单

电子客票，是指由空运企业或其销售代理企业销售并赋予运输权利的以电子数据形式体现的有效运输凭证，是纸质客票的电子替代产品。电子客票是普通纸质机票的一种电子映象，是一种电子号码记录。目前，它作为世界上最先进的客票形式，依托现代信息技术，实现无纸化、电子化的订票、结算和办理乘机手续等全过程，给旅客带来诸多便利，并为航空公司降低成本。对于旅客来讲，它的使用与传统纸质机票并无差别。与传统纸质客票相比，电子客票省时省力，订票后无须等待送票，持身份证就可以直接在机场专门的电子柜台办理登机手续。同时，电子客票实现了无纸化的订票、结账和办理登机手续等全过程。它也代表着航空客票的未来发展方向。

电子客票行程单，是指旅客购买空运企业民用航空运输电子客票的付款凭证或报销凭证，同时具备提示旅客行程的作用。行程单为一人一单，遗失不补，不能任意涂改，旅客应核对行程单上的姓名、证件号码等所列项目。行程单不作为登机凭证，但发生变更时旅客须出示行程单原件，退票时旅客必须凭行程单原件向原售票部门提出申请。

（二）机票的种类

1. 普通机票与特别机票

普通机票以有效期时间的长短又可分为一年、半年、三个月、一个月、十四天有效票等不同种类。除此之外，航空公司有不同的促销措施，因而会有不同天数的限制。也就是说，航空公司会根据市场情况而产生不同的机票种类，以适应不同的旅客需求和消费能力。

普通一年期机票（Normal Fare），主要分头等票（First Class）、商务票（Business Class）及经济票（Economy Class or Coach）三种，有效期为一年，可换乘其他航空公司的航班，票价较高，但灵活方便，没有太多时间上的限制，适合途中可能改变线路、时间的旅客。购买此种机票，旅客须持有相关有效证件（身份证或军官证、护照、出国证明及目的地的签证等）。

特别机票又可分为旅游机票、团体机票、包机机票、优惠机票等，价格较为优惠，但限制较多。

（1）旅游机票，其票价一般比普通一年期机票较为低廉，但限制相对来说较多，只能购买来回票，不能购买单程票，可分为中途停站及不停站两种。中途允许停站的票价较贵，持票人可在目的地停留一段时间后，在机票规定的有效期内回程，否则机票就会失效。因此，购买此种机票时，应该详细了解有效期，以免机票因过期失效，招致损失。

（2）团体机票，由航空公司委托的旅行社作为指定代理，事先向航空公司订下若干数目的机位，作为举办团体旅行之用。按规定，这种团体机票不能出售给个别旅游人士，旅客在购买时应该注意机票的有效期及能否退回程票等情况，因为某些团体票在机票上注明不能退款，如因签证或其他原因延误，导致不能出发或回程，则损失很大，必须小心注意。

（3）包机机票，包机公司或旅行社向航空公司包下整架或部分飞机座位，以供旅客乘搭。这类机票的票价及营运限制，均由包机公司或旅行社自行订购。

（4）儿童票，是指年龄满2周岁但不满12周岁的儿童所购买的机票，票面价值是成人适用的正常票价的50%左右（国际上的部分地区是75%），提供座位。购买此类机票时，应出示有效的儿童出生证明。

（5）婴儿票，是指不满2周岁的婴儿应购买的机票，票面价值是成人适用的正常票价的10%左右，不提供座位（如需要单独占用座位时，应购买儿童票）。一个成人旅客若携带婴儿超过一名时，超出的人数应购买儿童票。购买此类机票时，应出示有效的婴儿出生证明。

（6）优惠机票，是指航空公司在淡季不定期推出促销活动的促销票，限制标准因航空公司而异，差别较大。

（7）革命残疾军人机票，票面价值是成人适用的正常票价的80%，须出具“革命残疾军人抚恤证”。

2. 正价票与特价票

正价票是指旅客购买的是航空公司正常票价的机票，允许进行签转和更改，一年有效。此类机票的价格高于特价票。

特价票是指旅客购买的是航空公司特殊优惠票价的机票，不允许签转，有很多限制条件，有效期各异，但较便宜。

3. 单程票与往返票

单程票是指点到点去程票。往返票是指点到点来回程票。

4. “OK”票和“OPEN”票

按照是否预订座位将机票分为“OK”票和“OPEN”票两类。“OK”票是指有具体的起飞时间，并确定好了座位的机票。“OPEN”票则是相对“OK”票而言的，往返票回程不定日期为“OPEN”票，回程机票上标记为“OPEN”字样。旅客在国外订好日期后到航空公司贴更改日期条。此种机票虽然较自由，购买时回程在有效期内可以不定日期，但风险较大，可能会遇到希望预订的日期订不上机位或订不上与机票上舱位等级一致的机位的情况，特别是在航线旺季时。

5. 中转联程机票

中转联程机票是指始发地到目的地之间经另一个或几个机场中转，含有两个（及以上）乘机联、使用两个（及以上）不同航班号的航班抵达目的地的机票。例如需要去上海和北京两个城市办事，那么可以选择深圳—上海—北京的中转联程机票。中转联程机票一票到底，价格相对实惠，线路多，各种线路自由组合，但是要注意中转地停留时限，即每一条航线航空公司规定的旅客在中转地的最短停留时间和最长停留时间的相关规定。

6. BSP 中性机票

它是国际航空运输协会根据运输代理业的发展和需要而建立，供航空公司和代理人之间使用的销售结算系统。BSP 票由代理人销售，并通过国际航空运输协会指定的数据处理中心和清算银行进行结算和付款。这种机票在代理人最后确认前不带任何航空公司的标志，故称为中性机票。BSP 票避免了以往航空公司和代理人之间多种票证、多头结算、多次付款的复杂状况，为航空公司和代理人节约了大量开支，提高了工作效率和服务质量，也杜绝了欺诈等违规行为。

BSP 电子客票是纸质机票的替代产品，是当今国际上最先进的机票形式。它通过现代技术和信息化管理，可以实现订票、办理乘机手续和结算全过程无纸化、电子化，具有与纸票同样的功能，并可以更方便地更改、退换机票，也可以避免因机票未随身携带或丢失而带来的麻烦。

（三）机票的退、改、签

（1）退。机票的退指的是机票的退票。全价机票可以无条件退票，特价机票及打折机票要看具体的条件。

（2）改。机票的改是指机票改期，即将目前机票上的航班更改成其他日期或时间的航班。更改时可以更改航班号，但是不能变更航空公司，如变更航空公司就属于签转。改期时要求机票折扣相同才可更改。一般全价机票可以免费更改，折扣机票按具体规定更改，特价机票不得更改。旅客购买机票后，需要改变航班、日期、舱位等级的应在原指定航班飞机规定离站时间 48 小时前提出，如需变更舱位等级，则票款多退少补。

（3）签。机票的签是指机票签转，即购买机票后，更改乘坐的航空公司。例如机票上是海航的航班，旅客要改到国航，就属于签转。一般国内机票只有不打折机票可以签转。签转时需要先去当前承运航空公司柜台办理签转签章，然后再去新承运航空公司办理手续。

二、航空票务销售程序

旅行社的票务部门代售的航空票务主要包括预订客票、售票、取票和送票、客票变更及退票等内容。

（一）预订客票

航空客票的预订分为电话预订、门市预订和网上预订三种方式。

1. 电话预订

电话预订是指旅游者通过电话向旅行社票务中心预订某次航班机票。票务人员电话预订服务的基本程序如表 10－1 所示。

表 10－1 电话预订机票程序与标准

程　序	标　准
1. 接听电话	电话铃响三声之内接听，不能让顾客久等
2. 问候顾客	热情礼貌，使用适当的问候语，自报家门，并表达为顾客提供服务的意愿
3. 聆听顾客订票要求，并适时推销	确认顾客乘机日期及前往的目的地，查询航班座位预订状况，并向顾客提供有关航班的所属航空公司名称、机票价格、起飞时间、到达目的地等信息

续上表

程　　序	标　　准
4. 询问顾客姓名及相关信息	如顾客确定订票，则核对顾客的身份，记录证件上的姓名、年龄、性别、国籍、家庭住址和身份证号码，注意区分国内顾客（身份证）和境外顾客（护照）
5. 询问同行人员的有关信息	询问同行人的信息，包括姓名、年龄、性别、国籍、家庭住址和身份证件号码（或护照号码），同行的人数，有无儿童随行。如有儿童随行，应询问儿童的年龄并根据情况预订婴儿票或儿童票
6. 询问顾客联系电话	询问顾客的联系电话，包括家庭电话和工作单位电话
7. 询问顾客支付方式	询问顾客采用何种支付方式，如现金、支票或者信用卡等
8. 询问顾客有无特殊要求	询问顾客有无特殊要求，如座位的要求、在飞机上用餐的要求等
9. 复述订票情况	复述以上信息，与顾客进行确认
10. 预约送票或取票时间	通知顾客预订已确认并告知其电子机票订单号，如顾客需要电子机票行程单，则与顾客约定送票或取票时间

2. 门市预订

门市预订是指旅游者本人或委托他人前往票务中心预订航空客票。票务人员门市预订服务的基本程序如表 10－2 所示。

表 10－2　门市预订机票服务程序与标准

程　　序	标　　准
1. 迎接顾客	热情礼貌地迎候顾客，为顾客提供帮助
2. 询问顾客订票要求	询问顾客乘机日期及前往的目的地，查询航班座位预订状况，并向顾客提供有关航班的所属航空公司名称、机票价格、起飞时间、到达目的地等信息
3. 询问同行人的有关信息	询问有无儿童随行，如有儿童随行，应询问儿童的年龄并根据情况预订婴儿票或儿童票
4. 请顾客填写《机票预订单》	请顾客按照《机票预订单》上的内容逐项填写
5. 核对顾客资料，确认预订	请顾客出示身份证件，认真查验顾客证件，请顾客复核预订信息
6. 支付并出票	按规定程序收取相关费用，订单信息查验无误后，按照顾客所要求日期的航班座位出票（电子机票行程单）

3. 网上预订

现在很多旅行社都在其官方网站开通了网上预订业务。旅行社通过设计相应的问询窗口程序了解旅游者票务预订信息。旅游者进入机票预订界面后，按以下程序操作：

（1）查询航班。选择起飞城市、到达城市、起飞日期、起飞时间、航空公司后，点击机票查询，即列出可以选择的机票。如需往返，则选择返程并确定时间。

（2）选择所需要航班及舱位。

（3）填写个人信息。

（4）核对信息并确认。

（5）支付。预订电子客票以后，可以通过现金、转账、支票、网上银行等方式支付，具体的支付方式视预订机构的情况而定。最为便捷的方式就是网上银行、电话银行、第三方支付软件（如支付宝、财付通等）。

支付结束后，旅游者无须拿到传统的纸质机票，只要凭身份证和电子机票订单号，在飞机起飞前1小时到机票所属航空公司的服务柜台，就可以直接取得登机牌登机。如需要纸质机票报销凭证，可直接在机场打印电子客票行程单，作为报销凭证。

为确信信息无误，网上预订往往需要配合相应的电话交流通道或其他交互式交流方式。

BSP代理人使用标准运输凭证为各BSP航空公司进行销售。BSP票在代理人最后确认前属中性票，不带任何航空公司的标志，代理人为旅客预订好机票后，选择正确的出票航空公司予以确认，并按BSP训练手册的要求选用国际自动客票或国内自动客票为旅客出具客票。

（二）售票

票务人员将航空客票填开完毕，就可以向旅游者收取票款，并按旅游者要求打印电子客票行程单。旅游者支付票款的方式可选择现金、转账、支票或信用卡等多种支付手段。在收取票款过程中要坚持唱收唱付，认真点清票款。现金要认真检查是否为假币；支票支付要仔细检查支票的开户银行、签发日期、有效日期、金额限制以及用途限制等；信用卡支付则要认真检查其信息卡是否为旅行社所接受的信用卡类型、信用卡的有效期及签名等。

（三）取票和送票

电子客票售出后，旅游者凭电子票号和身份证即可在机场柜台换发登机牌，办理登机手续，并可在机场值机柜台凭有效证件打印行程单，以此作为财务报销凭证。如果旅游者需要纸质电子客票行程单，票务人员可上门送票或由旅游者直接到票务中心取票。旅游者直接到票务中心取票时，票务人员要认真查验旅游者的身份证件，确认无误后即可交票。部分票务中心先为旅游者预订好客票，上门送票时收取票款，此时送票人员要注意与旅游者核对证件，并当面点清票款并检查币种真伪。

（四）客票变更及退票

1. 客票变更

旅客购票后，如因旅客自身原因要求改变航班、日期、航程，一律按退票处理，另购新票；如要求变更舱位等级，应在原指定航班飞机规定离站时间48小时前提出，票款多退少补。客票只能变更一次，再次变更须按退票有关规定办理后重新购票。但由于承运的航空公司的航班取消、提前、延误，航程改变或不能提供原定座位时，该航空公司应尽可能优先安排旅客乘坐后续航班，或为其签转其他航空公司的航班；如因上述原因，旅客的舱位等级也需变更时，票款的差额多退少不补。

2. 退票

旅客购票后因故不能成行，可到购票处办理退票。退票时凭客票及乘机人的有效身份证件，在出票地、航班始发地、终止旅行地的承运人或其销售代理人售票处办理，票款只能退给客票上列明的旅客本人或客票的付款人。具体来说，分两种情况：

（1）如果由于民航原因，如天气恶劣、飞机故障等造成航班取消、提前、延误，航程改变或承运人不能提供原定座位时，旅客要求退票，始发站应退还全部票款，经停地应退还未使用航段全部票款，均不收取退票费，但要详细注明退票原因。

（2）如果由于旅游者自身原因退票，在航班离站规定时间24小时之前要求退票，收取的退票费由各航空公司自行决定，但最高不得超过客票价的10%；在航班离站规定时间24小时以内，2小时之前退票，收取客票价10%的退票费；在航班离站规定时间2小时以内退票，收取客票价20%的退票费；在航班离站规定时间后退票按误机处理。

（五）旅游包机

随着旅游人数的增加，同时旅行社为降低线路成本、使旅客更便捷地到达目的地，旅游包机逐渐成为旅行社组织团队特别是出境团队的一种较具吸引力的形式。

1. 包机条件

需要包机的旅行社应先与民航部门联系，填写包机申请书，说明任务的性质、旅游者的人数和身份、包用机型和架次、使用日期及航程等事项。包机合同、运输凭证和包机申请如经民航部门同意后，双方签订包机合同。民航部门和包机旅行社应严格履行合同所规定的各自应承担的责任。包机合同上，应按飞行架次填写客票，以此作为乘坐飞机的原始凭证。包机可乘坐的人数和可利用的载运量，应以包机合同上填写的座位数和吨数为限。包机如有剩余座位和吨位，包机旅行社不得载运其他人员和货物；民航部门如需利用，则需征得包机旅行社的同意。

2. 包机变更

包机合同签订后，如包机旅行社要求取消包机，需按规定交付退包费。包机旅行社提出变更或取消包机前，如民航部门已发生调机等项费用，应由包机旅行社承担。

三、旅行社内部票务操作

旅行社票务部门既负责对外提供航空票务服务，又要对内为旅游团队做好票务保障，解决本旅行社旅游团队的航空票证问题。票务工作是旅游团队成功出行的基本保障，因此旅行社内部业务部门与票务部门要保持密切的合作关系，制定规范的操作程序，使票务人员有章可循，严格按照流程操作，从而保证工作质量，防止出现各种差错。旅行社内部票务操作流程如图10－1所示。

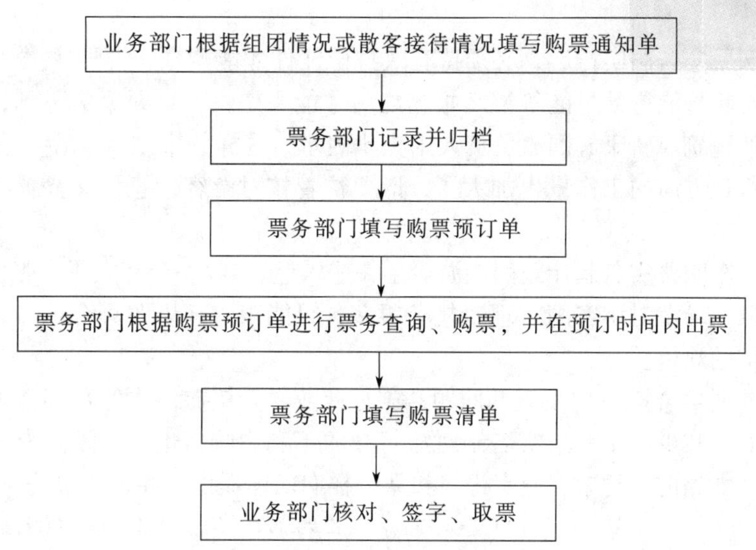

图10－1　旅行社内部票务操作流程

【事后提示】

①购票通知单是要求票务部门购票的凭证，至少一式两份。通知单上必须详细写明旅游团队名称、航空公司名称、票证日期、航班或班次、等级标准、人数、国籍、身份、目的地等主要内容，还要写明订票人姓名，由票务专管人员签收。

②票务部门收到订票通知单后，要按搭乘日期在购票登记本里进行登记，以便及时掌握工作重点和工作进度，其内容与订票通知单一致。

③票务部门在进行票务查询、购票的过程中要严格按照订票通知单的内容填写，一一确认后才能出票。

④票务部门购好票后要填写购票清单，在与业务部门交接时，要求业务部门订票人核对购票清单与机票是否一致，并在购票清单上签字。

⑤如遇团队旅游计划变更时，业务部门应及时将变更情况用通知单形式书面通知票务部门，票务部门再根据变更情况做相应调整。

项目3　其他票务服务

案例引入

动车购票实名制正式实施以来，买散客票的老百姓方便了，组织“动车游”的旅行社却比以往增添了烦恼：既怕游客临时变卦，又怕收到客却买不到票。无奈之下，部分以动车为主要出行方式的旅游产品已悄悄退出市场。

长沙多家旅行社反映，动车购票实名制对“动车游”最大的影响是购票。以往旅行社都实行先订票后销售的模式，即先预订一定数量的动车票，再进行收客销售。“旅行社可以到出发前一天才截止收客，市民也习惯了‘即报即走’。”

而动车购票实名制实行后，必须持有效身份证件才能购票，并要求“人证合一”才能乘车。这意味着旅行社只能等游客报名之后才能买票，一旦票紧买不到，旅行社将面临人财两空的尴尬。新康辉国旅负责人宋杰华表示，这样一来“动车游”的收客期提前了不少，旅行社方面的工作量也加大了，既要忙着核对游客信息，又要提醒游客参不参团要早做安排。

此外，动车购票实名制让跟团旅游少了一些乐趣。“收一个客人买一张票，直接导致动车座位分散，导游对游客的管理也复杂很多，只能跟游客说明集合地点，旅途中少了那种集体出游的欢乐。”

针对当前“磨合期”内发现的问题，旅行社业界希望旅游主管部门能够与铁路有关部门沟通协商，减少动车购票实名制对旅行社的不利影响，也期待铁路有关部门做出部分政策调整，如提前预约票，或者像飞机票一样向团体提供一些折扣票等。

（资料来源：三湘都市报，2011－06－09．有改动）

提出问题

动车的运营带给旅客方便的同时，动车购票实名制却给旅行社带来了不少麻烦，使得高铁团、动车团收客期提早，行程变动难度加大，退团或退票更难，且大大降低了旅游者跟团出行的兴趣。面对如此困境，旅行社应如何应对？除了能代售机票之外，旅行社还能提供哪些票务服务？

我们小组的回答是：____

____

____

相关知识

旅行社票务部门除经营和代理航空票务外，为了拓展旅行社的经营范围，还代理出售火车票（包括普通列车票、动车票、高铁票）、汽车票、轮船票、景点门票、游览套票等各项票务。

一、铁路票务

（一）火车票的分类

（1）从火车票的构成来看，火车票包括客票和附加票两部分。其中客票分为软座票和硬座票；附加票则是客票的补充部分（除儿童外，不能单独使用），分为加快票（直达特别加快、特别加快、普通加快）、卧铺票（高级软卧、软卧、包房硬卧、硬卧）、空调票等。

（2）按照火车票的购买对象，可分为全价票、儿童票、学生票、伤残军人票、团体票以及站台票等。

全价票是指没有任何优惠的火车票，其票面价值是经过“铁路旅客票价计算方法”计算出来的。

儿童票是指身高在1.2米至1.5米的儿童所应购买的火车票。购买儿童票可享受半价客票、加快票和空调票。身高超过 1.5 米的儿童应购买全价票。每位成年旅客可携带一名身高在 1.2 米以下的儿童，如果所携带的儿童数超过一名，应按照人数购买儿童票。免费乘车的儿童单独使用卧铺时，应购买全价卧铺票，有空调时还应购买半价空调票。

学生票是指在普通大专院校（含国家教育主管部门批准有学历教育资格的民办大学）、军事院校、中学、小学、中等专业学校、技工学校就读，没有工资收入的学生、研究生，家庭居住地和学校不在同一城市时，凭附有加盖院校公章的减价优待证的学生证（小学生凭书面证明），每年可享受家庭至院校（或实习地点）之间 4 次单程半价硬座客票、加快票和空调票（以下简称学生票）。动车组列车只发售二等座车学生票，学生票票价为全价票票价的75%。新生凭录取通知书、毕业生凭学校书面证明可买一次学生票。下列情况不能发售学生票：

①学校所在地有学生父或母其中一方时；

②学生休学、复学、转学、退学时；

③学生往返于学校与实习地点时；

④学生证未按时办理学校注册的；

⑤学生证优惠乘车区间更改但未加盖学校公章的；

⑥没有“学生火车票优惠卡”、“学生火车票优惠卡”不能识别或者与学生证记载不一致的。

伤残军人票是指中国人民解放军和中国人民武装警察部队因伤致残的军人（以下简称伤残军人）凭《中华人民共和国残疾军人证》、因公致残的人民警察凭《中华人民共和国伤残人民警察证》享受半价的软座、硬座客票和附加票。

团体票是指人数在 20 人以上且乘车日期、车次、到站、座别相同的旅客可作为团体旅客购买火车票，承运人应优先安排。如填发代用票时，除代用票持票本人外，每人另发一张团体旅客证。

站台票用于到站台上迎送旅客的人员。站台票当日使用一次有效。对经常进站接送旅客的单位，车站可根据需要发售定期站台票。随同成人进站身高不足 1.2 米的儿童及特殊情况经车站同意进站人员可不买站台票。未经车站同意无站台票进站时，加倍补收站台票款。遇特殊情况，站长可决定暂停发售站台票。

（3）按照运行速度，又可分为普通火车票、动车票以及高铁票三大类型。在现行制度下，普通火车票、动车票以及高铁票都已实行购票实名制，必须持有效身份证件购买。票面打印有名字和身份证件的号码。

（二）火车票票面内容及含义

（1）火车票票面（特殊票种除外）的主要内容有：发站和到站站名、座别、卧别、径路、票价、车次、乘车日期、有效期。

（2）火车票票面字母的含义如下：

G 开头是高铁票；

D 开头是动车组列车；

C 开头是城际列车；

Z 开头是直达列车；

T开头是特快；

K开头是快速；

L开头是临时旅客列车；

Y开头是旅游列车。

票面还会显示是否新空调列车，如“新空调普快”、“新空调快速”等。“普快”就是没有空调的普通快车。

（三）火车票的有效期

不同类型的火车票的有效期有所不同，具体如下：

（1）直达票当日当次有效。

（2）全程在铁路运输企业管内运行的动车组列车车票有效期由企业自定。

（3）有效期有不同规定的其他票种按票面有效期而定。

（4）通票的有效期按乘车里程计算：1 000千米为2日，超过1 000千米的，每增加1 000千米增加1日，不足1 000千米的尾数按1日计算；自指定乘车日起至有效期最后1日的24时止。

（5）遇有下列情况可延长通票的有效期：

① 因列车满员、晚点、停运等原因，使旅客在规定的有效期内不能到达到站时，车站可视实际需要延长通票的有效期。延长日数从通票有效期终了的次日起计算。

② 旅客因病中途下车、恢复旅行时，在通票有效期内，出具医疗单位证明或经车站证实，可按医疗日数延长有效期，但最多不超过10天。卧铺票不办理延长，可办理退票手续。同行人同样办理。

（四）火车票的变更

（1）旅客不能按票面指定的日期、车次乘车时，在票面指定的日期、车次开车前办理一次提前或推迟乘车签证手续，特殊情况下经站长同意可在开车后2小时内办理。持动车组列车车票的旅客改乘当日其他动车组列车时不受开车后2小时内限制。团体旅客不应晚于开车前48小时办理车票变更。办理车票变更时，车站收回原车票，换发新车票，并在新车票票面注明“始发改签”字样（特殊情况在开车后改签的则注明“开车后改签不予退票”字样）；原车票已托运行李的，在新车票背面注明“原票已托运行李”字样并加盖站名戳。

（2）旅客在发站办理改签时，改签后的车次票价如高于原票价，核收票价差额；改签后的车次票价如低于原票价，退还票价差额。旅客办理中转签证或在列车上办理补签、变更席（铺）位时，签证或变更后的车次、席（铺）位票价高于原票价，核收票价差额；签证或变更后的车次、席（铺）位票价如低于原票价，票价差额部分不予退还。

（3）因承运人责任使旅客不能按票面记载的日期、车次、座别、铺别乘车时，站、车应重新妥善安排。重新安排的列车、坐席、铺位等级高于原票等级时，超过部分票价不予补收；低于原票等级时，应退还票价差额，不收退票费。

（4）持通票的旅客在中转站和列车上要求变更径路时，必须在通票有效期能够到达到站时方可办理。办理时，原票价如低于变径后的票价，应补收新旧径路里程票价差额，核收手续费；原票价如高于或相等于变更后的径路票价，持原票乘车有效，差额部分

（包括列车等级不符的差额）不予退还。

（五）退票

（1）旅客退票必须在购票地车站或票面发站办理。

（2）旅客应在发站开车前，特殊情况下也可在开车后2小时内，退还全部票价。团体旅客必须在开车前48小时办理。

（3）旅客开始旅行后不能退票。但如因伤、病不能继续旅行时，经站、车证实，可退还已收票价与已乘区间票价差额。已乘区间不足起码里程时，按起码里程计算；同行人同样办理。

（4）退还带有"行"字戳迹的车票时，应先办理行李变更手续。

（5）因特殊情况经站长同意在开车后2小时内改签的车票不退。

（6）站台票售出不退。

（7）因承运人责任致使旅客退票时按规定办理，不收退票费。

（六）组织旅游专列

旅游专列是指在开行时间和线路上进行特别安排，以运送旅游团队为专门目的的专线列车（不包括常规运营的旅游列车）。旅游专列载客量大，具有一定的舒适度，且能为旅游者节省中途转车、停靠的时间，能满足旅游人数不断增加的需求，对旅游者具有一定的吸引力。但是组织一趟旅游专列受到诸多因素的限制，一般来说，在同时满足下列条件的情况下，旅行社才能考虑组织旅游专列。

（1）足够的客源。旅游专列之所以成本低廉，主要是因为载客量大。旅行社必须能组织到足够的客源，否则得不偿失。为保证足够的客源，可考虑多家旅行社联合起来，共同组织专列。

（2）充足的假期。旅游专列出行的时间至少在2天以上，加上涉及的人多，因此，旅游专列尽量选择节假日期间开行。

（3）目的地为中长距离的旅游景区。由于旅游专列的组织协调工作较为复杂，组织成本较高，中长距离的旅游才较为合算，对旅游者的吸引力也大些。

（4）组团社有较强的组织能力。要同时组织数百人甚至上千人的团队集体行动并不是一件容易的事，旅游者的食、住、行、游、购、娱等都要进行妥善安排，旅游过程中遇到突发事件要进行处理，这些都要求组团社有较强的组织能力，并拥有一支优秀的导游队伍。

旅行社决定组织旅游专列后，应派采购人员与铁路部门取得联系，通报乘客人数、日期、起止地点、线路等情况，并了解费用、车型等信息。双方一旦达成一致，即可签订合同，明确双方的权利、义务关系。其他工作如协调运行线路、时间、停靠站点及列车上的配套服务都由铁路部门负责。

二、公路票务

汽车是旅游团队最常使用的交通工具，但汽车旅游的距离不宜过长，最好控制在短距离，即景点间50公里，行程1小时以内为宜；若距离较长，如景点间300公里行程，一天内乘坐时间最好不超过5小时，否则游客会感觉疲劳。旅行社在采购汽车服务时应考虑以下几个方面：

（1）车型。旅游车的车型主要分为小型车（5 座、9 座、15 座、18 座、21 座等）、中型车（28 ~ 33 座）、大型车（39 ~ 55 座）。根据团队成员数量选择合适的车型，同时要考虑有无行李箱、是否该预留座位给游客放置行李。

（2）车况。要考虑汽车的车况，包括清洁、检查、紧定、调整和润滑等。

（3）司机驾驶技术。司机要有熟练的驾驶技术，对自己驾驶的汽车了如指掌，有良好的驾驶习惯，文明驾驶，并且要熟悉路况。

（4）服务规范。司机要自觉遵守交通规则，特别不能有超速、闯红灯的违章行为。

（5）准运资格。车辆的各种手续、司机的各种证照都要齐全并按章携带。

通过考察，最终选择管理严格、车型齐全、驾驶员素质好、服务优良、已取得准运资格，且善于配合，同时车价优惠的汽车公司，并与之签订协议书。

三、水路票务

旅行社在订购水运交通服务时，应根据旅游者或旅游团队的旅行计划和要求，向水运交通服务部门预订船票，并将船票预订单在规定日期内送交船票预订处。在取票时，要认真核对船票的日期、离港时间、航次、航向、船票数量、船票金额等内容。购票后，如果出现旅行计划取消或乘船人数改变等情况，应及时办理退票或增购手续。

另外，有些旅行社票务部门还代理游船、旅游景点、文艺演出等票务。这类票务的操作相对简单，在旅游采购部门与景点景区或文艺演出单位签订采购协议的基础上，根据旅游者的需求按出票程序收取费用、出票。

本模块小结

票务工作是旅游活动顺利进行的首要保证，也是旅行社的重要窗口，并逐步成为旅行社提供旅游业务不可或缺的一个重要组成部分。本章主要介绍了旅行社票务的地位和作用、航空票务销售代理人设立的基本程序，着重介绍了航空票务、铁路票务的基本知识和操作实务。

习题与实践

1. 课堂讨论题

（1）旅行社内部票务怎样操作？

（2）普通列车、动车及高铁有什么区别？

（3）如何组织旅游包机和旅游专列？

2. 自测题

（1）一类航空票务中心注册资金不少于人民币（　　）；二类航空票务中心注册资金不少于人民币（　　）。

（2）申请设立一类航空票务代理资格的旅行社向（　　）提出申请；申请设立二类航空票务代理资格的旅行社向（　　）提出申请。

（3）根据国际航空运输协会的强制规定，从（　　）起，停止向我国国内各大机票代理人发放 BSP 纸质客票，而到（　　）年底在全世界实现 BSP 客票 100% 电子化。

（4）如果由于旅客自身原因退票，在航班离站规定时间 24 小时以内，2 小时之前退票，收取客票价（　　）的退票费；在航班离站规定时间 2 小时以内退票，收取客票价（　　）的退票费。

（5）儿童票是指身高在（　　）至（　　）的儿童所应购买的火车票。

（6）从火车票的构成来看，火车票包括（　　）和（　　）两部分。动车的时速在（　　）级别，高铁的时速在（　　）级别。

3. 复习思考题

（1）什么是旅行社票务？它具有哪些作用？

（2）如何设立旅行社航空票务销售代理人？

（3）简述票务中心的航空客票代售程序。

4. 综合实训题

选择一家有航空票务代理人资格的旅行社或航空公司售票窗口，实地观摩其销售人员如何进行机票的预订、销售、开票、结算收款，并写出书面的实训报告。

知识拓展

一、航空常识

1. 航班号

航空公司代号：CZ—南航；CA—国航；MU—东航；3Q—云航；XO—新航；WH—西北航；SZ—西南航；MF—厦航；G4—深航；H4—海航。

表达：如 CZ 3395 中，CZ 指南航，3 指出发地郑州，3 指到达地广州，95 表示往返（去程为单）。

2. 机型

国内一般使用 4 种机型：波音（B）居多，欧产空中客车（A）、麦道（MD）次之，运 7（Y－7）用于支线。

3. 机位（座）

（1）大型宽体飞机，座位数在 200 个以上，飞机上有双通道通行。具体有：

B747（波音 747）载客 350～400 人（747、74E 均为波音 747 的不同型号）；

B777（波音 777）载客 350 人左右（或以 77B 作为代号）；

B767（波音 767）载客 280 人左右；

M11（麦道 11）载客 340 人左右；

A340（空中客车 340）载客 350 人左右；

A300（空中客车 300）载客 280 人左右（或以 AB6 作为代号）；

A310（空中客车 310）载客 250 人左右；

A380（空中客车 380，国内首架为南航引入，并已于 2011 年 10 月 17 日至 10 月 29 日完成试飞）能够容纳 506 人，是目前已投入运营的世界最大的客机；

ILW（伊尔 86 苏联飞机）载客 300 人左右。

（2）中型飞机，指单通道飞机，载客在 100 人以上，200 人以下，具体有：

M82/M90（麦道82/麦道90）载客150人左右；

A320（空中客车320）载客180人左右；

B737/738/733（波音737系列）载客130～160人；

TU54（苏联飞机）载客150人左右；

BAE-146（英国宇航公司BAE-146飞机）载客108人；

YK2（雅克42苏联飞机）载客110人左右。

（3）小型飞机，指100座以下飞机，多用于支线飞行，具体有：

YN7（运7国产飞机）载客50人左右。

4. 等级和舱位

航空公司一般将飞机内部空间划分为头等舱、公务舱、经济舱、特价舱四个等级。每个舱位的等级不同，享受的待遇也不同：特价舱和经济舱享受的待遇是一样的，都是正常座位；公务舱享受的是半躺式座位；而头等舱的待遇最高，价格也最高，是正常经济舱价格的1.5～2倍。

每种等级的舱位又按照正常票价和多种不同特殊优惠票价划分为不同的舱位代号。头等舱代号一般为F、A；公务舱代号一般为C、D等；经济舱的代号则不定，如有的航线经济舱划分为Y、M、L、K、T五种代号，代表不同的票价，分别拥有不同的座位数量。世界上各个航空公司在舱位代号上无统一的规定，一般均自行定义使用这些字母作为舱位代号。旅客只要预订上了规定的舱位，就可使用规定的价格。

5. 飞机票

机票是人们乘坐飞机的一种凭证。机票实行实名制，也就是说订购机票的人需要向航空公司或代理售票点提供乘机人的真实姓名和身份证号码、护照号码或者港澳台通行证号码，并出示证件，才能订到机票。机票按不同的划分标准可分为：普通机票和特别机票、正价票与特价票、单程票与往返票、“OK”票和“OPEN”票。

6. 机票票价规定

（1）成人机票是指年满12周岁的人士应购买机票的种类。

（2）儿童票是指年龄满2周岁但不满12周岁的儿童所购买的机票，票面价值是成人适用的正常票价的50%（国际上的部分地区是75%），提供座位。

（3）婴儿票是指不满2周岁的婴儿应购买的机票，票面价值是成人适用的正常票价的10%左右，不提供座位（如需要单独占用座位时，应购买儿童票），一个成人旅客若携带婴儿超过一名时，超出的人数应购买儿童票。

（4）除机票票面价值外，乘客还需支付燃油附加税和机场建设费。自2011年9月6日起（以出票日期为准），国内航线燃油附加费收费标准为：800公里及以上航线燃油附加费每航段人民币140元；而800公里（含800公里）以下航线每位旅客征收80元；旅客每坐一个航段都要支付一次机场建设费和燃油附加税，转一次机就要支付两次。

机场建设费是为筹集机场建设经费而设立的。财政部宣布，经国务院批准，2011年1月1日至2015年12月31日期间继续征收机场管理建设费和旅游发展基金。乘坐国内航班的旅客每人人民币50元；乘坐国际航班和香港、澳门地区航班的旅客每人人民币90元（含旅游发展基金）；乘坐一些机型的国内支线航班的旅客每人人民币10元。乘坐国际航班及香港、澳门地区航班出境的持外交护照的旅客和年龄在12周岁（不含）以下的儿童不需缴纳。

7．飞机餐（配餐）

飞行超过两小时有正餐，指米饭；配餐只有点心；特殊旅客（如穆斯林）有特餐（如清真餐）。

8．行李

（1）每位旅客的免费托运行李额：持成人票或者儿童票的头等舱旅客为40公斤，公务舱为30公斤，经济舱为20公斤。持婴儿票的无免费行李额。

托运行李的规定：每件不能超过50公斤，体积不能超过40厘米×60厘米×100厘米，超过上述规定的行李，须事先征得承运人的同意才能托运。

（2）随身携带行李的规定：随身携带物品的重量，每位旅客不能超过5公斤，体积不得超过20厘米×40厘米×55厘米。头等舱旅客每人可随身携带两件物品，公务舱或经济舱旅客只能随身携带一件物品。如超过重量、件数或体积限制的随身携带物品，应作为托运行李托运。

二、铁路常识

1．中国铁路火车票上的车次

中国铁路火车票上的车次有以C（读作“城”）打头的车次、以D（读作“动车”）打头的车次、以G（读作“高”）打头的车次、以N（读作“内”）打头的车次、以Z（读作“直”）打头的车次、以T（读作“特”）打头的车次、以K（读作“快”）打头的车次、以L（读作“临”）打头的车次、以Y（读作“游”）打头的车次和不带字母打头的车次等十余种。

以C打头的车次：城际动车组列车。车次的表示方法为C××××（××××为四位数字）次，铁路系统标准读法为“城××××次”，C是汉字“城”的汉语拼音第一个字母。2008年8月1日，中国第一条城际铁路——京津城际铁路正式开通运营，列车最高时速350公里。

以D打头的车次：动车组列车。车次的表示方法为D×（×为一位或两位或三位或四位数字）次，铁路系统标准读法为“动车×次”，D是汉字“动”的汉语拼音第一个字母。动车组是几节自带动力的车辆加几节不带动力的车辆而编成一组列车，其中带动力的车辆叫动车，不带动力的车辆叫拖车。中国现在使用的动车组名称是“和谐号”，英文名称缩写是CRH，全称是China Railways High-speed（中国铁路高速），目前有CRH 1A、CRH 1B、CRH 1E、CRH 2A、CRH 2B、CRH 2C、CRH 2E、CRH 3C、CRH 5A、CRH 380A、CRH 380B、CRH 6这十二种型号。这些型号分别从加拿大、日本、德国、法国等国家引进先进技术，并消化、吸收及国产化，成为具有我国自主知识产权的动车组系列产品。

以G打头的车次：高速动车组列车。车次的表示方法为G××××（××××为四位数字）次，铁路系统标准读法为“高××××次”，G是汉字“高”的汉语拼音第一个字母。2009年12月26日，中国第一条高速铁路——武广高速铁路正式开通运营，列车设计时速350公里，列车最高时速380公里。

以Z打头的车次：直达特别快速旅客列车。车次的表示方法为Z×（×为一位或两位数字）次，铁路系统标准读法为“直×次”，Z是汉字“直”的汉语拼音第一个字母。

直达特别快速旅客列车在运行过程中一站不停或者经停必须站但不办理客运业务。直达特别快速旅客列车的车底均采用25T型，均为空调列车，均为跨局运行。直达特别快速旅客列车是在2004年4月18日全国铁路系统第五次提速中出现的。

以T打头的车次：特别快速旅客列车。车次的表示方法为T×（×为一位或两位或三位或四位数字）次，铁路系统标准读法为"特×次"，T是汉字"特"的汉语拼音第一个字母。特别快速旅客列车在运行过程中一般只经停省会城市或当地的大型城市。特别快速旅客列车采用的车底有25K型、25T型、25Z型、S25K型、S25B型、S25Z型等，均为空调列车。

以K打头的车次：快速旅客列车。车次的表示方法为K×（×为一位至四位数字）次，铁路系统标准读法为"快×次"，K是汉字"快"的汉语拼音第一个字母。快速旅客列车在运行过程中一般只经停地级市或重要的县级市，也有少量直达列车。快速旅客列车的车底采用25G型、25B型、22型或25B型等，一般为空调列车，最高时速120公里。

以N打头的车次：管内快速旅客列车。车次的表示方法为N×（×为一位或两位或三位或四位数字）次，铁路系统标准读法为"内×次"，N是汉字"内"的汉语拼音第一个字母。全程停靠地级市类的中大站。管内快速旅客列车在全国铁路系统第六次提速中已被改为K 7001～K 9998次。

以L打头的车次：临时旅客快车。车次的表示方法为L×（×为两位或三位或四位数字）次，铁路系统标准读法为"临×次"，L是汉字"临"的汉语拼音第一个字母。临时旅客快车是在客流高峰日开行的列车，停靠县级市和大部分县级中大车站。临时旅客快车一般在春运、暑运、国庆长假等客流高峰日开行，跨局临客列车一般没有空调，也被称为"民工专列"。

以Y打头的车次：临时旅游旅客列车。车次的表示方法为Y×（×为一位或两位或三位或四位数字）次，铁路系统标准读法为"游×次"，Y是汉字"游"的汉语拼音第一个字母。这是为旅游而开设的列车，目前只有极少量列车使用此车次。

以A打头的车次：按需开行的临时旅客列车。

不带字母打头的车次：普通旅客列车，分为普通旅客快车和普通旅客慢车两种。普通旅客快车停靠县级市和大部分县级中大车站，少量普通旅客快车为空调列车。普通旅客慢车停靠大部分可以停靠的站点，由于票价低廉，列车基本上"站站停"，因此很受农村旅客的喜爱。普通旅客列车的车底主要采用22型，运营里程一般不长，一般属于短途多站的列车。由于很多铁路局认为开行普通旅客列车亏损，目前，武汉局、上海局已经停运普通旅客列车，呼和浩特局、郑州局、广铁集团、南宁局只保留1～4对主要普通旅客列车。

不带字母打头的通勤列车车次：通勤列车一般用于铁路职工和周边居民上下班，列车"站站停"。一般采用手撕定额票，铁路职工凭证免费乘坐。

2. 列车的车厢

YZ车厢：21、22型118座，已淘汰；24、25型（新型、多用）128座。

卧铺车厢：66个铺。

双层车厢：162座。

3. 高速铁路

广义的高速铁路是指通过改造原有线路（直线化、轨距标准化），使营运速率达到每小时200公里以上，或者专门修建新的“高速新线”，使营运速率达到每小时250公里以上的铁路系统。狭义的高速铁路指使用磁悬浮技术的高速轨道运输系统。高速铁路除了在列车在营运达到一定速度标准外，车辆、路轨、操作都需要配合提升。

在我国，时速高达200公里以上，并使用CRH和谐号列车的称为“动车组”；时速160～200公里的城际列车称为“准高速”；长途列车称为“特快”；时速120～160公里的称为“快速”；时速120公里以下的称为“普快”；时速80公里或以下为“普客列车”。

到2011年7月1日已建成通车的高铁：

2003年，秦沈客运专线通车；

2008年，合宁客运专线、京津城铁、胶济客运专线开通；

2009年，石太客运专线通车、合武铁路客运专线开通、甬台温铁路通车、温福铁路通车、武广客运专线建成通车；

2010年，郑西客运专线、福厦铁路、成灌高铁、沪宁城际、昌九城际、沪杭城际、长吉城际、海南东环铁路通车；

2011年，广珠城际、京沪高速铁路通车。

到2020年，建设目标为客运专线1.2万公里以上、客车速度目标值达到每小时200公里及以上，形成如下网络：

（1）“四纵”：京沪高铁（北京—上海）、京港高铁（北京—武汉—长沙—广州—深圳—香港）、京哈客运专线（北京—沈阳—哈尔滨）、沿海高铁（杭州—宁波—福州—深圳）。

（2）“四横”：沪昆高铁（上海—杭州—南昌—长沙—贵阳—昆明）、（徐州—郑州—兰州）、（青岛—济南—石家庄—太原）、沪汉蓉高铁（上海—南京—武汉—重庆—成都）。

（3）“七大城际客运系统”：环渤海地区：北京—天津，天津—秦皇岛，北京—秦皇岛，天津—保定。

东北地区：大连—哈尔滨。

环鄱阳湖经济圈地区：南昌—九江，九江—景德镇，南昌—鹰潭。

长株潭地区：长沙—株洲，长沙—湘潭，长沙—岳阳，长沙—常德。

长江三角洲地区：南京—上海，杭州—上海，南京—杭州，杭州—宁波。

珠江三角洲地区：广州—深圳，广州—珠海，广州—佛山。

闽南三角洲地区：福州—厦门，龙岩—厦门。

普通列车是靠机车牵引的，车厢本身不具有动力；而动车车厢本身就具有动力，运行时，不仅是机车带动，车厢也会“自己跑”，这样就可以把动力分散，运行速度也就更快。同时，与普通列车相比，动车组的震动和噪声都偏小。因此动车是和普通列车相区别的列车车型。

而对于动车和高铁而言，严格意义上来说，动车是列车车型，高铁是铁路线路类型。但是在中国，动车、高铁又分别代指不同的铁路线路类型，两者最明显的区别在于时速，动车的时速在200公里级别，高铁的时速在300公里级别。按照2008年世界高速铁路大会的定义，“高速铁路”必须同时具备三个条件：新建的专用线路、时速250公里动车组列车、专用的列车控制系统。因此，在铁道部目前的定义里，“D”打头的动车不算“高速铁路”，“C”打头的城际高铁和“G”打头的高速动车才算是“高速铁路”。另外，动车和高铁的铁轨、硬件设备以及人员安排上都有所不同。

附录一

中华人民共和国旅游法

第一章　总　　则

第一条　为保障旅游者和旅游经营者的合法权益，规范旅游市场秩序，保护和合理利用旅游资源，促进旅游业持续健康发展，制定本法。

第二条　在中华人民共和国境内的和在中华人民共和国境内组织到境外的游览、度假、休闲等形式的旅游活动以及为旅游活动提供相关服务的经营活动，适用本法。

第三条　国家发展旅游事业，完善旅游公共服务，依法保护旅游者在旅游活动中的权利。

第四条　旅游业发展应当遵循社会效益、经济效益和生态效益相统一的原则。国家鼓励各类市场主体在有效保护旅游资源的前提下，依法合理利用旅游资源。利用公共资源建设的游览场所应当体现公益性质。

第五条　国家倡导健康、文明、环保的旅游方式，支持和鼓励各类社会机构开展旅游公益宣传，对促进旅游业发展做出突出贡献的单位和个人给予奖励。

第六条　国家建立健全旅游服务标准和市场规则，禁止行业垄断和地区垄断。旅游经营者应当诚信经营，公平竞争，承担社会责任，为旅游者提供安全、健康、卫生、方便的旅游服务。

第七条　国务院建立健全旅游综合协调机制，对旅游业发展进行综合协调。

县级以上地方人民政府应当加强对旅游工作的组织和领导，明确相关部门或者机构，对本行政区域的旅游业发展和监督管理进行统筹协调。

第八条　依法成立的旅游行业组织，实行自律管理。

第二章　旅　游　者

第九条　旅游者有权自主选择旅游产品和服务，有权拒绝旅游经营者的强制交易行为。

旅游者有权知悉其购买的旅游产品和服务的真实情况。

旅游者有权要求旅游经营者按照约定提供产品和服务。

第十条　旅游者的人格尊严、民族风俗习惯和宗教信仰应当得到尊重。

第十一条　残疾人、老年人、未成年人等旅游者在旅游活动中依照法律、法规和有关规定享受便利和优惠。

第十二条　旅游者在人身、财产安全遇有危险时，有请求救助和保护的权利。

旅游者人身、财产受到侵害的，有依法获得赔偿的权利。

第十三条　旅游者在旅游活动中应当遵守社会公共秩序和社会公德，尊重当地的风俗习惯、文化传统和宗教信仰，爱护旅游资源，保护生态环境，遵守旅游文明行为规范。

第十四条　旅游者在旅游活动中或者在解决纠纷时，不得损害当地居民的合法权益，不得干扰他人的旅游活动，不得损害旅游经营者和旅游从业人员的合法权益。

第十五条　旅游者购买、接受旅游服务时，应当向旅游经营者如实告知与旅游活动相关的个人健康信息，遵守旅游活动中的安全警示规定。

旅游者对国家应对重大突发事件暂时限制旅游活动的措施以及有关部门、机构或者旅游经营者采取的安全防范和应急处置措施，应当予以配合。

旅游者违反安全警示规定，或者对国家应对重大突发事件暂时限制旅游活动的措施、安全防范和应急处置措施不予配合的，依法承担相应责任。

第十六条　出境旅游者不得在境外非法滞留，随团出境的旅游者不得擅自分团、脱团。

入境旅游者不得在境内非法滞留，随团入境的旅游者不得擅自分团、脱团。

第三章　旅游规划和促进

第十七条　国务院和县级以上地方人民政府应当将旅游业发展纳入国民经济和社会发展规划。

国务院和省、自治区、直辖市人民政府以及旅游资源丰富的设区的市和县级人民政府，应当按照国民经济和社会发展规划的要求，组织编制旅游发展规划。对跨行政区域且适宜进行整体利用的旅游资源进行利用时，应当由上级人民政府组织编制或者由相关地方人民政府协商编制统一的旅游发展规划。

第十八条　旅游发展规划应当包括旅游业发展的总体要求和发展目标，旅游资源保护和利用的要求和措施，以及旅游产品开发、旅游服务质量提升、旅游文化建设、旅游形象推广、旅游基础设施和公共服务设施建设的要求和促进措施等内容。

根据旅游发展规划，县级以上地方人民政府可以编制重点旅游资源开发利用的专项规划，对特定区域内的旅游项目、设施和服务功能配套提出专门要求。

第十九条　旅游发展规划应当与土地利用总体规划、城乡规划、环境保护规划以及其他自然资源和文物等人文资源的保护和利用规划相衔接。

第二十条　各级人民政府编制土地利用总体规划、城乡规划，应当充分考虑相关旅游项目、设施的空间布局和建设用地要求。规划和建设交通、通信、供水、供电、环保等基础设施和公共服务设施，应当兼顾旅游业发展的需要。

第二十一条　对自然资源和文物等人文资源进行旅游利用，必须严格遵守有关法律、法规的规定，符合资源、生态保护和文物安全的要求，尊重和维护当地传统文化和习俗，维护资源的区域整体性、文化代表性和地域特殊性，并考虑军事设施保护的需要。有关主管部门应当加强对资源保护和旅游利用状况的监督检查。

第二十二条　各级人民政府应当组织对本级政府编制的旅游发展规划的执行情况进行评估，并向社会公布。

第二十三条　国务院和县级以上地方人民政府应当制定并组织实施有利于旅游业持

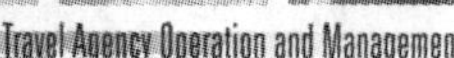

续健康发展的产业政策，推进旅游休闲体系建设，采取措施推动区域旅游合作，鼓励跨区域旅游线路和产品开发，促进旅游与工业、农业、商业、文化、卫生、体育、科教等领域的融合，扶持少数民族地区、革命老区、边远地区和贫困地区旅游业发展。

第二十四条 国务院和县级以上地方人民政府应当根据实际情况安排资金，加强旅游基础设施建设、旅游公共服务和旅游形象推广。

第二十五条 国家制定并实施旅游形象推广战略。国务院旅游主管部门统筹组织国家旅游形象的境外推广工作，建立旅游形象推广机构和网络，开展旅游国际合作与交流。

县级以上地方人民政府统筹组织本地的旅游形象推广工作。

第二十六条 国务院旅游主管部门和县级以上地方人民政府应当根据需要建立旅游公共信息和咨询平台，无偿向旅游者提供旅游景区、线路、交通、气象、住宿、安全、医疗急救等必要信息和咨询服务。设区的市和县级人民政府有关部门应当根据需要在交通枢纽、商业中心和旅游者集中场所设置旅游咨询中心，在景区和通往主要景区的道路设置旅游指示标识。

旅游资源丰富的设区的市和县级人民政府可以根据本地的实际情况，建立旅游客运专线或者游客中转站，为旅游者在城市及周边旅游提供服务。

第二十七条 国家鼓励和支持发展旅游职业教育和培训，提高旅游从业人员素质。

第四章 旅游经营

第二十八条 设立旅行社，招徕、组织、接待旅游者，为其提供旅游服务，应当具备下列条件，取得旅游主管部门的许可，依法办理工商登记：

（一）有固定的经营场所；

（二）有必要的营业设施；

（三）有符合规定的注册资本；

（四）有必要的经营管理人员和导游；

（五）法律、行政法规规定的其他条件。

第二十九条 旅行社可以经营下列业务：

（一）境内旅游；

（二）出境旅游；

（三）边境旅游；

（四）入境旅游；

（五）其他旅游业务。

旅行社经营前款第二项和第三项业务，应当取得相应的业务经营许可，具体条件由国务院规定。

第三十条 旅行社不得出租、出借旅行社业务经营许可证，或者以其他形式非法转让旅行社业务经营许可。

第三十一条 旅行社应当按照规定交纳旅游服务质量保证金，用于旅游者权益损害赔偿和垫付旅游者人身安全遇有危险时紧急救助的费用。

第三十二条 旅行社为招徕、组织旅游者发布信息，必须真实、准确，不得进行虚假宣传，误导旅游者。

第三十三条 旅行社及其从业人员组织、接待旅游者，不得安排参观或者参与违反我国法律、法规和社会公德的项目或者活动。

第三十四条 旅行社组织旅游活动应当向合格的供应商订购产品和服务。

第三十五条 旅行社不得以不合理的低价组织旅游活动，诱骗旅游者，并通过安排购物或者另行付费旅游项目获取回扣等不正当利益。

旅行社组织、接待旅游者，不得指定具体购物场所，不得安排另行付费旅游项目。但是，经双方协商一致或者旅游者要求，且不影响其他旅游者行程安排的除外。

发生违反前两款规定情形的，旅游者有权在旅游行程结束后三十日内，要求旅行社为其办理退货并先行垫付退货货款，或者退还另行付费旅游项目的费用。

第三十六条 旅行社组织团队出境旅游或者组织、接待团队入境旅游，应当按照规定安排领队或者导游全程陪同。

第三十七条 参加导游资格考试成绩合格，与旅行社订立劳动合同或者在相关旅游行业组织注册的人员，可以申请取得导游证。

第三十八条 旅行社应当与其聘用的导游依法订立劳动合同，支付劳动报酬，缴纳社会保险费用。

旅行社临时聘用导游为旅游者提供服务的，应当全额向导游支付本法第六十条第三款规定的导游服务费用。

旅行社安排导游为团队旅游提供服务的，不得要求导游垫付或者向导游收取任何费用。

第三十九条 取得导游证，具有相应的学历、语言能力和旅游从业经历，并与旅行社订立劳动合同的人员，可以申请取得领队证。

第四十条 导游和领队为旅游者提供服务必须接受旅行社委派，不得私自承揽导游和领队业务。

第四十一条 导游和领队从事业务活动，应当佩戴导游证、领队证，遵守职业道德，尊重旅游者的风俗习惯和宗教信仰，应当向旅游者告知和解释旅游文明行为规范，引导旅游者健康、文明旅游，劝阻旅游者违反社会公德的行为。

导游和领队应当严格执行旅游行程安排，不得擅自变更旅游行程或者中止服务活动，不得向旅游者索取小费，不得诱导、欺骗、强迫或者变相强迫旅游者购物或者参加另行付费旅游项目。

第四十二条 景区开放应当具备下列条件，并听取旅游主管部门的意见：

（一）有必要的旅游配套服务和辅助设施；

（二）有必要的安全设施及制度，经过安全风险评估，满足安全条件；

（三）有必要的环境保护设施和生态保护措施；

（四）法律、行政法规规定的其他条件。

第四十三条 利用公共资源建设的景区的门票以及景区内的游览场所、交通工具等另行收费项目，实行政府定价或者政府指导价，严格控制价格上涨。拟收费或者提高价格的，应当举行听证会，征求旅游者、经营者和有关方面的意见，论证其必要性、可

行性。

利用公共资源建设的景区，不得通过增加另行收费项目等方式变相涨价；另行收费项目已收回投资成本的，应当相应降低价格或者取消收费。

公益性的城市公园、博物馆、纪念馆等，除重点文物保护单位和珍贵文物收藏单位外，应当逐步免费开放。

第四十四条　景区应当在醒目位置公示门票价格、另行收费项目的价格及团体收费价格。景区提高门票价格应当提前六个月公布。

将不同景区的门票或者同一景区内不同游览场所的门票合并出售的，合并后的价格不得高于各单项门票的价格之和，且旅游者有权选择购买其中的单项票。

景区内的核心游览项目因故暂停向旅游者开放或者停止提供服务的，应当公示并相应减少收费。

第四十五条　景区接待旅游者不得超过景区主管部门核定的最大承载量。景区应当公布景区主管部门核定的最大承载量，制定和实施旅游者流量控制方案，并可以采取门票预约等方式，对景区接待旅游者的数量进行控制。

旅游者数量可能达到最大承载量时，景区应当提前公告并同时向当地人民政府报告，景区和当地人民政府应当及时采取疏导、分流等措施。

第四十六条　城镇和乡村居民利用自有住宅或者其他条件依法从事旅游经营，其管理办法由省、自治区、直辖市制定。

第四十七条　经营高空、高速、水上、潜水、探险等高风险旅游项目，应当按照国家有关规定取得经营许可。

第四十八条　通过网络经营旅行社业务的，应当依法取得旅行社业务经营许可，并在其网站主页的显著位置标明其业务经营许可证信息。

发布旅游经营信息的网站，应当保证其信息真实、准确。

第四十九条　为旅游者提供交通、住宿、餐饮、娱乐等服务的经营者，应当符合法律、法规规定的要求，按照合同约定履行义务。

第五十条　旅游经营者应当保证其提供的商品和服务符合保障人身、财产安全的要求。

旅游经营者取得相关质量标准等级的，其设施和服务不得低于相应标准；未取得质量标准等级的，不得使用相关质量等级的称谓和标识。

第五十一条　旅游经营者销售、购买商品或者服务，不得给予或者收受贿赂。

第五十二条　旅游经营者对其在经营活动中知悉的旅游者个人信息，应当予以保密。

第五十三条　从事道路旅游客运的经营者应当遵守道路客运安全管理的各项制度，并在车辆显著位置明示道路旅游客运专用标识，在车厢内显著位置公示经营者和驾驶人信息、道路运输管理机构监督电话等事项。

第五十四条　景区、住宿经营者将其部分经营项目或者场地交由他人从事住宿、餐饮、购物、游览、娱乐、旅游交通等经营的，应当对实际经营者的经营行为给旅游者造成的损害承担连带责任。

第五十五条　旅游经营者组织、接待出入境旅游，发现旅游者从事违法活动或者有违反本法第十六条规定情形的，应当及时向公安机关、旅游主管部门或者我国驻外机构报告。

第五十六条　国家根据旅游活动的风险程度，对旅行社、住宿、旅游交通以及本法第四十七条规定的高风险旅游项目等经营者实施责任保险制度。

第五章　旅游服务合同

第五十七条　旅行社组织和安排旅游活动，应当与旅游者订立合同。

第五十八条　包价旅游合同应当采用书面形式，包括下列内容：

（一）旅行社、旅游者的基本信息；

（二）旅游行程安排；

（三）旅游团成团的最低人数；

（四）交通、住宿、餐饮等旅游服务安排和标准；

（五）游览、娱乐等项目的具体内容和时间；

（六）自由活动时间安排；

（七）旅游费用及其交纳的期限和方式；

（八）违约责任和解决纠纷的方式；

（九）法律、法规规定和双方约定的其他事项。

订立包价旅游合同时，旅行社应当向旅游者详细说明前款第二项至第八项所载内容。

第五十九条　旅行社应当在旅游行程开始前向旅游者提供旅游行程单。旅游行程单是包价旅游合同的组成部分。

第六十条　旅行社委托其他旅行社代理销售包价旅游产品并与旅游者订立包价旅游合同的，应当在包价旅游合同中载明委托社和代理社的基本信息。

旅行社依照本法规定将包价旅游合同中的接待业务委托给地接社履行的，应当在包价旅游合同中载明地接社的基本信息。

安排导游为旅游者提供服务的，应当在包价旅游合同中载明导游服务费用。

第六十一条　旅行社应当提示参加团队旅游的旅游者按照规定投保人身意外伤害保险。

第六十二条　订立包价旅游合同时，旅行社应当向旅游者告知下列事项：

（一）旅游者不适合参加旅游活动的情形；

（二）旅游活动中的安全注意事项；

（三）旅行社依法可以减免责任的信息；

（四）旅游者应当注意的旅游目的地相关法律、法规和风俗习惯、宗教禁忌，依照中国法律不宜参加的活动等；

（五）法律、法规规定的其他应当告知的事项。

在包价旅游合同履行中，遇有前款规定事项的，旅行社也应当告知旅游者。

第六十三条　旅行社招徕旅游者组团旅游，因未达到约定人数不能出团的，组团社可以解除合同。但是，境内旅游应当至少提前七日通知旅游者，出境旅游应当至少提前三十日通知旅游者。

因未达到约定人数不能出团的，组团社经征得旅游者书面同意，可以委托其他旅行社履行合同。组团社对旅游者承担责任，受委托的旅行社对组团社承担责任。旅游者不同意的，可以解除合同。

因未达到约定的成团人数解除合同的，组团社应当向旅游者退还已收取的全部费用。

第六十四条 旅游行程开始前，旅游者可以将包价旅游合同中自身的权利义务转让给第三人，旅行社没有正当理由的不得拒绝，因此增加的费用由旅游者和第三人承担。

第六十五条 旅游行程结束前，旅游者解除合同的，组团社应当在扣除必要的费用后，将余款退还旅游者。

第六十六条 旅游者有下列情形之一的，旅行社可以解除合同：

（一）患有传染病等疾病，可能危害其他旅游者健康和安全的；

（二）携带危害公共安全的物品且不同意交有关部门处理的；

（三）从事违法或者违反社会公德的活动的；

（四）从事严重影响其他旅游者权益的活动，且不听劝阻、不能制止的；

（五）法律规定的其他情形。

因前款规定情形解除合同的，组团社应当在扣除必要的费用后，将余款退还旅游者；给旅行社造成损失的，旅游者应当依法承担赔偿责任。

第六十七条 因不可抗力或者旅行社、履行辅助人已尽合理注意义务仍不能避免的事件，影响旅游行程的，按照下列情形处理：

（一）合同不能继续履行的，旅行社和旅游者均可以解除合同。合同不能完全履行的，旅行社经向旅游者作出说明，可以在合理范围内变更合同；旅游者不同意变更的，可以解除合同。

（二）合同解除的，组团社应当在扣除已向地接社或者履行辅助人支付且不可退还的费用后，将余款退还旅游者；合同变更的，因此增加的费用由旅游者承担，减少的费用退还旅游者。

（三）危及旅游者人身、财产安全的，旅行社应当采取相应的安全措施，因此支出的费用，由旅行社与旅游者分担。

（四）造成旅游者滞留的，旅行社应当采取相应的安置措施。因此增加的食宿费用，由旅游者承担；增加的返程费用，由旅行社与旅游者分担。

第六十八条 旅游行程中解除合同的，旅行社应当协助旅游者返回出发地或者旅游者指定的合理地点。由于旅行社或者履行辅助人的原因导致合同解除的，返程费用由旅行社承担。

第六十九条 旅行社应当按照包价旅游合同的约定履行义务，不得擅自变更旅游行程安排。

经旅游者同意，旅行社将包价旅游合同中的接待业务委托给其他具有相应资质的地接社履行的，应当与地接社订立书面委托合同，约定双方的权利和义务，向地接社提供与旅游者订立的包价旅游合同的副本，并向地接社支付不低于接待和服务成本的费用。地接社应当按照包价旅游合同和委托合同提供服务。

第七十条 旅行社不履行包价旅游合同义务或者履行合同义务不符合约定的，应当依法承担继续履行、采取补救措施或者赔偿损失等违约责任；造成旅游者人身损害、财产损失的，应当依法承担赔偿责任。旅行社具备履行条件，经旅游者要求仍拒绝履行合同，造成旅游者人身损害、滞留等严重后果的，旅游者还可以要求旅行社支付旅游费用1倍以上3倍以下的赔偿金。

由于旅游者自身原因导致包价旅游合同不能履行或者不能按照约定履行，或者造成旅游者人身损害、财产损失的，旅行社不承担责任。

在旅游者自行安排活动期间，旅行社未尽到安全提示、救助义务的，应当对旅游者的人身损害、财产损失承担相应责任。

第七十一条　由于地接社、履行辅助人的原因导致违约的，由组团社承担责任；组团社承担责任后可以向地接社、履行辅助人追偿。

由于地接社、履行辅助人的原因造成旅游者人身损害、财产损失的，旅游者可以要求地接社、履行辅助人承担赔偿责任，也可以要求组团社承担赔偿责任；组团社承担责任后可以向地接社、履行辅助人追偿。但是，由于公共交通经营者的原因造成旅游者人身损害、财产损失的，由公共交通经营者依法承担赔偿责任，旅行社应当协助旅游者向公共交通经营者索赔。

第七十二条　旅游者在旅游活动中或者在解决纠纷时，损害旅行社、履行辅助人、旅游从业人员或者其他旅游者的合法权益的，依法承担赔偿责任。

第七十三条　旅行社根据旅游者的具体要求安排旅游行程，与旅游者订立包价旅游合同的，旅游者请求变更旅游行程安排，因此增加的费用由旅游者承担，减少的费用退还旅游者。

第七十四条　旅行社接受旅游者的委托，为其代订交通、住宿、餐饮、游览、娱乐等旅游服务，收取代办费用的，应当亲自处理委托事务。因旅行社的过错给旅游者造成损失的，旅行社应当承担赔偿责任。

旅行社接受旅游者的委托，为其提供旅游行程设计、旅游信息咨询等服务的，应当保证设计合理、可行，信息及时、准确。

第七十五条　住宿经营者应当按照旅游服务合同的约定为团队旅游者提供住宿服务。住宿经营者未能按照旅游服务合同提供服务的，应当为旅游者提供不低于原定标准的住宿服务，因此增加的费用由住宿经营者承担；但由于不可抗力、政府因公共利益需要采取措施造成不能提供服务的，住宿经营者应当协助安排旅游者住宿。

第六章　旅 游 安 全

第七十六条　县级以上人民政府统一负责旅游安全工作。县级以上人民政府有关部门依照法律、法规履行旅游安全监管职责。

第七十七条　国家建立旅游目的地安全风险提示制度。旅游目的地安全风险提示的级别划分和实施程序，由国务院旅游主管部门会同有关部门制定。

县级以上人民政府及其有关部门应当将旅游安全作为突发事件监测和评估的重要内容。

第七十八条　县级以上人民政府应当依法将旅游应急管理纳入政府应急管理体系，

制定应急预案，建立旅游突发事件应对机制。

突发事件发生后，当地人民政府及其有关部门和机构应当采取措施开展救援，并协助旅游者返回出发地或者旅游者指定的合理地点。

第七十九条 旅游经营者应当严格执行安全生产管理和消防安全管理的法律、法规和国家标准、行业标准，具备相应的安全生产条件，制定旅游者安全保护制度和应急预案。

旅游经营者应当对直接为旅游者提供服务的从业人员开展经常性应急救助技能培训，对提供的产品和服务进行安全检验、监测和评估，采取必要措施防止危害发生。

旅游经营者组织、接待老年人、未成年人、残疾人等旅游者，应当采取相应的安全保障措施。

第八十条 旅游经营者应当就旅游活动中的下列事项，以明示的方式事先向旅游者作出说明或者警示：

（一）正确使用相关设施、设备的方法；

（二）必要的安全防范和应急措施；

（三）未向旅游者开放的经营、服务场所和设施、设备；

（四）不适宜参加相关活动的群体；

（五）可能危及旅游者人身、财产安全的其他情形。

第八十一条 突发事件或者旅游安全事故发生后，旅游经营者应当立即采取必要的救助和处置措施，依法履行报告义务，并对旅游者作出妥善安排。

第八十二条 旅游者在人身、财产安全遇有危险时，有权请求旅游经营者、当地政府和相关机构进行及时救助。

中国出境旅游者在境外陷于困境时，有权请求我国驻当地机构在其职责范围内给予协助和保护。

旅游者接受相关组织或者机构的救助后，应当支付应由个人承担的费用。

第七章 旅游监督管理

第八十三条 县级以上人民政府旅游主管部门和有关部门依照本法和有关法律、法规的规定，在各自职责范围内对旅游市场实施监督管理。

县级以上人民政府应当组织旅游主管部门、有关主管部门和工商行政管理、产品质量监督、交通等执法部门对相关旅游经营行为实施监督检查。

第八十四条 旅游主管部门履行监督管理职责，不得违反法律、行政法规的规定向监督管理对象收取费用。

旅游主管部门及其工作人员不得参与任何形式的旅游经营活动。

第八十五条 县级以上人民政府旅游主管部门有权对下列事项实施监督检查：

（一）经营旅行社业务以及从事导游、领队服务是否取得经营、执业许可；

（二）旅行社的经营行为；

（三）导游和领队等旅游从业人员的服务行为；

（四）法律、法规规定的其他事项。

旅游主管部门依照前款规定实施监督检查，可以对涉嫌违法的合同、票据、账簿以及其他资料进行查阅、复制。

第八十六条　旅游主管部门和有关部门依法实施监督检查，其监督检查人员不得少于2人，并应当出示合法证件。监督检查人员少于2人或者未出示合法证件的，被检查单位和个人有权拒绝。

监督检查人员对在监督检查中知悉的被检查单位的商业秘密和个人信息应当依法保密。

第八十七条　对依法实施的监督检查，有关单位和个人应当配合，如实说明情况并提供文件、资料，不得拒绝、阻碍和隐瞒。

第八十八条　县级以上人民政府旅游主管部门和有关部门，在履行监督检查职责中或者在处理举报、投诉时，发现违反本法规定行为的，应当依法及时作出处理；对不属于本部门职责范围的事项，应当及时书面通知并移交有关部门查处。

第八十九条　县级以上地方人民政府建立旅游违法行为查处信息的共享机制，对需要跨部门、跨地区联合查处的违法行为，应当进行督办。

旅游主管部门和有关部门应当按照各自职责，及时向社会公布监督检查的情况。

第九十条　依法成立的旅游行业组织依照法律、行政法规和章程的规定，制定行业经营规范和服务标准，对其会员的经营行为和服务质量进行自律管理，组织开展职业道德教育和业务培训，提高从业人员素质。

第八章　旅游纠纷处理

第九十一条　县级以上人民政府应当指定或者设立统一的旅游投诉受理机构。受理机构接到投诉，应当及时进行处理或者移交有关部门处理，并告知投诉者。

第九十二条　旅游者与旅游经营者发生纠纷，可以通过下列途径解决：

（一）双方协商；

（二）向消费者协会、旅游投诉受理机构或者有关调解组织申请调解；

（三）根据与旅游经营者达成的仲裁协议提请仲裁机构仲裁；

（四）向人民法院提起诉讼。

第九十三条　消费者协会、旅游投诉受理机构和有关调解组织在双方自愿的基础上，依法对旅游者与旅游经营者之间的纠纷进行调解。

第九十四条　旅游者与旅游经营者发生纠纷，旅游者一方人数众多并有共同请求的，可以推选代表人参加协商、调解、仲裁、诉讼活动。

第九章　法 律 责 任

第九十五条　违反本法规定，未经许可经营旅行社业务的，由旅游主管部门或者工商行政管理部门责令改正，没收违法所得，并处1万元以上10万元以下罚款；违法所得10万元以上的，并处违法所得1倍以上5倍以下罚款；对有关责任人员，处2000元以上2万元以下罚款。

旅行社违反本法规定，未经许可经营本法第二十九条第一款第二项、第三项业务，

或者出租、出借旅行社业务经营许可证，或者以其他方式非法转让旅行社业务经营许可的，除依照前款规定处罚外，并责令停业整顿；情节严重的，吊销旅行社业务经营许可证；对直接负责的主管人员，处2000元以上2万元以下罚款。

第九十六条 旅行社违反本法规定，有下列行为之一的，由旅游主管部门责令改正，没收违法所得，并处5000元以上5万元以下罚款；情节严重的，责令停业整顿或者吊销旅行社业务经营许可证；对直接负责的主管人员和其他直接责任人员，处2000元以上2万元以下罚款：

（一）未按照规定为出境或者入境团队旅游安排领队或者导游全程陪同的；

（二）安排未取得导游证或者领队证的人员提供导游或者领队服务的；

（三）未向临时聘用的导游支付导游服务费用的；

（四）要求导游垫付或者向导游收取费用的。

第九十七条 旅行社违反本法规定，有下列行为之一的，由旅游主管部门或者有关部门责令改正，没收违法所得，并处5000元以上5万元以下罚款；违法所得5万元以上的，并处违法所得1倍以上5倍以下罚款；情节严重的，责令停业整顿或者吊销旅行社业务经营许可证；对直接负责的主管人员和其他直接责任人员，处2000元以上2万元以下罚款：

（一）进行虚假宣传，误导旅游者的；

（二）向不合格的供应商订购产品和服务的；

（三）未按照规定投保旅行社责任保险的。

第九十八条 旅行社违反本法第三十五条规定的，由旅游主管部门责令改正，没收违法所得，责令停业整顿，并处3万元以上30万元以下罚款；违法所得30万元以上的，并处违法所得1倍以上5倍以下罚款；情节严重的，吊销旅行社业务经营许可证；对直接负责的主管人员和其他直接责任人员，没收违法所得，处2000元以上2万元以下罚款，并暂扣或者吊销导游证、领队证。

第九十九条 旅行社未履行本法第五十五条规定的报告义务的，由旅游主管部门处5000元以上5万元以下罚款；情节严重的，责令停业整顿或者吊销旅行社业务经营许可证；对直接负责的主管人员和其他直接责任人员，处2000元以上2万元以下罚款，并暂扣或者吊销导游证、领队证。

第一百条 旅行社违反本法规定，有下列行为之一的，由旅游主管部门责令改正，处3万元以上30万元以下罚款，并责令停业整顿；造成旅游者滞留等严重后果的，吊销旅行社业务经营许可证；对直接负责的主管人员和其他直接责任人员，处2000元以上2万元以下罚款，并暂扣或者吊销导游证、领队证：

（一）在旅游行程中擅自变更旅游行程安排，严重损害旅游者权益的；

（二）拒绝履行合同的；

（三）未征得旅游者书面同意，委托其他旅行社履行包价旅游合同的。

第一百零一条 旅行社违反本法规定，安排旅游者参观或者参与违反我国法律、法规和社会公德的项目或者活动的，由旅游主管部门责令改正，没收违法所得，责令停业整顿，并处2万元以上20万元以下罚款；情节严重的，吊销旅行社业务经营许可证；对直接负责的主管人员和其他直接责任人员，处2000元以上2万元以下罚款，并暂扣或者吊销导游证、领队证。

第一百零二条　违反本法规定，未取得导游证或者领队证从事导游、领队活动的，由旅游主管部门责令改正，没收违法所得，并处1000元以上1万元以下罚款，予以公告。

导游、领队违反本法规定，私自承揽业务的，由旅游主管部门责令改正，没收违法所得，处1000元以上1万元以下罚款，并暂扣或者吊销导游证、领队证。

导游、领队违反本法规定，向旅游者索取小费的，由旅游主管部门责令退还，处1000元以上1万元以下罚款；情节严重的，并暂扣或者吊销导游证、领队证。

第一百零三条　违反本法规定被吊销导游证、领队证的导游、领队和受到吊销旅行社业务经营许可证处罚的旅行社的有关管理人员，自处罚之日起未逾三年的，不得重新申请导游证、领队证或者从事旅行社业务。

第一百零四条　旅游经营者违反本法规定，给予或者收受贿赂的，由工商行政管理部门依照有关法律、法规的规定处罚；情节严重的，并由旅游主管部门吊销旅行社业务经营许可证。

第一百零五条　景区不符合本法规定的开放条件而接待旅游者的，由景区主管部门责令停业整顿直至符合开放条件，并处2万元以上20万元以下罚款。

景区在旅游者数量可能达到最大承载量时，未依照本法规定公告或者未向当地人民政府报告，未及时采取疏导、分流等措施，或者超过最大承载量接待旅游者的，由景区主管部门责令改正，情节严重的，责令停业整顿一个月至六个月。

第一百零六条　景区违反本法规定，擅自提高门票或者另行收费项目的价格，或者有其他价格违法行为的，由有关主管部门依照有关法律、法规的规定处罚。

第一百零七条　旅游经营者违反有关安全生产管理和消防安全管理的法律、法规或者国家标准、行业标准的，由有关主管部门依照有关法律、法规的规定处罚。

第一百零八条　对违反本法规定的旅游经营者及其从业人员，旅游主管部门和有关部门应当记入信用档案，向社会公布。

第一百零九条　旅游主管部门和有关部门的工作人员在履行监督管理职责中，滥用职权、玩忽职守、徇私舞弊，尚不构成犯罪的，依法给予处分。

第一百一十条　违反本法规定，构成犯罪的，依法追究刑事责任。

第十章　附　　则

第一百一十一条　本法下列用语的含义：

（一）旅游经营者，是指旅行社、景区以及为旅游者提供交通、住宿、餐饮、购物、娱乐等服务的经营者。

（二）景区，是指为旅游者提供游览服务、有明确的管理界限的场所或者区域。

（三）包价旅游合同，是指旅行社预先安排行程，提供或者通过履行辅助人提供交通、住宿、餐饮、游览、导游或者领队等两项以上旅游服务，旅游者以总价支付旅游费用的合同。

（四）组团社，是指与旅游者订立包价旅游合同的旅行社。

（五）地接社，是指接受组团社委托，在目的地接待旅游者的旅行社。

（六）履行辅助人，是指与旅行社存在合同关系，协助其履行包价旅游合同义务，实际提供相关服务的法人或者自然人。

第一百一十二条　本法自2013年10月1日起施行。

附录二

旅行社条例

第一章　总　　则

第一条　为了加强对旅行社的管理，保障旅游者和旅行社的合法权益，维护旅游市场秩序，促进旅游业的健康发展，制定本条例。

第二条　本条例适用于中华人民共和国境内旅行社的设立及经营活动。

本条例所称旅行社，是指从事招徕、组织、接待旅游者等活动，为旅游者提供相关旅游服务，开展国内旅游业务、入境旅游业务或者出境旅游业务的企业法人。

第三条　国务院旅游行政主管部门负责全国旅行社的监督管理工作。

县级以上地方人民政府管理旅游工作的部门按照职责负责本行政区域内旅行社的监督管理工作。

县级以上各级人民政府工商、价格、商务、外汇等有关部门，应当按照职责分工，依法对旅行社进行监督管理。

第四条　旅行社在经营活动中应当遵循自愿、平等、公平、诚信的原则，提高服务质量，维护旅游者的合法权益。

第五条　旅行社行业组织应当按照章程为旅行社提供服务，发挥协调和自律作用，引导旅行社合法、公平竞争和诚信经营。

第二章　旅行社的设立

第六条　申请设立旅行社，经营国内旅游业务和入境旅游业务的，应当具备下列条件：

（一）有固定的经营场所；

（二）有必要的营业设施；

（三）有不少于30万元的注册资本。

第七条　申请设立旅行社，经营国内旅游业务和入境旅游业务的，应当向所在地省、自治区、直辖市旅游行政管理部门或者其委托的设区的市级旅游行政管理部门提出申请，并提交符合本条例第六条规定的相关证明文件。受理申请的旅游行政管理部门应当自受理申请之日起20个工作日内作出许可或者不予许可的决定。予以许可的，向申请人颁发旅行社业务经营许可证，申请人持旅行社业务经营许可证向工商行政管理部门办理设立登记；不予许可的，书面通知申请人并说明理由。

第八条　旅行社取得经营许可满两年，且未因侵害旅游者合法权益受到行政机关罚款以上处罚的，可以申请经营出境旅游业务。

第九条 申请经营出境旅游业务的，应当向国务院旅游行政主管部门或者其委托的省、自治区、直辖市旅游行政管理部门提出申请，受理申请的旅游行政管理部门应当自受理申请之日起20个工作日内作出许可或者不予许可的决定。予以许可的，向申请人换发旅行社业务经营许可证，旅行社应当持换发的旅行社业务经营许可证到工商行政管理部门办理变更登记；不予许可的，书面通知申请人并说明理由。

第十条 旅行社设立分社的，应当持旅行社业务经营许可证副本向分社所在地的工商行政管理部门办理设立登记，并自设立登记之日起3个工作日内向分社所在地的旅游行政管理部门备案。

旅行社分社的设立不受地域限制。分社的经营范围不得超出设立分社的旅行社的经营范围。

第十一条 旅行社设立专门招徕旅游者、提供旅游咨询的服务网点（以下简称旅行社服务网点）应当依法向工商行政管理部门办理设立登记手续，并向所在地的旅游行政管理部门备案。

旅行社服务网点应当接受旅行社的统一管理，不得从事招徕、咨询以外的活动。

第十二条 旅行社变更名称、经营场所、法定代表人等登记事项或者终止经营的，应当到工商行政管理部门办理相应的变更登记或者注销登记，并在登记办理完毕之日起10个工作日内，向原许可的旅游行政管理部门备案，换领或者交回旅行社业务经营许可证。

第十三条 旅行社应当自取得旅行社业务经营许可证之日起3个工作日内，在国务院旅游行政主管部门指定的银行开设专门的质量保证金账户，存入质量保证金，或者向做出许可的旅游行政管理部门提交依法取得的担保额度不低于相应质量保证金数额的银行担保。

经营国内旅游业务和入境旅游业务的旅行社，应当存入质量保证金20万元；经营出境旅游业务的旅行社，应当增存质量保证金120万元。

质量保证金的利息属于旅行社所有。

第十四条 旅行社每设立一个经营国内旅游业务和入境旅游业务的分社，应当向其质量保证金账户增存5万元；每设立一个经营出境旅游业务的分社，应当向其质量保证金账户增存30万元。

第十五条 有下列情形之一的，旅游行政管理部门可以使用旅行社的质量保证金：

（一）旅行社违反旅游合同约定，侵害旅游者合法权益，经旅游行政管理部门查证属实的；

（二）旅行社因解散、破产或者其他原因造成旅游者预交旅游费用损失的。

第十六条 人民法院判决、裁定及其他生效法律文书认定旅行社损害旅游者合法权益，旅行社拒绝或者无力赔偿的，人民法院可以从旅行社的质量保证金账户上划拨赔偿款。

第十七条 旅行社自交纳或者补足质量保证金之日起三年内未因侵害旅游者合法权益受到行政机关罚款以上处罚的，旅游行政管理部门应当将旅行社质量保证金的交存数额降低50%，并向社会公告。旅行社可凭省、自治区、直辖市旅游行政管理部门出具的凭证减少其质量保证金。

第十八条　旅行社在旅游行政管理部门使用质量保证金赔偿旅游者的损失，或者依法减少质量保证金后，因侵害旅游者合法权益受到行政机关罚款以上处罚的，应当在收到旅游行政管理部门补交质量保证金的通知之日起5个工作日内补足质量保证金。

第十九条　旅行社不再从事旅游业务的，凭旅游行政管理部门出具的凭证，向银行取回质量保证金。

第二十条　质量保证金存缴、使用的具体管理办法由国务院旅游行政主管部门和国务院财政部门会同有关部门另行制定。

第三章　外商投资旅行社

第二十一条　外商投资旅行社适用本章规定；本章没有规定的，适用本条例其他有关规定。

前款所称外商投资旅行社，包括中外合资经营旅行社、中外合作经营旅行社和外资旅行社。

第二十二条　设立外商投资旅行社，由投资者向国务院旅游行政主管部门提出申请，并提交符合本条例第六条规定条件的相关证明文件。国务院旅游行政主管部门应当自受理申请之日起30个工作日内审查完毕。同意设立的，出具外商投资旅行社业务许可审定意见书；不同意设立的，书面通知申请人并说明理由。

申请人持外商投资旅行社业务许可审定意见书、章程，合资、合作双方签订的合同向国务院商务主管部门提出设立外商投资企业的申请。国务院商务主管部门应当依照有关法律、法规的规定，作出批准或者不予批准的决定。予以批准的，颁发外商投资企业批准证书，并通知申请人向国务院旅游行政主管部门领取旅行社业务经营许可证，申请人持旅行社业务经营许可证和外商投资企业批准证书向工商行政管理部门办理设立登记；不予批准的，书面通知申请人并说明理由。

第二十三条　外商投资旅行社不得经营中国内地居民出国旅游业务以及赴香港特别行政区、澳门特别行政区和台湾地区旅游的业务，但是国务院决定或者我国签署的自由贸易协定和内地与香港、澳门关于建立更紧密经贸关系的安排另有规定的除外。

第四章　旅行社经营

第二十四条　旅行社向旅游者提供的旅游服务信息必须真实可靠，不得作虚假宣传。

第二十五条　经营出境旅游业务的旅行社不得组织旅游者到国务院旅游行政主管部门公布的中国公民出境旅游目的地之外的国家和地区旅游。

第二十六条　旅行社为旅游者安排或者介绍的旅游活动不得含有违反有关法律、法规规定的内容。

第二十七条　旅行社不得以低于旅游成本的报价招徕旅游者。未经旅游者同意，旅行社不得在旅游合同约定之外提供其他有偿服务。

第二十八条　旅行社为旅游者提供服务，应当与旅游者签订旅游合同并载明下列事项：

（一）旅行社的名称及其经营范围、地址、联系电话和旅行社业务经营许可证编号；

（二）旅行社经办人的姓名、联系电话；

（三）签约地点和日期；

（四）旅游行程的出发地、途经地和目的地；

（五）旅游行程中交通、住宿、餐饮服务安排及其标准；

（六）旅行社统一安排的游览项目的具体内容及时间；

（七）旅游者自由活动的时间和次数；

（八）旅游者应当交纳的旅游费用及交纳方式；

（九）旅行社安排的购物次数、停留时间及购物场所的名称；

（十）需要旅游者另行付费的游览项目及价格；

（十一）解除或者变更合同的条件和提前通知的期限；

（十二）违反合同的纠纷解决机制及应当承担的责任；

（十三）旅游服务监督、投诉电话；

（十四）双方协商一致的其他内容。

第二十九条 旅行社在与旅游者签订旅游合同时，应当对旅游合同的具体内容作出真实、准确、完整的说明。

旅行社和旅游者签订的旅游合同约定不明确或者对格式条款的理解发生争议的，应当按照通常理解予以解释；对格式条款有两种以上解释的，应当作出有利于旅游者的解释；格式条款和非格式条款不一致的，应当采用非格式条款。

第三十条 旅行社组织中国内地居民出境旅游的，应当为旅游团队安排领队全程陪同。

第三十一条 旅行社为接待旅游者委派的导游人员或者为组织旅游者出境旅游委派的领队人员，应当持有国家规定的导游证、领队证。

第三十二条 旅行社聘用导游人员、领队人员应当依法签订劳动合同，并向其支付不低于当地最低工资标准的报酬。

第三十三条 旅行社及其委派的导游人员和领队人员不得有下列行为：

（一）拒绝履行旅游合同约定的义务；

（二）非因不可抗力改变旅游合同安排的行程；

（三）欺骗、胁迫旅游者购物或者参加需要另行付费的游览项目。

第三十四条 旅行社不得要求导游人员和领队人员接待不支付接待和服务费用或者支付的费用低于接待和服务成本的旅游团队，不得要求导游人员和领队人员承担接待旅游团队的相关费用。

第三十五条 旅行社违反旅游合同约定，造成旅游者合法权益受到损害的，应当采取必要的补救措施，并及时报告旅游行政管理部门。

第三十六条 旅行社需要对旅游业务作出委托的，应当委托给具有相应资质的旅行社，征得旅游者的同意，并与接受委托的旅行社就接待旅游者的事宜签订委托合同，确定接待旅游者的各项服务安排及其标准，约定双方的权利、义务。

第三十七条 旅行社将旅游业务委托给其他旅行社的，应当向接受委托的旅行社支付不低于接待和服务成本的费用；接受委托的旅行社不得接待不支付或者不足额支付接待和服务费用的旅游团队。

接受委托的旅行社违约，造成旅游者合法权益受到损害的，作出委托的旅行社应当承担相应的赔偿责任。作出委托的旅行社赔偿后，可以向接受委托的旅行社追偿。

接受委托的旅行社故意或者重大过失造成旅游者合法权益损害的，应当承担连带责任。

第三十八条　旅行社应当投保旅行社责任险。旅行社责任险的具体方案由国务院旅游行政主管部门会同国务院保险监督管理机构另行制定。

第三十九条　旅行社对可能危及旅游者人身、财产安全的事项，应当向旅游者作出真实的说明和明确的警示，并采取防止危害发生的必要措施。

发生危及旅游者人身安全的情形的，旅行社及其委派的导游人员、领队人员应当采取必要的处置措施并及时报告旅游行政管理部门；在境外发生的，还应当及时报告中华人民共和国驻该国使领馆、相关驻外机构、当地警方。

第四十条　旅游者在境外滞留不归的，旅行社委派的领队人员应当及时向旅行社和中华人民共和国驻该国使领馆、相关驻外机构报告。旅行社接到报告后应当及时向旅游行政管理部门和公安机关报告，并协助提供非法滞留者的信息。

旅行社接待入境旅游发生旅游者非法滞留我国境内的，应当及时向旅游行政管理部门、公安机关和外事部门报告，并协助提供非法滞留者的信息。

第五章　监督检查

第四十一条　旅游、工商、价格、商务、外汇等有关部门应当依法加强对旅行社的监督管理，发现违法行为，应当及时予以处理。

第四十二条　旅游、工商、价格等行政管理部门应当及时向社会公告监督检查的情况。公告的内容包括旅行社业务经营许可证的颁发、变更、吊销、注销情况，旅行社的违法经营行为以及旅行社的诚信记录、旅游者投诉信息等。

第四十三条　旅行社损害旅游者合法权益的，旅游者可以向旅游行政管理部门、工商行政管理部门、价格主管部门、商务主管部门或者外汇管理部门投诉，接到投诉的部门应当按照其职责权限及时调查处理，并将调查处理的有关情况告知旅游者。

第四十四条　旅行社及其分社应当接受旅游行政管理部门对其旅游合同、服务质量、旅游安全、财务账簿等情况的监督检查，并按照国家有关规定向旅游行政管理部门报送经营和财务信息等统计资料。

第四十五条　旅游、工商、价格、商务、外汇等有关部门工作人员不得接受旅行社的任何馈赠，不得参加由旅行社支付费用的购物活动或者游览项目，不得通过旅行社为自己、亲友或者其他个人、组织牟取私利。

第六章　法律责任

第四十六条　违反本条例的规定，有下列情形之一的，由旅游行政管理部门或者工商行政管理部门责令改正，没收违法所得，违法所得10万元以上的，并处违法所得1倍

以上5倍以下的罚款；违法所得不足10万元或者没有违法所得的，并处10万元以上50万元以下的罚款：

（一）未取得相应的旅行社业务经营许可，经营国内旅游业务、入境旅游业务、出境旅游业务的；

（二）分社的经营范围超出设立分社的旅行社的经营范围的；

（三）旅行社服务网点从事招徕、咨询以外的活动的。

第四十七条 旅行社转让、出租、出借旅行社业务经营许可证的，由旅游行政管理部门责令停业整顿1个月至3个月，并没收违法所得；情节严重的，吊销旅行社业务经营许可证。受让或者租借旅行社业务经营许可证的，由旅游行政管理部门或者工商行政管理部门责令停止非法经营，没收违法所得，并处10万元以上50万元以下的罚款。

第四十八条 违反本条例的规定，旅行社未在规定期限内向其质量保证金账户存入、增存、补足质量保证金或者提交相应的银行担保的，由旅游行政管理部门责令改正；拒不改正的，吊销旅行社业务经营许可证。

第四十九条 违反本条例的规定，旅行社不投保旅行社责任险的，由旅游行政管理部门责令改正；拒不改正的，吊销旅行社业务经营许可证。

第五十条 违反本条例的规定，旅行社有下列情形之一的，由旅游行政管理部门责令改正；拒不改正的，处1万元以下的罚款：

（一）变更名称、经营场所、法定代表人等登记事项或者终止经营，未在规定期限内向原许可的旅游行政管理部门备案，换领或者交回旅行社业务经营许可证的；

（二）设立分社未在规定期限内向分社所在地旅游行政管理部门备案的；

（三）不按照国家有关规定向旅游行政管理部门报送经营和财务信息等统计资料的。

第五十一条 违反本条例的规定，外商投资旅行社经营中国内地居民出国旅游业务以及赴香港特别行政区、澳门特别行政区和台湾地区旅游业务，或者经营出境旅游业务的旅行社组织旅游者到国务院旅游行政主管部门公布的中国公民出境旅游目的地之外的国家和地区旅游的，由旅游行政管理部门责令改正，没收违法所得，违法所得10万元以上的，并处违法所得1倍以上5倍以下的罚款；违法所得不足10万元或者没有违法所得的，并处10万元以上50万元以下的罚款；情节严重的，吊销旅行社业务经营许可证。

第五十二条 违反本条例的规定，旅行社为旅游者安排或者介绍的旅游活动含有违反有关法律、法规规定的内容的，由旅游行政管理部门责令改正，没收违法所得，并处2万元以上10万元以下的罚款；情节严重的，吊销旅行社业务经营许可证。

第五十三条 违反本条例的规定，旅行社向旅游者提供的旅游服务信息含有虚假内容或者作虚假宣传的，由工商行政管理部门依法给予处罚。

违反本条例的规定，旅行社以低于旅游成本的报价招徕旅游者的，由价格主管部门依法给予处罚。

第五十四条 违反本条例的规定，旅行社未经旅游者同意在旅游合同约定之外提供其他有偿服务的，由旅游行政管理部门责令改正，处1万元以上5万元以下的罚款。

第五十五条 违反本条例的规定，旅行社有下列情形之一的，由旅游行政管理部门责令改正，处2万元以上10万元以下的罚款；情节严重的，责令停业整顿1个月至3个月：

（一）未与旅游者签订旅游合同；

（二）与旅游者签订的旅游合同未载明本条例第二十八条规定的事项；

（三）未取得旅游者同意，将旅游业务委托给其他旅行社；

（四）将旅游业务委托给不具有相应资质的旅行社；

（五）未与接受委托的旅行社就接待旅游者的事宜签订委托合同。

第五十六条 违反本条例的规定，旅行社组织中国内地居民出境旅游，不为旅游团队安排领队全程陪同的，由旅游行政管理部门责令改正，处 1 万元以上 5 万元以下的罚款；拒不改正的，责令停业整顿 1 个月至 3 个月。

第五十七条 违反本条例的规定，旅行社委派的导游人员和领队人员未持有国家规定的导游证或者领队证的，由旅游行政管理部门责令改正，对旅行社处 2 万元以上 10 万元以下的罚款。

第五十八条 违反本条例的规定，旅行社不向其聘用的导游人员、领队人员支付报酬，或者所支付的报酬低于当地最低工资标准的，按照《中华人民共和国劳动合同法》的有关规定处理。

第五十九条 违反本条例的规定，有下列情形之一的，对旅行社，由旅游行政管理部门或者工商行政管理部门责令改正，处 10 万元以上 50 万元以下的罚款；对导游人员、领队人员，由旅游行政管理部门责令改正，处 1 万元以上 5 万元以下的罚款；情节严重的，吊销旅行社业务经营许可证、导游证或者领队证：

（一）拒不履行旅游合同约定的义务的；

（二）非因不可抗力改变旅游合同安排的行程的；

（三）欺骗、胁迫旅游者购物或者参加需要另行付费的游览项目的。

第六十条 违反本条例的规定，旅行社要求导游人员和领队人员接待不支付接待和服务费用、支付的费用低于接待和服务成本的旅游团队，或者要求导游人员和领队人员承担接待旅游团队的相关费用的，由旅游行政管理部门责令改正，处 2 万元以上 10 万元以下的罚款。

第六十一条 旅行社违反旅游合同约定，造成旅游者合法权益受到损害，不采取必要的补救措施的，由旅游行政管理部门或者工商行政管理部门责令改正，处 1 万元以上 5 万元以下的罚款；情节严重的，由旅游行政管理部门吊销旅行社业务经营许可证。

第六十二条 违反本条例的规定，有下列情形之一的，由旅游行政管理部门责令改正，停业整顿 1 个月至 3 个月；情节严重的，吊销旅行社业务经营许可证：

（一）旅行社不向接受委托的旅行社支付接待和服务费用的；

（二）旅行社向接受委托的旅行社支付的费用低于接待和服务成本的；

（三）接受委托的旅行社接待不支付或者不足额支付接待和服务费用的旅游团队的。

第六十三条 违反本条例的规定，旅行社及其委派的导游人员、领队人员有下列情形之一的，由旅游行政管理部门责令改正，对旅行社处 2 万元以上 10 万元以下的罚款；对导游人员、领队人员处 4 000 元以上 2 万元以下的罚款；情节严重的，责令旅行社停业整顿 1 个月至 3 个月，或者吊销旅行社业务经营许可证、导游证、领队证：

（一）发生危及旅游者人身安全的情形，未采取必要的处置措施并及时报告的；

（二）旅行社组织出境旅游的旅游者非法滞留境外，旅行社未及时报告并协助提供非法滞留者信息的；

（三）旅行社接待入境旅游的旅游者非法滞留境内，旅行社未及时报告并协助提供非法滞留者信息的。

第六十四条 因妨害国（边）境管理受到刑事处罚的，在刑罚执行完毕之日起五年内不得从事旅行社业务经营活动；旅行社被吊销旅行社业务经营许可的，其主要负责人在旅行社业务经营许可被吊销之日起五年内不得担任任何旅行社的主要负责人。

第六十五条 旅行社违反本条例的规定，损害旅游者合法权益的，应当承担相应的民事责任；构成犯罪的，依法追究刑事责任。

第六十六条 违反本条例的规定，旅游行政管理部门或者其他有关部门及其工作人员有下列情形之一的，对直接负责的主管人员和其他直接责任人员依法给予处分：

（一）发现违法行为不及时予以处理的；

（二）未及时公告对旅行社的监督检查情况的；

（三）未及时处理旅游者投诉并将调查处理的有关情况告知旅游者的；

（四）接受旅行社的馈赠的；

（五）参加由旅行社支付费用的购物活动或者游览项目的；

（六）通过旅行社为自己、亲友或者其他个人、组织牟取私利的。

第七章　附　　则

第六十七条 香港特别行政区、澳门特别行政区和台湾地区的投资者在内地投资设立的旅行社，参照适用本条例。

第六十八条 本条例自 2009 年 5 月 1 日起施行。1996 年 10 月 15 日国务院发布的《旅行社管理条例》同时废止。

附录三

旅行社条例实施细则

第一章 总 则

第一条 根据《旅行社条例》(以下简称《条例》),制定本实施细则。

第二条 《条例》第二条所称招徕、组织、接待旅游者提供的相关旅游服务,主要包括:

(一)安排交通服务;

(二)安排住宿服务;

(三)安排餐饮服务;

(四)安排观光游览、休闲度假等服务;

(五)导游、领队服务;

(六)旅游咨询、旅游活动设计服务。

旅行社还可以接受委托,提供下列旅游服务:

(一)接受旅游者的委托,代订交通客票、代订住宿和代办出境、入境、签证手续等;

(二)接受机关、事业单位和社会团体的委托,为其差旅、考察、会议、展览等公务活动,代办交通、住宿、餐饮、会务等事务;

(三)接受企业委托,为其各类商务活动、奖励旅游等,代办交通、住宿、餐饮、会务、观光游览、休闲度假等事务;

(四)其他旅游服务。

前款所列出境、签证手续等服务,应当由具备出境旅游业务经营权的旅行社代办。

第三条 《条例》第二条所称国内旅游业务,是指旅行社招徕、组织和接待中国内地居民在境内旅游的业务。

《条例》第二条所称入境旅游业务,是指旅行社招徕、组织、接待外国旅游者来我国旅游,香港特别行政区、澳门特别行政区旅游者来内地旅游,台湾地区居民来大陆旅游,以及招徕、组织、接待在中国内地的外国人,在内地的香港特别行政区、澳门特别行政区居民和在大陆的台湾地区居民在境内旅游的业务。

《条例》第二条所称出境旅游业务,是指旅行社招徕、组织、接待中国内地居民出国旅游,赴香港特别行政区、澳门特别行政区和台湾地区旅游,以及招徕、组织、接待在中国内地的外国人、在内地的香港特别行政区、澳门特别行政区居民和在大陆的台湾地区居民出境旅游的业务。

第四条 对旅行社及其分支机构的监督管理,县级以上旅游行政管理部门应当按照

《条例》、本细则的规定和职责，实行分级管理和属地管理。

第五条 鼓励旅行社实行服务质量等级制度；鼓励旅行社向专业化、网络化、品牌化发展。

第二章 旅行社的设立与变更

第六条 《条例》第六条第（一）项规定的经营场所应当符合下列要求：

（一）申请者拥有产权的营业用房，或者申请者租用的、租期不少于 1 年的营业用房；

（二）营业用房应当满足申请者业务经营的需要。

第七条 《条例》第六条第（二）项规定营业设施应当至少包括下列设施、设备：

（一）2 部以上的直线固定电话；

（二）传真机、复印机；

（三）具备与旅游行政管理部门及其他旅游经营者联网条件的计算机。

第八条 申请设立旅行社，应当向省、自治区、直辖市旅游行政管理部门（简称省级旅游行政管理部门，下同）提交下列文件：

（一）设立申请书。内容包括申请设立的旅行社的中英文名称及英文缩写，设立地址，企业形式、出资人、出资额和出资方式，申请人、受理申请部门的全称、申请书名称和申请的时间；

（二）法定代表人履历表及身份证明；

（三）企业章程；

（四）依法设立的验资机构出具的验资证明；

（五）经营场所的证明；

（六）营业设施、设备的证明或者说明；

（七）工商行政管理部门出具的《企业名称预先核准通知书》。

省级旅游行政管理部门可以委托设区的市（含州、盟，下同）级旅游行政管理部门，受理当事人的申请并作出许可或者不予许可的决定。

第九条 受理申请的旅游行政管理部门可以对申请人的经营场所、营业设施、设备进行现场检查，或者委托下级旅游行政管理部门检查。

第十条 旅行社申请出境旅游业务的，应当向国务院旅游行政主管部门提交原许可的旅游行政管理部门出具的，证明其经营旅行社业务满两年，且连续两年未因侵害旅游者合法权益受到行政机关罚款以上处罚的文件。

旅行社取得出境旅游经营业务许可的，由国务院旅游行政主管部门换发旅行社业务经营许可证。旅行社持旅行社业务经营许可证向工商行政管理部门办理经营范围变更登记。

国务院旅游行政主管部门可以委托省级旅游行政管理部门受理旅行社经营出境旅游业务的申请，并作出许可或者不予许可的决定。

旅行社申请经营边境旅游业务的，适用《边境旅游暂行管理办法》的规定。

旅行社申请经营赴台湾地区旅游业务的，适用《大陆居民赴台湾地区旅游管理办法》的规定。

第十一条　旅行社因业务经营需要，可以向原许可的旅游行政管理部门申请核发旅行社业务经营许可证副本。

旅行社业务经营许可证及副本，由国务院旅游行政主管部门制定统一样式，国务院旅游行政主管部门和省级旅游行政管理部门分别印制。

旅行社业务经营许可证及副本损毁或者遗失的，旅行社应当向原许可的旅游行政管理部门申请换发或者补发。

申请补发旅行社业务经营许可证及副本的，旅行社应当通过本省、自治区、直辖市范围内公开发行的报刊，或者省级以上旅游行政管理部门网站，刊登损毁或者遗失作废声明。

第十二条　旅行社名称、经营场所、出资人、法定代表人等登记事项变更的，应当在办理变更登记后，持已变更的《企业法人营业执照》向原许可的旅游行政管理部门备案。

旅行社终止经营的，应当在办理注销手续后，持工商行政管理部门出具的注销文件，向原许可的旅游行政管理部门备案。

外商投资旅行社的，适用《条例》第三章的规定。未经批准，旅行社不得引进外商投资。

第十三条　国务院旅游行政主管部门指定的作为旅行社存入质量保证金的商业银行，应当提交具有下列内容的书面承诺：

（一）同意与存入质量保证金的旅行社签订符合本实施细则第十五条规定的协议；

（二）当县级以上旅游行政管理部门或者人民法院依据《条例》规定，划拨质量保证金后 3 个工作日内，将划拨情况及其数额，通知旅行社所在地的省级旅游行政管理部门，并提供县级以上旅游行政管理部门出具的划拨文件或者人民法院生效法律文书的复印件；

（三）非因《条例》规定的情形，出现质量保证金减少时，承担补足义务。

旅行社应当在国务院旅游行政主管部门指定银行的范围内，选择存入质量保证金的银行。

第十四条　旅行社在银行存入质量保证金的，应当设立独立账户，存期由旅行社确定，但不得少于 1 年。账户存期届满，旅行社应当及时办理续存手续。

第十五条　旅行社存入、续存、增存质量保证金后 7 个工作日内，应当向作出许可的旅游行政管理部门提交存入、续存、增存质量保证金的证明文件，以及旅行社与银行达成的使用质量保证金的协议。

前款协议应当包含下列内容：

（一）旅行社与银行双方同意依照《条例》规定使用质量保证金；

（二）旅行社与银行双方承诺，除依照县级以上旅游行政管理部门出具的划拨质量保证金，或者省级以上旅游行政管理部门出具的降低、退还质量保证金的文件，以及人民法院作出的认定旅行社损害旅游者合法权益的生效法律文书外，任何单位和个人不得动用质量保证金。

第十六条 旅行社符合《条例》第十七条降低质量保证金数额规定条件的，原许可的旅游行政管理部门应当根据旅行社的要求，在10个工作日内向其出具降低质量保证金数额的文件。

第十七条 旅行社按照《条例》第十八条规定补足质量保证金后7个工作日内，应当向原许可的旅游行政管理部门提交补足的证明文件。

第三章 旅行社的分支机构

第十八条 旅行社分社（简称分社，下同）及旅行社服务网点（简称服务网点，下同），不具有法人资格，以设立分社、服务网点的旅行社（简称设立社，下同）的名义从事《条例》规定的经营活动，其经营活动的责任和后果，由设立社承担。

第十九条 设立社向分社所在地工商行政管理部门办理分社设立登记后，应当持下列文件向分社所在地与工商登记同级的旅游行政管理部门备案：

（一）设立社的旅行社业务经营许可证副本和企业法人营业执照副本；

（二）分社的《营业执照》；

（三）分社经理的履历表和身份证明；

（四）增存质量保证金的证明文件。

没有同级的旅游行政管理部门的，向上一级旅游行政管理部门备案。

第二十条 分社的经营场所、营业设施、设备，应当符合《条例》第六条第（一）项、第（二）项及本实施细则第六条、第七条规定的要求。

分社的名称中应当包含设立社名称、分社所在地地名和“分社”或者“分公司”字样。

第二十一条 服务网点是指旅行社设立的，为旅行社招徕旅游者，并以旅行社的名义与旅游者签订旅游合同的门市部等机构。

设立社设立服务网点的区域范围，应当在设立社所在地的设区的市的行政区划内。

设立社不得在前款规定的区域范围外，设立服务网点。

第二十二条 服务网点应当设在方便旅游者认识和出入的公众场所。

服务网点的名称、标牌应当包括设立社名称、服务网点所在地地名等，不得含有使消费者误解为是旅行社或者分社的内容，也不得作易使消费者误解的简称。

服务网点应当在设立社的经营范围内，招徕旅游者、提供旅游咨询服务。

第二十三条 设立社向服务网点所在地工商行政管理部门办理服务网点设立登记后，应当在3个工作日内，持下列文件向服务网点所在地与工商登记同级的旅游行政管理部门备案：

（一）设立社的旅行社业务经营许可证副本和企业法人营业执照副本；

（二）服务网点的《营业执照》；

（三）服务网点经理的履历表和身份证明。

没有同级的旅游行政管理部门的，向上一级旅游行政管理部门备案。

第二十四条 分社、服务网点备案后，受理备案的旅游行政管理部门应当向旅行社颁发《旅行社分社备案登记证明》或者《旅行社服务网点备案登记证明》。

第二十五条　设立社应当与分社、服务网点的员工，订立劳动合同。

设立社应当加强对分社和服务网点的管理，对分社实行统一的人事、财务、招徕、接待制度规范，对服务网点实行统一管理、统一财务、统一招徕和统一咨询服务规范。

第四章　旅行社经营规范

第二十六条　旅行社及其分社、服务网点，应当将《旅行社业务经营许可证》、《旅行社分社备案登记证明》或者《旅行社服务网点备案登记证明》，与营业执照一起，悬挂在经营场所的显要位置。

第二十七条　旅行社业务经营许可证不得转让、出租或者出借。

旅行社的下列行为属于转让、出租或者出借旅行社业务经营许可证的行为：

（一）除招徕旅游者和符合本实施细则第三十四条第一款规定的接待旅游者的情形外，准许或者默许其他企业、团体或者个人，以自己的名义从事旅行社业务经营活动的；

（二）准许其他企业、团体或者个人，以部门或者个人承包、挂靠的形式经营旅行社业务的。

第二十八条　旅行社设立的办事处、代表处或者联络处等办事机构，不得从事旅行社业务经营活动。

第二十九条　旅行社以互联网形式经营旅行社业务的，除符合法律、法规规定外，其网站首页应当载明旅行社的名称、法定代表人、许可证编号和业务经营范围，以及原许可的旅游行政管理部门的投诉电话。

第三十条　《条例》第二十六条规定的旅行社不得安排的活动，主要包括：

（一）含有损害国家利益和民族尊严内容的；

（二）含有民族、种族、宗教歧视内容的；

（三）含有淫秽、赌博、涉毒内容的；

（四）其他含有违反法律、法规规定内容的。

第三十一条　《条例》第三十四条所规定的旅行社不得要求导游人员和领队人员承担接待旅游团队的相关费用，主要包括：

（一）垫付旅游接待费用；

（二）为接待旅游团队向旅行社支付费用；

（三）其他不合理费用。

第三十二条　旅行社招徕、组织、接待旅游者，其选择的交通、住宿、餐饮、景区等企业，应当符合具有合法经营资格和接待服务能力的要求。

第三十三条　在签订旅游合同时，旅行社不得要求旅游者必须参加旅行社安排的购物活动或者需要旅游者另行付费的旅游项目。

同一旅游团队中，旅行社不得由于下列因素，提出与其他旅游者不同的合同事项：

（一）旅游者拒绝参加旅行社安排的购物活动或者需要旅游者另行付费的旅游项目的；

（二）旅游者存在的年龄或者职业上的差异。但旅行社提供了与其他旅游者相比更多的服务，或者旅游者主动要求的除外。

第三十四条 旅行社需要将在旅游目的地接待旅游者的业务作出委托的，应当按照《条例》第三十六条的规定，委托给旅游目的地的旅行社并签订委托接待合同。

旅行社对接待旅游者的业务作出委托的，应当按照《条例》第三十六条的规定，将旅游目的地接受委托的旅行社的名称、地址、联系人和联系电话，告知旅游者。

第三十五条 旅游行程开始前，当发生约定的解除旅游合同的情形时，经征得旅游者的同意，旅行社可以将旅游者推荐给其他旅行社组织、接待，并由旅游者与被推荐的旅行社签订旅游合同。

未经旅游者同意的，旅行社不得将旅游者转交给其他旅行社组织、接待。

第三十六条 旅行社及其委派的导游人员和领队人员的下列行为，属于擅自改变旅游合同安排行程：

（一）减少游览项目或者缩短游览时间的；

（二）增加或者变更旅游项目的；

（三）增加购物次数或者延长购物时间的；

（四）其他擅自改变旅游合同安排的行为。

第三十七条 在旅游行程中，当发生不可抗力、危及旅游者人身、财产安全，或者非旅行社责任造成的意外情形，旅行社不得不调整或者变更旅游合同约定的行程安排时，应当在事前向旅游者作出说明；确因客观情况无法在事前说明的，应当在事后作出说明。

第三十八条 在旅游行程中，旅游者有权拒绝参加旅行社在旅游合同之外安排的购物活动或者需要旅游者另行付费的旅游项目。

旅行社及其委派的导游人员和领队人员不得因旅游者拒绝参加旅行社安排的购物活动或者需要旅游者另行付费的旅游项目等情形，以任何借口、理由，拒绝继续履行合同、提供服务，或者以拒绝继续履行合同、提供服务相威胁。

第三十九条 旅行社及其委派的导游人员、领队人员，应当对其提供的服务可能危及旅游者人身、财物安全的事项，向旅游者作出真实的说明和明确的警示。

在旅游行程中的自由活动时间，旅游者应当选择自己能够控制风险的活动项目，并在自己能够控制风险的范围内活动。

第四十条 为减少自然灾害等意外风险给旅游者带来的损害，旅行社在招徕、接待旅游者时，可以提示旅游者购买旅游意外保险。

鼓励旅行社依法取得保险代理资格，并接受保险公司的委托，为旅游者提供购买人身意外伤害保险的服务。

第四十一条 发生出境旅游者非法滞留境外或者入境旅游者非法滞留境内的，旅行社应当立即向所在地县级以上旅游行政管理部门、公安机关和外事部门报告。

第四十二条 在旅游行程中，旅行社及其委派的导游人员、领队人员应当提示旅游者遵守文明旅游公约和礼仪。

第四十三条 旅行社及其委派的导游人员、领队人员在经营、服务中享有下列权利：

（一）要求旅游者如实提供旅游所必需的个人信息，按时提交相关证明文件；

（二）要求旅游者遵守旅游合同约定的旅游行程安排，妥善保管随身物品；

（三）出现突发公共事件或者其他危急情形，以及旅行社因违反旅游合同约定采取补救措施时，要求旅游者配合处理防止扩大损失，以将损失降低到最低程度；

（四）拒绝旅游者提出的超出旅游合同约定的不合理要求；

（五）制止旅游者违背旅游目的地的法律、风俗习惯的言行。

第四十四条　旅行社应当妥善保存《条例》规定的招徕、组织、接待旅游者的各类合同及相关文件、资料，以备县级以上旅游行政管理部门核查。

前款所称的合同及文件、资料的保存期，应当不少于两年。

旅行社不得向其他经营者或者个人，泄露旅游者因签订旅游合同提供的个人信息；超过保存期限的旅游者个人信息资料，应当妥善销毁。

第五章　监督检查

第四十五条　根据《条例》和本实施细则规定，受理旅行社申请或者备案的旅游行政管理部门，可以要求申请人或者旅行社，对申请设立旅行社、办理《条例》规定的备案时提交的证明文件、材料的原件，提供复印件并盖章确认，交由旅游行政管理部门留存。

第四十六条　县级以上旅游行政管理部门对旅行社及其分支机构实施监督检查时，可以进入其经营场所，查阅招徕、组织、接待旅游者的各类合同、相关文件、资料，以及财务账簿、交易记录和业务单据等材料，旅行社及其分支机构应当给予配合。

县级以上旅游行政管理部门对旅行社及其分支机构监督检查时，应当由两名以上持有旅游行政执法证件的执法人员进行。

不符合前款规定要求的，旅行社及其分支机构有权拒绝检查。

第四十七条　旅行社应当按年度将下列经营和财务信息等统计资料，在次年3月底前，报送原许可的旅游行政管理部门：

（一）旅行社的基本情况，包括企业形式、出资人、员工人数、部门设置、分支机构、网络体系等；

（二）旅行社的经营情况，包括营业收入、利税等；

（三）旅行社组织接待情况，包括国内旅游、入境旅游、出境旅游的组织、接待人数等；

（四）旅行社安全、质量、信誉情况，包括投保旅行社责任保险、认证认可和奖惩等。

对前款资料中涉及旅行社商业秘密的内容，旅游行政管理部门应当予以保密。

第四十八条　《条例》第十七条、第四十二条规定的各项公告，县级以上旅游行政管理部门应当通过本部门或者上级旅游行政管理部门的政府网站向社会发布。

质量保证金存缴数额降低、旅行社业务经营许可证的颁发、变更和注销的，国务院旅游行政主管部门或者省级旅游行政管理部门应当在作出许可决定或者备案后20个工作日内向社会公告。

旅行社违法经营或者被吊销旅行社业务经营许可证的，由作出行政处罚决定的旅游行政管理部门，在处罚生效后10个工作日内向社会公告。

旅游者对旅行社的投诉信息，由处理投诉的旅游行政管理部门每季度向社会公告。

第四十九条 因下列情形之一，给旅游者的合法权益造成损害的，旅游者有权向县级以上旅游行政管理部门投诉：

（一）旅行社违反《条例》和本实施细则规定的；

（二）旅行社提供的服务，未达到旅游合同约定的服务标准或者档次的；

（三）旅行社破产或者其他原因造成旅游者预交旅游费用损失的。

划拨旅行社质量保证金的决定，应当由旅行社或者其分社所在地处理旅游者投诉的县级以上旅游行政管理部门作出。

第五十条 县级以上旅游行政管理部门，可以在其法定权限内，委托符合法定条件的同级旅游质监执法机构实施监督检查。

第六章 法律责任

第五十一条 违反本实施细则第十二条第三款、第二十三条、第二十六条的规定，擅自引进外商投资、设立服务网点未在规定期限内备案，或者旅行社及其分社、服务网点未悬挂旅行社业务经营许可证、备案登记证明的，由县级以上旅游行政管理部门责令改正，可以处1万元以下的罚款。

第五十二条 违反本实施细则第二十二条第三款、第二十八条的规定，服务网点超出设立社经营范围招徕旅游者、提供旅游咨询服务，或者旅行社的办事处、联络处、代表处等从事旅行社业务经营活动的，由县级以上旅游行政管理部门依照《条例》第四十六条的规定处罚。

第五十三条 违反本实施细则第三十二条的规定，旅行社为接待旅游者选择的交通、住宿、餐饮、景区等企业，不具有合法经营资格或者接待服务能力的，由县级以上旅游行政管理部门责令改正，没收违法所得，处违法所得3倍以下但最高不超过3万元的罚款，没有违法所得的，处1万元以下的罚款。

第五十四条 违反本实施细则第三十三条的规定，要求旅游者必须参加旅行社安排的购物活动、需要旅游者另行付费的旅游项目，或者对同一旅游团队的旅游者提出与其他旅游者不同合同事项的，由县级以上旅游行政管理部门责令改正，处1万元以下的罚款。

第五十五条 违反本实施细则第三十四条第二款的规定，旅行社未将旅游目的地接待旅行社的情况告知旅游者的，由县级以上旅游行政管理部门依照《条例》第五十五条的规定处罚。

第五十六条 违反本实施细则第三十五条第二款的规定，旅行社未经旅游者的同意，将旅游者转交给其他旅行社组织、接待的，由县级以上旅游行政管理部门依照《条例》第五十五条的规定处罚。

第五十七条 违反本实施细则第三十八条第二款的规定，旅行社及其导游人员和领队人员拒绝继续履行合同、提供服务，或者以拒绝继续履行合同、提供服务相威胁的，由县级以上旅游行政管理部门依照《条例》第五十九条的规定处罚。

第五十八条 违反本实施细则第四十四条的规定，未妥善保存各类旅游合同及相关文件、资料，保存期不够两年，或者泄露旅游者个人信息的，由县级以上旅游行政管理部门责令改正，没收违法所得，处违法所得 3 倍以下但最高不超过 3 万元的罚款；没有违法所得的，处 1 万元以下的罚款。

第五十九条　吊销旅行社业务经营许可证的行政处罚，由原许可的省级以上旅游行政管理部门作出。

对旅行社作出停业整顿行政处罚的，旅行社在停业整顿期间，不得招徕旅游者、签订旅游合同；停业整顿期间，不影响已签订的旅游合同的履行。

第七章　附　　则

第六十条　本实施细则由国务院旅游行政主管部门负责解释。

第六十一条　本实施细则自 2009 年 5 月 3 日起施行。2001 年 12 月 27 日国家旅游局公布的《旅行社管理条例实施细则》同时废止。

附录四

旅行社责任保险管理办法

第一章　总　　则

第一条　为保障旅游者的合法权益，根据《中华人民共和国保险法》和《旅行社条例》，制定本办法。

第二条　在中华人民共和国境内依法设立的旅行社，应当依照《旅行社条例》和本办法的规定，投保旅行社责任保险。本办法所称旅行社责任保险，是指以旅行社因其组织的旅游活动对旅游者和受其委派并为旅游者提供服务的导游或者领队人员依法应当承担的赔偿责任为保险标的的保险。

第三条　投保旅行社责任保险的旅行社和承保旅行社责任保险的保险公司，应当遵守本办法。

第二章　投　　保

第四条　旅行社责任保险的保险责任，应当包括旅行社在组织旅游活动中依法对旅游者的人身伤亡、财产损失承担的赔偿责任和依法对受旅行社委派并为旅游者提供服务的导游或者领队人员的人身伤亡承担的赔偿责任。

具体包括下列情形：

（一）因旅行社疏忽或过失应当承担赔偿责任的；

（二）因发生意外事故旅行社应当承担赔偿责任的；

（三）国家旅游局会同中国保险监督管理委员会（以下简称中国保监会）规定的其他情形。

第五条　中国保监会及其派出机构依法对旅行社责任保险的保险条款和保险费率进行管理。

第六条　旅行社责任保险的保险费率应当遵循市场化原则，并与旅行社经营风险相匹配。

第七条　旅行社投保旅行社责任保险的，应当与保险公司依法订立书面旅行社责任保险合同（以下简称保险合同）。

第八条　旅行社与保险公司订立保险合同时，双方应当依照《中华人民共和国保险法》的有关规定履行告知和说明义务。

第九条　订立保险合同时，保险公司不得强制旅行社投保其他商业保险。

第十条　保险合同成立后，旅行社按照约定交付保险费。保险公司应当及时向旅行社签发保险单或者其他保险凭证，并在保险单或者其他保险凭证中载明当事人双方约定的合同内容，同时按照约定的时间开始承担保险责任。

第十一条　保险合同成立后，除符合《中华人民共和国保险法》规定的情形外，保险公司不得解除保险合同。

第十二条　保险合同成立后，旅行社要解除保险合同的，应当同时订立新的保险合同，并书面通知所在地县级以上旅游行政管理部门，但因旅行社业务经营许可证被依法吊销或注销而解除合同的除外。

第十三条　保险合同解除的，保险公司应当收回保险单，并书面通知旅行社所在地县级以上旅游行政管理部门。

第十四条　旅行社的名称、法定代表人或者业务经营范围等重要事项变更时，应当及时通知保险公司。必要时应当依法办理保险合同变更手续。

第十五条　旅行社责任保险的保险期间为 1 年。

第十六条　旅行社应当在保险合同期满前及时续保。

第十七条　旅行社投保旅行社责任保险，可以依法自主投保，也可以有组织统一投保。

第三章　赔　　偿

第十八条　旅行社在组织旅游活动中发生本办法第四条所列情形的，保险公司依法根据保险合同约定，在旅行社责任保险责任限额内予以赔偿。

责任限额可以根据旅行社业务经营范围、经营规模、风险管控能力、当地经济社会发展水平和旅行社自身需要，由旅行社与保险公司协商确定，但每人人身伤亡责任限额不得低于 20 万元人民币。

第十九条　旅行社组织的旅游活动中发生保险事故，旅行社或者受害的旅游者、导游、领队人员通知保险公司的，保险公司应当及时告知具体的赔偿程序等有关事项。

第二十条　保险事故发生后，旅行社按照保险合同请求保险公司赔偿保险金时，应当向保险公司提供其所能提供的与确认保险事故的性质、原因、损失程度等有关的证明和资料。

保险公司按照保险合同的约定，认为有关的证明和资料不完整的，应当及时一次性通知旅行社补充提供。

旅行社对旅游者、导游或者领队人员应负的赔偿责任确定的，根据旅行社的请求，保险公司应当直接向受害的旅游者、导游或者领队人员赔偿保险金。旅行社怠于请求的，受害的旅游者、导游或者领队人员有权就其应获赔偿部分直接向保险公司请求赔偿保险金。

第二十一条　保险公司收到赔偿保险金的请求和相关证明、资料后，应当及时做出核定；情形复杂的，应当在 30 日内作出核定，但合同另有约定的除外。保险公司应当将核定结果通知旅行社以及受害的旅游者、导游、领队人员；对属于保险责任的，在与旅行社达成赔偿保险金的协议后 10 日内，履行赔偿保险金义务。

第二十二条　因抢救受伤人员需要保险公司先行赔偿保险金用于支付抢救费用的，保险公司在接到旅行社或者受害的旅游者、导游、领队人员通知后，经核对属于保险责任的，可以在责任限额内先向医疗机构支付必要的费用。

第二十三条 因第三者损害而造成保险事故的，保险公司自直接赔偿保险金或者先行支付抢救费用之日起，在赔偿、支付金额范围内代位行使对第三者请求赔偿的权利。旅行社以及受害的旅游者、导游或者领队人员应当向保险公司提供必要的文件和所知道的有关情况。

第二十四条 旅行社与保险公司对赔偿有争议的，可以按照双方的约定申请仲裁，或者依法向人民法院提起诉讼。

第二十五条 保险公司的工作人员对当事人的个人隐私应当保密。

第四章 监督检查

第二十六条 县级以上旅游行政管理部门依法对旅行社投保旅行社责任保险情况实施监督检查。

第二十七条 中国保监会及其派出机构依法对保险公司开展旅行社责任保险业务实施监督管理。

第五章 罚 则

第二十八条 违反本办法第十二条、第十六条、第十九条的规定，旅行社解除保险合同但未同时订立新的保险合同，保险合同期满前未及时续保，或者人身伤亡责任限额低于 20 万元人民币的，由县级以上旅游行政管理部门依照《旅行社条例》第四十九条的规定处罚。

第二十九条 保险公司经营旅行社责任保险，违反有关保险条款和保险费率管理规定的，由中国保监会或者其派出机构依照《中华人民共和国保险法》和中国保监会的有关规定予以处罚。

第三十条 保险公司拒绝或者妨碍依法检查监督的，由中国保监会或者其派出机构依照《中华人民共和国保险法》的有关规定予以处罚。

第六章 附 则

第三十一条 本办法由国家旅游局和中国保监会负责解释。

第三十二条 本办法自 2011 年 2 月 1 日起施行。国家旅游局 2001 年 5 月 15 日发布的《旅行社投保旅行社责任保险规定》同时废止。

附录五

组团社与地接社合作协议书

甲方：×××国际旅行社商务散客部
乙方：×××地接社

为促进旅游市场的开发和拓展业务的需要，甲乙双方经友好协商就共同组织的旅游和出国考察等项目，本着平等互利、优势互补的原则，达成以下合作协议。

一、甲方责任与义务

1. 在出境方面，甲方作为乙方在中国地区的业务代理，主要负责产品宣传、市场推广、团体的前期运作（如代办签证）等具体事宜，并进行相关行业的沟通工作。组织中国的企业家、公务员及金融、教育、医疗、房地产等各个领域的行业人士前往××国进行短期专业性的商务考察、会议、培训、参观、座谈等，其中包括参加××的短期培训班；组织相关行业前往××参展；组织中国公民前往××旅游。借此增强中××双方政府间、企业界以及各行业的联络与交流。

2. 在双方的合作当中，对持公务护照前往××国的考察团体，我社不收取任何担保押金，对持因私护照前往××国的客人，我社将向客人收取每人人民币10万元的担保押金，待客人回国后立即返还。

3. 在入境方面，甲方负责接待由乙方组织来中国旅游和考察的客人，安排客人参观旅游景点，协助客人与企业、学校等相关单位进行交流座谈、考察、讲座等。全方位确保接待品质，为客人提供吃住行等一条龙服务，并为客人设有人身意外伤害保险。

二、乙方责任与义务

1. 乙方负责协助甲方在××国驻中国大使馆备案并申请为客人代办商务签证及旅游签证的权力。

2. 乙方负责为甲方出境客人发送有力度的××国邀请信，以最大限度地确保签证率。邀请信种类包括：商务考察、短期培训、参加展览会、探亲访友、因私旅游等。其中包括联合××为中国境内各企事业单位发送邀请，使中国高级管理人员有机会更直接地提高对全球化、平均化、科学管理、高科技等问题的理解。

3. 乙方负责各种商务团体及旅游团体的安排与接待工作，并确保服务品质。

4. 乙方应及时提供××国在商务及旅游方面的信息，如展览会的详细资料、旅游行程安排、旅游景点介绍、旅游注意事项、价格预算等最新最全面的资料，同时设计出适合于中国客人的产品，以供甲方在中国市场推广。

5. 乙方在与甲方合作期间，为避免不必要的麻烦和损失，应适当向甲方交纳人民币________万元保证金。

三、违约责任

因国家政策调整或人力不可抗拒的原因导致的违约，双方均不承担责任，未尽事宜双方本着友好协商的态度加以解决。

四、本合同一式两份，具有同等效力，本合同自签订之日起生效

甲　　方：　　　　　　　　　　乙　　方：
甲方代表：　　　　　　　　　　乙方代表：
签字日期：　　　　　　　　　　签字日期：

附录六

旅行社与旅游汽车公司租车协议书

甲方：_________旅行社有限公司

乙方：_________旅游汽车公司，驾驶员_________

一、甲乙双方以遵规守法为原则，互惠互利、诚信服务为宗旨，特订此协议。

二、乙方同意甲方租赁其_____车_____台，车牌号为_____，此车允许载客人数为_____人。

三、本次租车费用为人民币，大写_____整。该车行驶中产生的费用（如过路过桥费、加油费、停车费等）均由乙方负责。此次包车甲方为乙方提供_____位司机的食宿(以行程中所含食宿数量为准)。乙方按合同完成任务后，甲方于_____月_____日前付清全部租车款，结算时乙方必须提供合同及全额车费发票。

四、驾驶员要按照《中华人民共和国道路交通安全法》中所规定的准驾车型驾驶车辆。

五、乙方承诺做到：

1. 机动车辆必须是经公安、交通部门年审检验合格并符合行业标准的车辆，报账车况良好，并已足额办理了乘运人责任险、第三者责任险。

2. 驾驶员驾驶车辆时，听从导游员的提醒，保证乘车游客的人身及财产安全。

3. 驾驶员下车、入住和参观景点时，要提醒客人随身携带贵重物品。

4. 驾驶员本人离开车辆时，要拔下钥匙、拉死手刹、关好门窗，确保车内财产安全后方可离开。

5. 备一些塑料袋，以防客人晕车及其他不便时使用，随时保持车内卫生，创造一个良好的乘车环境。

6. 在行驶中如发生交通事故导致游客受伤，驾驶员应积极主动抢救伤者，并先预垫付医疗费及相关费用。待责任确认后，按责任比例向游客承担赔偿责任。

7. 在行驶中途因车辆本身的故障造成抛锚，则由乙方尽快更换相应的车辆，或由双方协商解决，因此产生的直接费用由乙方负责。

8. 当行驶证与驾驶证不符时，应有乙方的授权书。

9. 乙方应在出车前做好车辆安全检查，并按照甲方要求的时间、地点准时发车。

六、如乙方违反上述承诺，甲方除有权拒付租车费外，乙方还须赔偿甲方因此而造成的一切经济损失。

七、机动车保险单复印件附后。

八、乙方授权书附后。

九、在行程过程中，甲方人员及游客应遵守乘车规定，不能随意离开座位，身体任何部位不能伸出车窗，不能影响驾驶员的行驶安全，否则由此造成的后果乙方不负责任。

十、如因塌方、泥石流、不可预见的断路、非本车交通事故的堵车等人力不可抗拒因素造成行程不能完成或行程延误，所造成损失由甲方负责。

十一、若因乙方原因造成安全事故、抛锚、漏接、车辆手续不全被查扣等，造成甲方人身伤害或财产损失，则按《中华人民共和国交通事故处理办法》由乙方负责协调处理并承担相应赔偿责任；因乙方过错造成旅游团延误行程或误机（车、船）的，由乙方负责赔偿。

十二、此协议一式两份，双方必须遵守，如单方取消合同，违约方赔付另一方租车费50%的损失。如因甲方原因，提前终止包车，原订车费照常支付，但乙方可适当减免未完成形成的费用（指过路过桥费、燃油费）。

十三、此协议有效期为______年______月______日至______年______月______日。

十四、双方补充条款：

1. 游客禁止携带危险品乘车__________。
2. ________________________________。
3. ________________________________。

行程：

____

____

____

甲方：__________旅行社	乙方：__________旅游汽车公司
盖章：	盖章：
年　　月　　日	年　　月　　日

附录七

旅行社与景区合作协议

甲方：×××旅行社

乙方：××风景区旅游发展有限公司

在诚信远见、互惠双赢、自愿的基础上，经友好协商，甲乙双方就××风景区销售代理达成如下协议：

一、甲方需具备的条件及应尽义务

1. 甲方有较强的组团、发团能力，同时有运作旅游专线市场的经验。

2. 甲方本着诚信、互利的目的，作为××风景区的销售代理商，致力于××风景区的销售工作。

3. 甲方在工作的开展过程中本着诚信的态度，为我公司的品牌、形象信誉等负责。

4. 甲方在与乙方合作期间，须加强对××风景区的宣传力度，主要是通过相关媒介在客源市场上的宣传和同行之间的信息沟通。

5. 甲方向乙方提前预购的门票，只能在所在城市区域内预售，不得在景区现场转手销售，否则乙方将没收现场转手的门票。

6. 甲方根据和乙方的协议可以享受由乙方提供的组团旅游量返政策，量返标准以及执行办法见附件。

二、乙方为甲方提供的有利条件及应尽义务

1. 乙方负责在景区现场做好对甲方客户的服务工作，并负责与甲方保持良好的信息沟通，收集甲方返回的意见并及时做出反馈工作等。

2. 乙方确保甲方在达到双方约定的发团人数时，按照协议，执行量返政策和相应奖励政策；为保障合作双方利益，甲方每次购票时，乙方将向甲方出具凭证，最终由双方共同核对确认发团总人数。

3. 乙方承担景区市场营销工作，确保全年向社会发布景区形象广告、活动广告，并不定时做促销工作，促进市场影响力，为甲方在旅游市场上提供必要的外围支持，营造良好的氛围。

4. 乙方制定的《旅行社价格优惠政策》所涉及的条款将作为协议附件，具同等法律效应。

三、本协议有效期为：______年______月______日至______年______月______日

四、协议未尽事宜，双方应本着互利互惠、诚信合作的原则友好协商解决

五、本协议一式两份，双方各执一份，双方签字盖章后生效

甲方：×××旅行社　　　　乙方：××风景区旅游发展有限公司
甲方签章：　　　　乙方签章：
年　月　日　　　　年　月　日

附件

××风景区旅游发展有限公司旅行社价格优惠政策

一、景区门票挂牌价

1．A景点30元/人（持A门票可游览××景点至××景点一线）
2．B景点30元/人（持B门票可游览×××、×××、×××一线）
3．C景点15元/人（持C门票可游览×××景点）
4．D景点（索道）20元/人、往返30元/人
5．通票50元/人（持通票可游览×××、×××、×××一线）

二、旅行社优惠政策

对所有旅行社销售代理商实行门票折扣一致的政策，不再按照每一个片区市场制定不同的政策。具体如下：

1．通票6折（30元/人）
2．A门票6折（18元/人）
3．B门票6折（18元/人）
4．C门票6折（9元/人）
5．D门票10免2

备注：协议期间，景区若有价格调整，将另行发函通知。

三、旅行社销售代理商量返政策

为鼓励旅行社积极开展××风景区销售工作，根据旅行社年度景区门票消费金额，实行量返政策，具体如下：

1．和景区签订了合作协议的旅行社，凡在一定时期组织旅游团队到××景区旅游，购买景区门票总金额累计达到2万元（人民币），即有权享受景区提供的量返政策。

2．景区按照旅行社年购买门票总金额进行量返：

（1）门票累计消费在2万~5万元（含5万元），按照8%进行量返。

（2）门票累计消费在5万元以上，按照10%进行量返。

3．统计方法：按照旅行社每次发团购买的门票总金额进行统计。统计的依据是以××风景区旅游发展有限公司营销中心、景区售票点、代理商三方确认的数据为准。

统计项目包括通票、A门票、B门票和C门票。不进行重复叠加计算（索道票不包含在内）。

计算金额的标准以景点售票处最终确认的数据为准。

4．景区可以根据旅行社的要求进行门票累计消费一次性量返，但是结算单位至少为一个季度。

5. 量返政策只针对组织旅游团队的旅行社专线部门，不针对旅行社总社。

四、踩点政策

景区欢迎代理商到景区进行参观考察，凭借营销中心确认件以及有效证件（经理资格证或导游证），对旅行社踩点提供必要的支持（在旅游淡季，景区可以为踩线的旅行社提供住宿，但餐饮、交通自理）。一个单位踩点的人数原则上不超过4人。

五、××风景区旅游发展有限公司负责对以上优惠政策以及所涉及的其他相关事宜的解释

××风景区旅游发展有限公司营销中心

附录八

订房协议书

甲方：深圳市××度假酒店

乙方：××旅行社

甲、乙双方经友好协商就有关订房事宜达成以下协议：

一、乙方订房可享受平日和周末及节假日折扣优惠，具体项目及价格如下：

房间类型	标准价	4月30日—11月30日（不含黄金周）	12月1日—4月29日（不含黄金周）
		平日5折（周日至周四），周末6折（周五、周六）	平日4.5折（周日至周四），周末5.5折（周五、周六）
高级单人房			
高级双人房			
豪华海景房			
豪华山景房			
高级套房			
豪华套房			
海华复式套房			
复式套房			
曼湾套房			

注：1. 以上房价已包含10%服务费，含早餐、泳票。

2. 以上房价为一次性租房8间以上的价格，如少于8间房的价格则按淡、旺季的报价上浮1折。

3. 若甲方调整价格，将提前15天通知乙方。

4. 12岁以下儿童如与父母同住而不需要额外加床者，不另收费，如需加床则每张加收180元。

二、为保障双方更好地沟通，任何有关客房的预订、更改或取消事宜，乙方必须提前以书面形式通知甲方，甲方确认后该预订更改或取消方为有效。

三、预订星期五、六及节假日客房时，以书面传真并加盖乙方公章和联络负责人签字确认的预订为准，同时，其预订将保留到入住当天下午4点整。

四、非预订星期五、六及节假日客房时，以书面传真并加盖乙方公章和联系负责人签字确认的预订为准，同时，其预订将保留到入住当天下午6点整。

五、甲方可根据山庄的订房情况，确认是否满足乙方的订房要求。

六、乙方在山庄的康体消费优惠价为6折，歌舞厅包场优惠价为6折，会议室使用的优惠价为8折。

七、付款方式：现金结算。

八、协议有效时间：　　年　　月　　日至　　年　　月　　日止。

九、本协议一式两份，双方各执一份，自双方签字之日起生效。协议未尽事宜，由双方协商解决，本协议经双方签字盖章后生效。

甲　方：	乙　方：
联系人：	联系人：
电　话：	电　话：
传　真：	传　真：
地　址：	地　址：
日　期：	日　期：
单位名称：	单位名称：
开户行：	开户行：
账　号：	账　号：

附录九

旅行社与餐馆协议书

××旅行社（以下简称甲方）与××餐馆（以下简称乙方）就旅行团（者）用餐事宜经双方友好协商一致达成如下协议。

一、客人便餐用餐标准

1. 标准等：10人以上　元/人，6~9人　元/人，2~5人　元/人，1人　元。
2. 豪华等：10人以上　元/人，6~9人　元/人，2~5人　元/人，1人　元。
3. 经济等：10人以上　元/人。
4. 乙方须保证客人够吃，如菜不够吃，添菜不另收费。

二、客人风味用餐标准

最低标准：　元/人（酒水除外）。

三、陪同、司机用餐标准

1. 地陪、司机：　元/人（便餐），　元/人（风味）。
2. 全陪与客人一同用餐，按客人标准计付；全陪与地陪一同用餐，按地陪标准计付。

四、酒水

便餐酒水提供啤酒　元/瓶，可乐　元/瓶，汽水　元/瓶，矿泉水　元/瓶。除上述饮料外，饮用其他酒水，其费用客人现付。风味酒水，除上述饮料外，可提供红、白葡萄酒及中档白酒（不提供茅台）。

五、结算

1. 甲方陪同以餐饮结算单向乙方结算每餐费用。
2. 甲方财务人员每次凭陪同填写的结算单核对发票向乙方结账付款。

六、报损

1. 两小时前退餐，不收损失费。
2. 两小时内退餐，收取50%费用。
3. 订餐后未去用餐，收取100%费用（饮料不计）。

七、本协议有效期自　年　月　日至　年　月　日止

八、本协议正式文本一式两份，甲、乙双方各执一份，签字或盖章后生效

甲方：××旅行社（盖章）　　　　乙方：××餐馆（盖章）

年　月　日　　　　年　月　日

附录十

团队国内旅游合同

国　家　旅　游　局
国家工商行政管理总局　制定

使用说明

1. 本合同为示范文本，供中华人民共和国境内（不含港、澳、台地区）旅行社与旅游者之间签订团队国内旅游（不含赴港、澳、台地区旅游及边境游）合同时使用。

2. 双方当事人应当结合具体情况选择本合同协议条款中所提供的选择项，空格处应当以文字形式填写完整。

3. 双方当事人可以书面形式对本示范文本内容予以变更或者补充，变更或者补充的内容，不得减轻或者免除应当由旅行社承担的责任。

4. 本示范文本由国家旅游局和国家工商行政管理总局共同制定、解释，在全国范围内推行使用。

团队国内旅游合同

合同编号：______________

旅游者：______________人（名单可附页，需旅行社和旅游者代表签字盖章确认）

旅行社：______________

旅行社业务经营许可证编号：______________

第一章　定义和概念

第一条　本合同词语定义

1. 旅行社，指取得《旅行社业务经营许可证》和《企业法人营业执照》、经营旅游业务的企业法人。

2. 旅游者，指与旅行社签订国内旅游合同，参加国内旅游活动的内地居民或者团体。

3. 国内旅游服务，指旅行社依据《旅行社条例》等法律法规，组织旅游者在中华人民共和国境内（不含香港、澳门、台湾地区）旅游，代订公共交通客票，安排餐饮、住宿、游览等服务活动。

4．旅游费用，指旅游者支付给旅行社，用于购买国内旅游服务的费用。

旅游费用包括：

（1）交通费；

（2）住宿费；

（3）餐费（不含酒水费）；

（4）旅行社统一安排的景区景点的第一道门票费；

（5）行程中安排的其他项目费用；

（6）导游服务费和旅行社（含旅游目的地地接旅行社）的其他服务费用。

旅游费用不包括：

（1）旅游者投保的个人旅游保险费用；

（2）合同约定需要旅游者另行付费项目的费用；

（3）合同未约定由旅行社支付的费用，包括但不限于行程以外非合同约定活动项目所需的费用、自行安排活动期间发生的费用；

（4）行程中发生的旅游者个人费用，包括但不限于交通工具上的非免费餐饮费、行李超重费，住宿期间的洗衣、电话、饮料及酒类费，个人娱乐费用，个人伤病医疗费，寻找个人遗失物品的费用及报酬，个人原因造成的赔偿费用。

5．购物场所，指《旅游行程安排单》中安排的，专门或者主要以购物为活动内容的场所。

6．自由活动，指《旅游行程安排单》中安排的自由活动。

7．自行安排活动期间，指《旅游行程安排单》中安排的自由活动期间、旅游者不参加旅游行程活动期间、每日行程开始前、结束后旅游者离开住宿设施的个人活动期间、旅游者经导游同意暂时离团的个人活动期间。

8．旅行社责任保险，指以旅行社因其组织的旅游活动对旅游者和受其委派并为旅游者提供服务的人员依法应当承担的赔偿责任为保险标的的保险。

9．旅游者投保的个人旅游保险，指旅游者自己购买或者通过旅行社、航空机票代理点、景区等保险代理机构购买的以旅行期间自身的生命、身体、财产或者有关利益为保险标的的短期保险，包括但不限于航空意外险、旅游意外险、紧急救援保险、特殊项目意外险。

10．离团，指团队旅游者经导游同意不随团队完成约定行程的行为。

11．脱团，指团队旅游者未经导游同意脱离旅游团队，不随团队完成约定行程的行为。

12．转团，指由于低于成团人数，旅行社征得旅游者书面同意，在出发前将旅游者转至其他旅行社所组的国内旅游团队的行为。

13．拼团，指旅行社在保证所承诺的服务内容和标准不变的前提下，在签订合同时经旅游者同意，与其他旅行社招徕的旅游者拼成一个团统一安排旅游服务的行为。

14．不可抗力，指不能预见、不能避免并不能克服的客观情况，包括但不限于因自然原因和社会原因引起的，如自然灾害、战争、恐怖活动、动乱、骚乱、罢工、突发公共卫生事件、政府行为。

15. 意外事件，指因当事人故意或者过失以外的偶然因素引发的事件，包括但不限于重大礼宾活动导致的交通堵塞、列车航班晚点、景点临时不开放。

16. 业务损失费，指旅行社因旅游者行前退团而产生的经济损失。包括乘坐飞机（车、船）等交通工具的费用（含预订金）、饭店住宿费用（含预订金）、旅游观光汽车的人均车租等已发生的实际费用。

17. 黄金周，指通过调休将春节、“十一”等3天法定节日与前后公休日相连形成通常为7天的公众节假日。

第二章　合同的签订

第二条　旅游行程安排单

旅行社应当提供带团号的《旅游行程安排单》（以下简称《行程单》），经双方签字或者盖章确认后作为本合同的组成部分。《行程单》应当对如下内容作出明确的说明：

（1）旅游行程的出发地、途经地、目的地，线路行程时间和具体安排（按自然日计算，含乘飞机、车、船等在途时间，不足24小时以一日计）；

（2）旅游目的地地接旅行社的名称、地址、联系人和联系电话；

（3）交通服务安排及其标准（明确交通工具及档次等级、出发时间以及是否需中转等信息）；

（4）住宿服务安排及其标准（明确住宿饭店的名称、地点、星级，非星级饭店应当注明是否有空调、热水、独立卫生间等相关服务设施）；

（5）用餐（早餐和正餐）服务安排及其标准（明确用餐次数、地点、标准）；

（6）旅行社统一安排的游览项目的具体内容及时间（明确旅游线路内容包括景区点及游览项目名称等，景区点停留的最少时间）；

（7）自由活动的时间和次数；

（8）购物安排（旅行社安排的购物次数不超过行程日数的一半，并同时列明购物场所名称、停留的最多时间及主要商品等内容）；

（9）行程安排的娱乐活动（明确娱乐活动的时间、地点和项目内容）；

（10）另行付费项目（如有安排，旅行社应当在签约时向旅游者提供《另行付费项目表》，列明另行付费项目的价格、参加该另行付费项目的交通费和导游服务费等，由旅游者自愿选择并签字确认后作为本合同的组成部分；另行付费项目应当以不影响原计划行程为原则）；

《行程单》用语须准确清晰，在表明服务标准用语中不应当出现“准×星级”、“豪华”、“仅供参考”、“以××为准”、“与××同级”等不确定性用语。

第三条　签订合同

旅游者应当认真阅读本合同条款、《行程单》和《另行付费项目表》，在旅游者理解本合同条款及有关附件后，旅行社和旅游者应当签订书面合同。

第四条　旅游广告及宣传品

旅行社的旅游广告及宣传品应当遵循诚实信用的原则，其内容符合《中华人民共和国合同法》要约规定的，视为本合同的组成部分，对旅行社和旅游者双方具有约束力。

第五条 合同效力

本合同一式两份，双方各持一份，具有同等法律效力，自双方当事人签字或者盖章之日起生效。

第三章 合同双方的权利义务

第六条 旅行社的权利

1. 根据旅游者的身体健康状况及相关条件决定是否接纳旅游者报名参团；
2. 核实旅游者提供的相关信息资料；
3. 按照合同约定向旅游者收取全额旅游费用；
4. 旅游团队遇紧急情况时，可以采取紧急避险措施并要求旅游者配合；
5. 拒绝旅游者提出的超出合同约定的不合理要求。

第七条 旅行社的义务

1. 按照合同和《行程单》约定的内容和标准为旅游者提供服务；
2. 在出团前如实告知具体行程安排和有关具体事项，具体事项包括但不限于所到旅游目的地的重要规定、风俗习惯，安全避险措施，应急联络方式；
3. 按照合同约定，为旅游团队安排符合《导游人员管理条例》规定的持证导游人员；
4. 妥善保管旅游者提交的各种证件；
5. 为旅游者发放用固定格式书写、由旅游者填写的载明个人信息的安全保障卡（包括旅游者的姓名、血型、应急联络方式等）；
6. 对可能危及旅游者人身、财产安全的事项和须注意的问题，向旅游者做出真实的说明和明确的警示，并采取合理必要措施防止危害发生，旅游者人身、财产权益受到损害时，应当采取合理必要的保护和救助措施，避免旅游者人身、财产权益损失扩大；
7. 按照相关法规、规章的规定投保旅行社责任保险；
8. 提示旅游者购买个人旅游保险；
9. 应当按照合同约定安排购物和另行付费项目，不强迫或者变相强迫旅游者购物和参加另行付费项目；
10. 旅游者在《行程单》安排的购物场所所购物品系假冒伪劣商品时，旅游者提出索赔的，旅行社应当积极协助旅游者进行索赔，自索赔之日起超过60日，旅游者无法从购物点获得赔偿的，旅行社应当先行赔付；
11. 向旅游者提供合法的旅游费用发票；
12. 依法对旅游者个人信息保密；
13. 积极协调处理旅游者在旅游行程中的投诉，出现纠纷时，采取适当措施防止损失扩大；
14. 采用拼团方式出团的，签订合同的旅行社仍承担本合同约定的责任和义务。

第八条 旅游者的权利

1. 要求旅行社按照合同和《行程单》兑现旅游行程服务；
2. 拒绝未经事先协商一致的转团、拼团行为和合同约定以外的购物及另行付费项目安排；

3. 在支付旅游费用时要求旅行社开具发票；

4. 在合法权益受到损害时向旅游、工商等部门投诉或者要求旅行社协助索赔；

5.《中华人民共和国消费者权益保护法》和有关法律法规赋予消费者的其他权利。

第九条　旅游者的义务

1. 如实填写《旅游报名表》、游客安全保障卡等各项内容，并对所填的内容承担责任，如实告知旅行社工作人员询问的与旅游活动相关的个人健康信息，所提供的联系方式须是经常使用或者能够及时联系到的；

2. 按照合同约定支付旅游费用；

3. 按照合同约定随团完成旅游行程，配合导游人员的统一管理，发生突发事件时，采取措施防止损失扩大；

4. 遵守国家和地方的法律法规和有关规定，不在旅游行程中从事违法活动，不参与色情、赌博和涉毒活动；

5. 遵守公共秩序和社会公德，尊重当地的民族风俗习惯；尊重旅游服务人员的人格，举止文明，不在景观、建筑上乱刻乱画，不随地吐痰、乱扔垃圾；

6. 妥善保管自己的行李物品，尤其是贵重物品；

7. 行程中发生纠纷，应当本着平等协商的原则解决，采取适当措施防止损失的扩大，不采取拒绝登机（车、船）等行为拖延行程或者脱团；

8. 自行安排活动期间，应当在自己能够控制风险的范围内选择活动项目，并对自己的安全负责；

9. 在合法权益受到损害要求旅行社协助索赔时，提供合法有效的凭据。

第四章　合同的变更与转让

第十条　合同的变更

1. 旅行社与旅游者双方协商一致，可以变更本合同约定的内容，但应当以书面形式由双方签字确认。由此增加的旅游费用及给对方造成的损失，由变更提出方承担；由此减少的旅游费用，旅行社应当退还旅游者。

2. 因不可抗力或者意外事件导致无法履行或者继续履行合同的，旅行社可以在征得旅游团队50%以上成员同意后对相应内容予以变更，因情况紧急无法征求意见或者经征求意见无法得到50%以上成员同意时，旅行社可以决定内容的变更，但应当就作出的决定提供必要的证明。

3. 在行前遇到不可抗力或者意外事件的，双方经协商可以取消行程或者延期出行。取消行程的，旅行社向旅游者全额退还旅游费用。已发生旅游费用的，应当由双方协商后合理分担。

4. 在行程中遇到不可抗力导致无法继续履行合同的，旅行社按本条第2款的约定实施变更后，将未发生的旅游费用退还旅游者，增加的旅游费用，应当由双方协商后合理分担。

5. 在行程中遇到意外事件导致无法继续履行合同的，旅行社按本条第2款的约定实施变更后，将未发生的旅游费用退还旅游者，因此增加的旅游费用由提出变更的一方承担（但因紧急避险所致的，由受益方承担）。

第十一条 合同的转让

经旅行社书面同意，旅游者可以将其在合同中的权利和义务转让给符合出游条件的第三人，因此增加的费用由旅游者承担，减少的费用退还旅游者。

第十二条 不成团的安排

当旅行社组团低于成团人数不能成团时，旅游者可以与旅行社就如下安排在本合同第二十二条中做出约定。

1. 转团：旅行社可以在保证所承诺的服务内容和标准不降低的前提下，经事先征得旅游者书面同意，将旅游者转至其他旅行社所组的旅游团队，并就受让出团的旅行社违反本合同约定的行为先行承担责任，再行追偿。旅游者和受让出团的旅行社另行签订合同的，本合同的权利义务终止。

2. 延期出团和改变线路出团：旅行社经征得旅游者书面同意，可以延期出团或者改变其他线路出团，需要时可以重新签订旅游合同，因此增加的费用由旅游者承担，减少的费用旅行社予以退还。

第五章　合同的解除

第十三条 不同意转团、延期出团和改变旅游线路的合同解除

低于成团人数不能成团时，旅游者既不同意转团，也不同意延期和改变其他线路出团的，视为旅行社解除合同，按本合同第十四条、第十六条第1款相关约定处理。

第十四条 行程前的合同解除

旅游者和旅行社在行程前可以书面形式提出解除合同。在出发前7日（按出发日减去解除合同通知到达日的自然日之差计算，下同）以上（不含第7日）提出解除合同的，双方互不承担违约责任。旅行社提出解除合同的，全额退还旅游费用；旅游者提出解除合同，如已发生旅游费用的，应当扣除已发生的旅游费用。旅行社应当在解除合同的通知到达日起5个工作日内，向旅游者退还旅游费用。

旅游者或者旅行社在出发前7日以内（含第7日，下同）提出解除合同的，由提出解除合同的一方承担违约责任。

第十五条 行程中的合同解除

1. 旅游者未按约定时间到达约定集合出发地点，也未能在出发中途加入旅游团队的，视为旅游者解除合同，按照本合同第十七条第1款相关约定处理；

2. 旅游者在行程中脱团的，旅行社可以解除合同，旅游者不得要求旅行社退还旅游费用，给旅行社造成经济损失的，旅游者应当承担相应的赔偿责任。

第六章　违 约 责 任

第十六条 旅行社的违约责任

1. 旅行社在出发前7日以内（含第7日，下同）提出解除合同的，向旅游者退还全额旅游费用，并按下列标准向旅游者支付违约金：

出发前7日至4日，支付旅游费用总额10%的违约金；

出发前 3 日至 1 日，支付旅游费用总额 15% 的违约金；

出发当日，支付旅游费用总额 20% 的违约金。

如上述违约金不足以赔偿旅游者的实际损失，旅行社应当按实际损失对旅游者予以赔偿。

旅行社应当在取消出团通知到达日起 5 个工作日内，向旅游者退还全额旅游费用，并支付上述违约金。

2. 旅行社未按合同约定提供服务，或者未经旅游者同意调整旅游行程（本合同第十条第 2 款规定的情况除外），造成项目减少、旅游时间缩短或者标准降低的，应当采取措施予以补救，未采取补救措施或者已采取补救措施但不足以弥补旅游者损失的，应当承担相应的赔偿责任。

3. 旅行社未经旅游者签字确认，安排本合同约定以外的另行付费项目的，应当承担自费项目的费用；擅自增加购物次数的，每次按旅游费用总额的 10% 向旅游者支付违约金；强迫或者变相强迫旅游者购物的，每次按旅游费用总额的 20% 向旅游者支付违约金。

4. 旅行社违反合同约定，中止对旅游者提供住宿、用餐、交通等旅游服务的，应当负担旅游者在被中止旅游服务期间所订的同等级别的住宿、用餐、交通等必要费用，并向旅游者支付旅游费用总额 30% 的违约金；如果因此给旅游者造成其他人身、财产损害的，还应当承担损害赔偿责任。

5. 旅行社未经旅游者同意，擅自将旅游者转团、拼团的，旅游者在出发前（不含当日）得知的，有权解除合同，旅行社全额退还已交旅游费用，并按旅游费用总额的 15% 支付违约金；旅游者在出发当日或者出发后得知的，旅行社应当按旅游费用总额的 25% 支付违约金，旅游者要求解除合同的，旅行社全额退还已交旅游费用；如违约金不足以赔偿旅游者的实际损失，旅行社应当按实际损失对旅游者予以赔偿。

6. 与旅游者出现纠纷时，旅行社应当采取积极措施防止损失扩大，否则应当就扩大的损失承担责任。

7. 旅行社委托的第三方违反本合同约定，视同旅行社违约，旅行社应当按照本合同约定承担违约责任。

第十七条　旅游者的违约责任

1. 旅游者在出发前 7 日以内（含第 7 日，下同）提出解除合同的，应当按下列标准向旅行社支付业务损失费：

出发前 7 日至 4 日，支付旅游费用总额 50%；

出发前 3 日至 1 日，支付旅游费用总额 60%；

出发当日，支付旅游费用总额 80%。

如按上述比例支付的业务损失费不足以赔偿旅行社的实际损失，旅游者应当按实际损失对旅行社予以赔偿，但最高额不应当超过旅游费用总额。

旅行社在扣除上述业务损失费后，应当在旅游者退团通知到达日起 5 个工作日内向旅游者退还剩余旅游费用。

2. 旅游者未能按照本合同约定的时间足额支付旅游费用的，旅行社有权解除合同，并要求旅游者承担旅行社的业务损失费。

3. 旅游者因不听从旅行社及其导游的劝告而影响团队行程，给旅行社造成损失的，应当承担相应的赔偿责任。

4. 旅游者超出本合同约定的内容进行个人活动所造成的损失，由其自行承担。

5. 由于旅游者的过错，使旅行社遭受损害的，旅游者应当赔偿损失。

6. 与旅行社出现纠纷时，旅游者应当采取积极措施防止损失扩大，否则应当就扩大的损失承担责任。

第十八条 其他责任

1. 由于第三方侵害等不可归责于旅行社的原因导致旅游者人身、财产权益受到损害的，旅行社不承担赔偿责任。但因旅行社不履行协助义务致使旅游者人身、财产权益损失扩大的，旅行社应当就扩大的损失承担赔偿责任。

2. 旅游者在自行安排活动期间人身、财产权益受到损害的，旅行社在事前已尽到必要警示说明义务且事后已尽到必要协助义务的，旅行社不承担赔偿责任。

第七章 协 议 条 款

第十九条 旅游时间

出发时间__________，结束时间__________，共______天______夜。

第二十条 旅游费用及支付

(旅游费用以人民币为计算单位)

成人：______元/人；儿童（不满12岁的）：______元/人

合计：______元

旅游费用支付的方式和时间：______________

第二十一条 个人旅游保险

旅游者______（同意或者不同意，打钩无效）委托旅行社办理旅游者投保的个人旅游保险。

保险产品名称：______________

保　险　人：______________

保 险 金 额：______________元人民币

保　险　费：______________元人民币

第二十二条 成团人数与不成团的约定

最低成团人数：__________人；低于此人数不能成团时，旅行社应当在出发前__________日及时通知旅游者。

如不能成团，旅游者是否同意按下列方式解决：

1. __________（同意或者不同意，打钩无效）转至__________旅行社出团；

2. __________（同意或者不同意，打钩无效）延期出团；

3. __________（同意或者不同意，打钩无效）改变其他线路出团。

第二十三条 拼团约定

旅游者__________（同意或者不同意，打钩无效）采用拼团方式出团。

第二十四条 黄金周特别约定

黄金周旅游高峰期间，旅游者和旅行社对行前退团及取消出团的提前告知时间、相关责任约定如下：

提前告知时间	旅游者行前退团，旅游者应当支付旅行社的业务损失费占旅游费用总额的百分比	旅行社取消出团，旅行社应当支付旅游者的违约金占旅游费用总额的百分比
出发前　　日至　　日		
出发前　　日至　　日		
出发前　　日至　　日		
出发前　　日至　　日		
出发前　　日至　　日		

第二十五条　争议的解决方式

本合同履行过程中发生争议，由双方协商解决；亦可向合同签订地的旅游质监执法机构、消费者协会等有关部门或者机构申请调解。协商或者调解不成的，按下列第______种方式解决：

1. 提交__________________仲裁委员会仲裁；
2. 依法向人民法院起诉。

第二十六条　其他约定事项

未尽事宜，经旅游者和旅行社双方协商一致，可以列入补充条款。

（如合同空间不够，可以附纸张贴于空白处，在连接处需双方盖章。）

____

____

旅游者代表签字（盖章）：__________　旅行社盖章：__________

证件号码：____________________　签约代表签字（盖章）：__________

住　　址：________________　营业地址：________________

联系电话：________________　联系电话：________________

传　　真：________________　传　　真：________________

邮　　编：________________　邮　　编：________________

签约日期：______年____月____日　签约日期：______年____月____日

签约地点：__________________________________

旅行社监督、投诉电话：______________________

______省______市旅游质监执法机构：

投诉电话：________________

电子邮箱：________________

地　　址：________________

邮　　编：________________

附件 1

旅游报名表

旅游线路及编号__________　　旅游者出团时间意向__________

<table>
<tr><td>姓名</td><td></td><td>性别</td><td></td><td>民族</td><td></td><td>出生日期</td><td></td></tr>
<tr><td>身份证号码</td><td colspan="3"></td><td>联系电话</td><td colspan="3"></td></tr>
<tr><td>身体状况</td><td colspan="7">（需注明身体情况是否适宜出游、有无突发病史、有无药物过敏史；是否身体残疾，是否为妊娠中妇女，是否为精神疾病等健康受损情形，旅行社在接受旅游者报名后在合理范围内给予特别关照，所需费用由双方协商确定。）</td></tr>
<tr><td colspan="8">旅游者全部同行人名单及分房要求（所列同行人均视为旅游者要求必须同时安排出团）：
________与________同住，________与________同住，________与________同住，
________与________同住，________与________同住，________与________同住，
________________为单男/单女需要安排与他人同住，________不占床位，______________
____________________全程要求入住单间（应当补交房费差额）。</td></tr>
<tr><td colspan="8">其他补充约定：
1. 甲方需在订单确认后 24 小时（特殊情况，电话通知付款时间）内支付团款；过时未支付，订单将自动取消，本合同失效。
2. 甲方无法与乙方进行书面往来确认事项，甲方同意采用电话、短信、传真或电子邮件等方式进行确认。
3. 甲方付费后，视为双方默认本合同实际履行，甲方不得擅自要求退款，否则视为甲方违约。
4. 如甲方未按时出行，将视为自动放弃本合同行程，团款不退。
5. 乙方将在甲方出发前提供出团通知书，航班信息以出团通知书为准。
6. 请所有游客带好有效证件，提前 90 ~ 120 分钟自行到达机场办理登记手续。
7. 旅游途中不可携带宠物，如客人私自携带，产生后果将自行承担。

旅游者确认签名：　　　　　　　　　　　　　　年　　月　　日</td></tr>
<tr><td>备注</td><td colspan="7">（年龄低于 18 周岁，需要提交家长书面同意出行书）</td></tr>
<tr><td colspan="8">以 下 各 栏 由 旅 行 社 工 作 人 员 填 写</td></tr>
<tr><td colspan="2">服务网点名称</td><td colspan="2"></td><td colspan="2">旅行社经办人</td><td colspan="2"></td></tr>
</table>

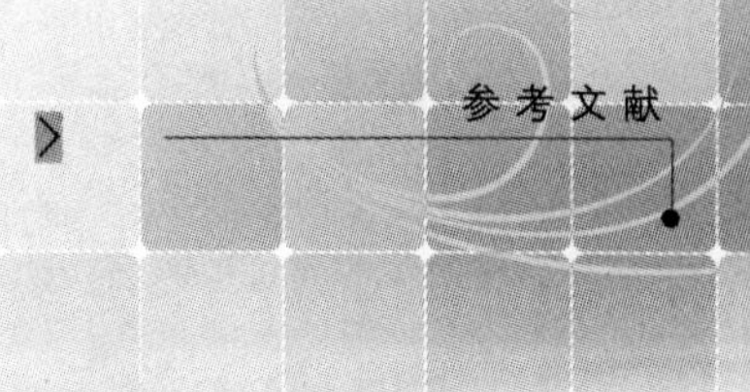

参考文献

[1] 李幼龙. 旅行社业务与管理 [M]. 北京：中国纺织出版社，2009.

[2] 周晓梅. 旅行社经营管理 [M]. 重庆：重庆大学出版社，2008.

[3] 王杨. 旅行社经营管理实务 [M]. 北京：清华大学出版社，北京交通大学出版社，2009.

[4] 贾玉铭. 旅行社经营管理实务 [M]. 成都：西南财经大学出版社，2007.

[5] 柳中明. 旅行社经营与管理 [M]. 北京：电子工业出版社，2010.

[6] 朱晔，问建军. 旅行社经营与管理实务 [M]. 西安：西安交通大学出版社，2010.

[7] 陈乾康，阙敏. 旅行社计调与外联实务 [M]. 北京：中国人民大学出版社，2006.

[8] 徐云松，左红丽. 门市操作实务 [M]. 北京：旅游教育出版社，2006.

[9] 杨晨晖. 外联部操作实务 [M]. 北京：旅游教育出版社，2006.

[10] 梁雪松，张建融. 旅行社门市管理实务 [M]. 北京：北京大学出版社，2011.

[11] 徐萍. 旅游门市接待 [M]. 北京：中国铁道出版社，2009.

[12] 梁智. 旅行社运行与管理 [M]. 大连：东北财经大学出版社，2004.

[13] 杜江. 旅行社经营与管理 [M]. 天津：南开大学出版社，2010.

[14] 夏少颜. 旅行社产品研究 [D]. 北京：北京第二外国语学院，2008.

[15] 国家旅游局质量规范与管理司. 中华人民共和国星级酒店评定标准 [S]. GB/T 14308—2003.

[16] 罗保华，陈阳. 论我国旅行社服务产品创新的策略及途径 [J]. 经济研究导刊，2011 (5).

[17] 马耀峰，宋保平，越振斌. 旅游资源开发 [M]. 北京：科学出版社，2005.